KB088789

평화로 가는 길
和平之路
Route to Peace

평화로 가는 길
ROUTE TO PEACE
和平之路

성공회대 동아시아연구소 | 베를린자유대 한국학연구소 | 한국냉전학회 공동기획

백원담 엮음 | 왕샤오밍, 이은정, 노경덕, 이동기, 류한수, 이남주, 강호제, 김성경, 홍석률, 천시상,
이케가미 요시히코, 백원담, 박철현, 김도민 지음

나름북스

차례

머리말

평화로 가는 법 혹은 길에 대하여

백원담(성공회대학교)

1.

한반도는 타율에 의한 분단 79년, 세계사의 모순 속에서 민족사가 분절되고 냉전 아닌 열전의 참극을 겪고도 정선 상태가 70년 동안 지속되고 있다. 따라서 평화체제로의 전환이 촉구되지만, 또다시 전쟁의 위기가 고조되고 이 파국의 출로를 찾기가 어려운 난감한 형국이다. 무엇보다 한반도의 위기는 대만해협과 아시아태평양 지역의 위기와 연동되어 있다는 점에서 우크라이나 사태와 하마스 사태로 인한 전쟁의 세계적 확산 추세 및 그것이 전쟁으로 세계지배질서의 전환을 추동할 수 있다는 엄중한 현실을 직시하고 평화적 해결의 경로를 공통으로 찾아나가지 않을 수 없다.

그런 점에서 작년 11월 한·중·일·대만의 비판적 지식인 학자들이 한자리에 모였다. '평화로 가는 길'을 주제로 열린 국제회의는 오늘의 전쟁 국면을 진단할 뿐만 아니라 각 국가·민족·사회의 입지에서 엄습한 위기에 대한 문제 인식을 나누는 소통의 자리였다. 나아가 전후 세계적 냉전의 체제화 속에 평화 경로를 찾아나갔던 아시아와 유럽의 역사적 경험을 공유하며, 21세기 미국 중심의 글로벌 패권 질서의 전환 국면에서 전쟁이라는 자명한 공멸의 궁지가 아닌 국민국가와 지역의 경계를 넘어 세계가 함께 평화로 가는 경로를 제기하고자 하는 목적의식이 분명한 아시아 지역 사회 공론장이었다고 할 수 있다.

사실 이 회의는 2022년부터 성공회대 동아시아연구소와 베를린자유대학 한국학연구소, 한국냉전학회가 공동으로 베를린에서 중국과 대만 그리고 북한의 학자들과 머리를 맞대고 한반도 정전 상태를 종전과 평화의 길로 전환해 가기 위한 실천 학문의 지향으로서 기획되었다. 그러나 남북 간 경색·대치 국면이 고조되고 세계가 전운에 휩싸이면서 독일 정부의 북한 학자 초청 자체가 쉽지 않았다. 더구나 북한 정부의 허가도 어려운 상황에서, 참석한다고 해도 한국의 보수우익 정권 아래 북한 학자 접촉만으로 한국 참가자들은 물론 각국 참가자들이 예기치 않게 연구 및 활동의 저촉을 받을 수 있다는 우려가 커지면서 더이상 추진을 못하게 되었다. 결국, 한국에서 해를 넘기기 직전 정전 70년의 엄중한 시간의 무게를 안고 개최를 감행하기에 이른 것이다.

회의를 준비하면서 갑갑한 마음에 한국전쟁 당시 서부전선의 참혹한 격전들을 감내하며 70년 '그때 그 자리 그 사람들'의 통한을 안고 흐르는 임진강변 연천을 다녀왔다. 군남댐, 임진강을 가로지른 그 댐은 북한의 황강댐(저수량 약 3억 5천만 톤) 방류로 인한 피해를 방지하기 위해 2010년 6월 홍수 조절용으로 세워졌다(군남홍수조절댐, 저수량 7,100만 톤). 그런데 이명박 정부 시절 댐 건설 과정에서 시공사 측이 공사 차량 이동로 확보를 위해 주요 농수 공급원인 안협천을 매립, 침수 피해와 수확기 농로 차단 및 사고 위험 문제로 주민들이 장기 집회 투쟁을 감행한 바 있다. 4대강 사업에 막대한 국가 재정을 투여하며 부정부패를 일삼았던 이명박 정권은 5.24 조치(2010.5.24.)로 모든 남북관계를 단절해 놓고 북한의 수공水攻 가능성이 높다며 국민들을 위협했지만, 정작 북한의 홍수 방류 시 대응에는 턱없을 이 작은 댐을 세워놓은 것이다. 해마다 여름철 임진강의 수난, 특히 연천 지역의 침수는 지형적으로 자연적 현상으로 해마다 수해의 피해양상이 심각한 정도였다. 그런데 이에 대한 방비가 정전 60년에 이르러서야 겨우 작은 댐 하나에 불과했다는 사실은 그 자체로 연천 지역의 농어민 생계는 아랑곳하지 않고 홍수 등 자연재해조차 전쟁 스펙터클 사회를 조장하는 정권 유지의 수단으로 삼아온 반공정치의 가공할 역정을 생생하게 증언한다. 특히 이 군사분계지역의 피해 상황이 얼마나 엄혹한 지경인지는 5.24 조치가 박근혜 정부에도 이어지며 지역 주민들이 수재와 전쟁 공포에 극도로 시달리면서 보수신문과 논객조차 남북 간 군사대화 재개를 재차 강조할 정도였다는 점에서도 확인된다.[1] '남북 간 모든 연락 채널이 끊어지는 사달이 나면서 물난리 걱정도 더욱 깊어지게 되었으니', "결국 안보란 것은 국민이 안심할 수 있느냐 없느냐가 가장 중요한데, 북한 비핵화가 중요한 문제지만 당장 '먹고사는' 문제를 도외시하고 단기간에 해결될 수 없는 핵 문제를 접경지역 주민들의 '밥그릇'에 담으라고 할 수는 없다"는 역설이 그것이다.

---

1   김성훈 기자, "남북 연락 단절 속 北 황강댐 기습 방류 우려는 커져만 가고", 매일경제 레이더, 2016.7.5.

그리고 분단 79년도 모자라 정전 상태 70년의 한반도가 다시 전운에 휩싸이며 또 한 해가 넘어가는 늦가을, 여전히 흐르지 못하는 임진강과 그 장벽 같은 군남댐 광경을 국제회의를 알리는 포스터에 담는 심경이란 군이 설명이 필요하지 않을 것이다. 물은 흘러가지 못하는 곳이 없는데, 이 타율적 분절 상태를 타파하고 평화의 물꼬를 틔울 혜안과 동력은 어디에 있는지. 그것은 비단 한반도만이 아니라 멀리 우크라이나와 팔레스타인 등 세계 곳곳이 처한 전쟁 상태의 참혹한 곤경 및 평화조차 신자유주의화된 전쟁 같은 오늘을 살아가는 대다수 민중적 입지와 같이 문제의 보편성을 띠고 있다는 점에서 이에 대한 제대로 된 이해, 그 공통의 해결 과정을 모색하는 탈경계적 공론장의 열림을 바라는 간절한 마음을 실어 놓았을 뿐이다.

특히 이번 회의가 각별했던 것은 그동안 코로나 팬데믹으로 만나지 못했던 오랜 학문적 실천적 지기들과의 회동이었기 때문이다. 특히 중국 학계는 코로나 팬데믹 이후에도 경직된 사회적 학술적 풍토가 지속되면서 허심탄회한 관계의 통로가 끊긴 상태라 그 잃어버린 4년, 중미 갈등의 파고와 사회적 결절을 어찌 넘고 있는지 소통의 갈망이 어느 때보다 크지 않을 수 없었다. 그리하여 회의가 시작되고 왕샤오밍 교수의 주제발표 일성이 터지는 순간, 그 짧은 발표에 담긴 성찰의 깊이와 통찰의 울림이 회의장을 압도하면서 한탄과 감탄의 탄성들이 터져 나왔고, 또다시 이대로 당하고 좌절할 수만은 없다는 결연의 공감들이 찰나의 눈매들 속에 예리하게 빛나는 놀라운 정경이 펼쳐지기도 했다.

이번 회의의 가장 큰 수확이라면 세계를 전쟁 국면으로 몰아넣어 온 역사적 자본주의와 오늘의 신자유주의에 이르기까지 식민과 냉전 그리고 전지구화 하에서 아시아와 세계의 대다수 민중들은 실로 엄청난 참극들을 겪어왔지만, 그러나 그 세계사적 곤경 속에서도 평화와 평등으로 나아가는 길은 끊임없이 모색되고 추동되면서 세계지배질서 재편의 오늘에 이르렀다는 인식의 공유가 아닌가 한다. 그야말로 한치 앞을 가늠하기 어려운 엄혹한 지경이지만, '우리'가 한자리에 모여 머리를 맞대고 보니, 문제의 근원을 파헤치는 분석의 힘과 상황적 교착을 깨기 위한 방법적 경로를 끈질기게 모색한 입론들, 광활한 역사적 시공간에서의 다양한 역사 경험들이 펼쳐낸 참조체계들은 그야말로 엄청난 안계를 열어내었다. 그리하여 그로부터 갈급했던 새로운 전망의 시좌들이 상호전화를 일으키는, 오래도록 이루고자 했던 탈식민적 균형적 관계의 학문지형은 이렇게 구성되는 것임을 새삼 실감하는 자리가 아니었던가 한다.

회의는 국제회의로서 한국과 아시아 학자들이 다양한 각기 처한 구체적 현실에서 문제를 파악하고, 역사적 시좌 속에서 객관적인 이해를 도모하며, 그를 통해 문제의 보편성을 확인하고 공통의 해결 경로를 찾아나가는 그야말로 정도를 찾아가는 과정으로 이루어졌다. 올해 1월 비동맹 제19차 정상회의가 개최되었는데, 그 최종선언과 같은 강령적 수준의 합의가 이루어졌다기보다는 오늘의 세계가 처한 문제의 본원과 구체 정황을 학문적 연구대상으로 하여 비판적 개입을 통한 상황적 전환을 이끌고자 하는 실천적 아카데미즘의 구현이 이루어지고 있다는 점에서 그 의미가 결코 작지 않다고 할 수 있다.

회의는 오늘의 전쟁국면이 통제불가능한 세계의 자명한 귀결임을 분명히 하고 중국의 근현대 역정 속에서 '중국 특색의 자본주의' 행로와 당국가체제의 형성과 그 문제의 진단 속에서 사회적으로 어둡고 부정적인 집단의식, 사회적 적대감이 표출되는 현상을, 어려움이 크지만 그것이 안팎의 평화세계를 만들어가는 문화적 사회적 조건의 창출 계기로 작동할 수 있다는 문제의 환기로부터 시작되었다.

그리고 세계정세의 긴박한 전개가 푸틴의 우크라이나 침공으로부터 이루어지고 있는 만큼 그에 대한 세계체제 재편론과 실지회복론의 분석틀의 한계가 짚어지며, 우크라이나 사태가 갖는 역사적이고 객관적인 해명이 이루어졌고, 그에 대한 기본적 동의와 보완적 질의 속에서 우크라이나 사태의 전모가 드러나고 전망이 가늠되었다. 또한 유럽연합과 안보협력기구들이 우크라이나 사태를 평화적 해결로 이끌어내지 못하는 무력함을 노정하고 있지만, 전후 유럽이 평화공존의 지역질서를 이루기 위해 숱한 평화기획들을 제기하고 추동하며 국제관계의 어떤 기준을 만들어 놓은 것도 확인할 수 있었다.

또한 미중 전략경쟁의 파고와 전쟁 국면 속에서 격동하는 세계, 지정학적 단층대들의 흔들림 속에서 한반도와 동북아가 적대적 공존조차 어려운 위기의 자기조정 메커니즘을 상실했을 때 상호위협 감축 노력을 통한 출구 찾기도 논의되었고, 그에 대해 냉전·분단체제의 미작동보다는 그 체제가 근본적인 개선과 해결 없이 방치되다가 더 큰 문제에 봉착한 문제의 진단이 쟁점을 이루었다. 남북관계가 인도적 지원이나 개발협력이 아닌 대등한 수준에서 양방향 협력이 과학기술과 교육 분야에서 이루어가는 현실적 제안이 이루어졌고, 그에 대해 차이의 인정과 호혜적 협력 가능성 문제가 짚어졌다. 한편 신자유주의 축적체제가 주체의 개체화 및 파편화를 야기하여 평화조차 신자유주의화되는 통치성의 관철로 멸망의 정동이 만연한 문제를 드러내면서, 그러나 그것이 갖는 적극적 절연과 주체적 극복의지 또한 새로운 평화의 기획담론으로 제기되었다. 이에 대해서는 신자유주의만이 아니라 한반도 분단 상황과 군사화 근대화가 능력주의 생존주의를 부추긴 문제와 '멸망'의 정동보다 더 적극적인 주체의 연대 형성의 실마리 찾기가 제안되기도 하였다.

또한 대만을 비롯한 아시아 태평양 섬들의 처경은 미국의 군사기지화와 같은 직접적 폐해로부터 비롯된다는 점에서 이에 대한 문제의 보편성 확인과 그에 대한 반기지화 운동의 현 단계와 전망이 전쟁을 평화상태로 전화하는 주요한 지점임이 논의되었다. 그 '긴장 속 평화'의 길이 문제 해결의 보편적 경로로서 제출되었다면, 대만 민주화의 경험의 차별성에 주목하여 대만과 대륙 사이의 평화의 길에 대한 모색도 중요하다는 문제 제기도 이루어졌다.

세계대전과 지역 혹은 내전 등 분쟁의 책임은 어떻게 물어져야 하는가? 탈냉전기에는 그 전범재판이 '평화에 반한 죄'보다 '인도에 반하는 죄'로 다루어지는 심판구조가 이루어졌다는 점에서 전쟁의 정치적 해결 과정을 통한 평화경로가 논의되었다면, 냉전 이후 분쟁 대부분이 탈식민국가들에서 이루어졌다는 점에서 그 해결 방안으로 평화레짐은 어떻게 형성될 수 있는지도 추문되었다.

오늘의 패권질서의 다극적 전환은 가능한가. 전후 반둥체제로부터 비동맹/제3세계 운동은 '투쟁의 세계화' 기획으로부터 글로벌 사우스로 전열을 정비하고 다시 대두하며 세계지배질서의 다극적 재편을 추동하는 동력이 되고 있다. 그렇다면 그것은 좌초된 실패의 역사가 세계적인 냉전의 체제화라는 전후 지배질서의 구축에 대한 적극적 저항이지 주도적 재편의 기획으로서 이미하디되어야 한다. 그리고 그것의 제국주의적 경제질서에 대한 거부 · 단절과 적극적 적응을 통한 신흥국으로의 굴기 경험은 어떻게 경제적 정치적으로 현재화하며, 오늘의 신자유주의 세계체제의 질곡을 넘을 대안적 세계화의 정치경제적 경로를 구도해 갈 것인가에 대한 논의가 관건적이라는 주장도 개진되었다. 또한 국가 중심의 글로벌 사우스의 대두도 중요하지만, 자본의 전지구화가 만들어낸 역설적 관계성의 공간화 실천들에 주목하고 그것이 다른 글로벌 사우스들로서 전쟁과 재난의 세계를 넘을 복수성 정치의 구현 맥락도 제기되었다. 그러나 한국에서는 아직 비동맹운동의 역사 경험이 학술적으로 연구된 성과가 미흡하다는 점에서 그 사상 지반에 대한 이해와 비동맹과 글로벌 사우스의 연속과 단절의 지점에 대한 정치한 토론의 필요성이 제출되었다. 또한 새로운 정치적 주체들의 등장, 그 가능성과 영향력에 대한 의문도 쟁점화되었다.

미국 대학가 반전시위 확산에 이르기까지 세계 곳곳에서 팔레스타인 지지 및 반전평화운동의 연대 흐름과 아래로부터의 국면의 전환을 꾀하는 동학의 파고가 거세다면 그 또한 베트남전쟁 당시 반전운동의 역사적 맥락이 이어지는 과정이고, 가까이로는 코로나 팬데믹의 재난속에서 식인자본주의의 본색을 확인하고 '거주 가능한 세계'를 갈구하는 감각의 연루가 새롭게 이루어진 것이다. 그것이 '멸망의 정동'이라 하더라도 그 안에 이전 세계와의 '단절'을 통한 새로운 전환 모색의 의지와 열정이 담겨 있는 바와 같이 평화로 가는 법 혹은 길은 그렇게 다양하고 장엄하게 열리며 다원 평등한 문명의 광야를 열어가고 있다고 하겠다.

2.

이 책은 주지한 바와 같이 작년 11월 말 한반도 정전 70주년의 끝자락에서 우크라이나 사태가 장기전에 돌입하고 하마스 사태로 세계가 전쟁의 화염에 휩싸인 위기 국면에서 개최된 국제학술회의의 발표 및 논의 글들을 모아 이루어졌다. 그런 점에서 이 책이 그날 회의에서 뿜어져 나온 열정과 쟁론의 광경을 모두 전달할 수 없더라도, 그동안 각 분야에서 의제를 이끌어온 연구 활동가들의 고뇌와 해결 의지들이 집적되어 표출된 입론들과 토론을 엮어내고, 그 생산적 논의들이 광역한 파장을 일으켜 더욱 새로운 논의의 파동을 일으키며 오늘의 세계사적 질곡을 넘는 장엄한 평화의 길군악으로 함께 나아갈 희망공정이 되기를 바라는 집체적 의지를 담았다고 할 수 있다.

특히 이 책은 각 발표문은 물론 논평문까지 함께 담았다. 그것은 사태의 다급함이 논의의 지속을 촉구한다는 점에서 일정한 논의 성과가 집적된 기반 위에 새로운 쟁론 지점들을 설치하고 더 진전된 담론화의 파장을 이루는 것, 그것이 곧 세계사의 다극적 재편을 위한 사상적 지반을 구축하는 과정으로 작동하기를 바라는 의도가 크기 때문이다.

이 책에 담긴 각 글들의 내용을 간명하게 소개하면 다음과 같다.

우선 이 책은 여는 글과 3개 주제로 구성된 부분으로 나뉜다. 제1부는 '포스트 지구화 시대, 전쟁이라는 파국과 출로', 제2부는 '정전체제에서 평화체제로, 한반도 평화는 가능한가', 제3부는 '평화의 세기를 위한 단절과 전환의 기획'을 각기 논제로 하였다. 거기에는 관련 주제

글들과 함께 논평이 실려 있다.

왕샤오밍은 최근 세계적 전쟁의 발발 국면은 통제력 상실이라는 세계적 추세의 필연적 귀결로 이해하며, 이로서 가속화되는 인류 전체 삶의 변화 국면을 장기 역사 관점에서 중국의 근현대사 전개에 투영한다. 중국식 근대화 역정 그리고 '중국 특색의 자본주의'로 명명한 이러한 개진 속에서 오늘의 중국은 사회의 불안정한 추세와 세계 위기 상황과의 심층적 연관성을 이루며, 어둡고 부정적인 집단의식이 지속적으로 확장되고 있다는 것이다. 그런데 이러한 사회적 적대감의 확장은 평화로 가는 길에서 문화적 사회적 조건의 형성을 이루는 과정이기도 하다는 것이 이 글의 논지이다. 중국 사회 내에 확대되는 적대감은 국가 간 전쟁과 사회 안의 전쟁 사이의 연관성을 환기하고 평화에 필요한 문화적 사회적 조건의 상호작용을 이해하도록 상기시키기 때문이다. 여기서 문화적 사회적 조건이란 적대적인 분위기를 야기하는 사회적 토양을 분명하게 약화시키는 것, 인간화된 정글의 법칙을 약화시키는 것을 이른다. 따라서 이 글은 국제 평화의 토대가 국제관계가 아니라 다양한 사회 국가 지방의 상황에 있다는 점에서 자기 내부에서 지속적으로 정글의 법칙을 뛰어넘고, 형형색색의 '적대감'을 타파하며, 평화에 필요한 문화와 기타 사회 조건들을 발전시킨다면, 인류 또한 지구의 평화에 한 걸음 더 가까워질 수 있다고 역설한다. 우리가 사회적 진보를 추구하는 가장 큰 동력은 낙관과 이상주의가 아닌 비관주의와 암울함, 파괴에 대한 두려움에서 비롯될 수 있기 때문이다.

제1부 '포스트 지구화 시대, 전쟁이라는 파국과 출로'는 작금의 전쟁국면에 대한 객관적 이해를 도모하고 전후 냉전기 유럽에서 평화정

치로 출로를 찾아나갔던 역사경험들을 국면의 전환을 이루는 참조체계로 하여 출로를 모색하는 전향적 시각을 제공하고자 하였다. 여기에는 2개의 글과 2개의 논평문이 실려 있다.

이은정은 〈유럽 평화 구축 경험과 아시아: 평화를 위한 기억과 소회〉에서 냉전 종식 이후 유럽에서 평화 구축의 경험을 복기하며 유럽안보협력회의가 파리헌장에 합의하고 평화로운 발전을 구가하며 유럽대륙의 평화로운 발전을 가로막을 것이 없다는 낙관적 전망이 지배적이었지만, 동유럽에서 크고 작은 분쟁이 지속되고, 우크라이나 사태에 대해서도 평화적 해결 의지보다는 군사 지원을 강행하는 등 유럽연합의 외교 기조가 평화와 공통의 발전이 아니라 기준도 모호한 도덕적 가치에 기반함으로써 적극적 평화의 담지자 역할을 포기, 유럽 사회 전체가 평화 레짐을 작동하지 못하는 현실을 비판한다. 빌리 브란트에서 헬무트 콜에 이르기까지 서독은 신동방정책으로 이념과 가치가 아닌 실용적인 시각에서 평화와 긴장 완화를 위해 작은 걸음을 걷는 실용주의적이고 적극적인 외교정책을 추진하고, 그로써 독일 통일을 이룬 것은 물론 그 역사적 경험은 한반도 문제에도 적극 개입을 추동해 왔다. 그러나 유럽연합이 2016년 이후 북핵문제에 있어서도 규범주의적 원칙론을 고취할 뿐 더 이상 동아시아 평화체제를 위한 적극적 역할을 하지 못하는 가치동맹으로 전락했다는 점에서 이 글은 한반도 문제 해결의 동반자를 새롭게 찾을 것을 역설하기에 이른다.

이동기는 이은정의 논의에 대해 빌리 브란트의 동방정책은 1961년 베를린 장벽 건설 후 등장한 수없이 많은 평화정치 논의들 중 하나였으며, 중립 소국들의 각국 차원에서 복합적 현실정치와 실용 관점에서 나온 평화프로세스의 유지와 확장의 의미 및 역할에 주목한다. 유럽에서의 전후 평화정치는 냉전의 이상주의가 아니라 현실주의에 근거한 '평화들'의 다양한 소용돌이 속에서 서로 경합하고 상응하며 1970년대 제도권 평화정치가 자리 잡았다는 것 또한 제기했다.

노경덕의 〈우크라이나 전쟁과 러시아의 길: 러시아의 전쟁 목적과 종전 가능성〉은 전쟁을 일으킨 러시아의 목적을 보다 정확하고 객관적으로 파악하는 작업의 필요성을 역설한다. 이 글은 우선 러시아의 우크라이나 침략에 대한 언론과 방송의 미국/서방의 시각에 편중되어 있는 상태를 문제 삼는다. 아울러 세계 질서 재편론이나 실지회복론 등 기존 분석틀을 비판하며, 푸틴 정권을 세계체제를 재편할 수 있는 특별한 능력의 소유자로 보거나 무력 침공의 목적을 영토 복구에 두는 시각 모두 반러시아적/반공주의의 산물로 규정한다. 그런 점에서 노경덕은 러시아 내부 상황에 근거하여 전쟁을 일으킨 러시아의 목적에 대한 보다 객관적인 이해를 위해 푸틴의 러시아가 추동해 간 국제정치의 역사적 개진을 분석, 그 행보를 국내 눈꽃혁명과 해외 리비아 사태 전후로 분기한다. 그 국내외적 요인으로부터 푸틴이 3기 이후 정권 유지의 불안감 속에서 즉흥성과 모험성을 발현하며 '일반'적 독재의 길을 걷는다는 것이다. 따라서 이 글은 "지금의 전쟁은 정권의 안위 확보라는 목적을 위해 그 어떤 수단도 불사하는 독재 정권의 전형적인 정치적 범죄 행위일 뿐"이라고 규정한다. 세계질서 재편의 기획이나 실지회복과 같은 전쟁 목적을 과장하면 할수록 이 전쟁의 본질과 멀어지고 결국은 전쟁 종식의 구체적 방법을 도출할 수 없기 때문이다.

제2부 '정전체제에서 평화체제로, 한반도 평화는 가능한가'에서는

최근 남북한 군사안보적 긴장 상태에 집중하여 전쟁 위기가 고조되는 국면에 대한 적확한 이해와 그 발본적 해결을 위한 경로 모색에 해당하는 세편의 글들이 생산적 논의를 이끄는 토론문과 함께 실려 있다.

이남주는 〈한반도 위기의 성격과 출구〉에서 한반도에서 전쟁 위기 가능성이 고조되고 있는 상황을 경고하면서 상호 위협 감축을 통한 신뢰구축으로 평화적 해결 방식을 만들어 나갈 필요성을 역설했다. 최근 미중 갈등에 대해서는 그것이 냉전과 유사한 메커니즘을 만들어내고 있는 것처럼 보이지만, 균열 구도를 고착시키는 방향으로 움직이지는 않는다는 점에서 신냉전이라기보다 미중 전략경쟁으로 파악하는 이남주는 미중 전략경쟁이 한반도에서 지속·안정적 메커니즘보다 불안정·불확실성을 증가시키는 요인이 되고, 남북한 경제군사력의 비대칭적 성격이 군사 안정적 균형 상태에 도달하기보다 '선제공격' 교리 채택 방향으로 움직이게 하면서 긴장 상태를 제고하는 현실을 경계한다. 그동안 남북 간의 적대적 공존을 가능하게 했던 요인 등이 약화하면서 적대적 성격이 강화되고, 위기의 자기조정 메커니즘을 상실, 한반도에서의 돌발 사태가 지역과 글로벌 질서에 심각한 충격을 주는 상황이 출현할 가능성이 높다는 것이다. 따라서 북한의 비핵화만을 요구하는 접근법, 특히 '힘에 의한 평화' 논리가 더 위험한 결과를 초래할 수 있다는 점에서 상호 위협 감축을 통한 신뢰 구축의 결과로 비핵화를 장기적으로 실현하는 접근법을 1987년 미소 간 중거리 핵전력 조약INF 체결 과정을 선례로 제기한다.

강호제의 〈과학기술과 교육을 매개로 한 새로운 남북관계를 위한 시론〉은 남북관계가 기존의 인도적 지원방식이 아닌 첨단과학기술 분야에서 "대등한 수준에서" 민족경제의 균형적 발전을 염두에 두고 전략적 차원에서의 협력이 필요한 단계임을 주장한다. 이 글은 문재인 정권 초기부터 제안된 북한의 '남북 교류협력에 관한' 간접적 제안으로부터 2020년 제13차 정치국 회의에서 검토된 내용을 토대로 생필품을 비롯한 지원 물품의 일방적 지원은 유효기간이 지났으며, '북한을 밖으로 데리고 나오는 방향'으로 상호 나누는 협력을 본연으로 하는 남북 교류 형식의 변화를 제기한다. 강호제는 특히 북한의 지하자원을 개발해주는 제국주의적 개발협력 방식이나 북한을 테스트베드로 삼는 일방적 과학주의가 기본적으로 북한에 대한 몰이해에서 비롯된다고 지적하며, 6.15 정상회담에서 합의한 호혜평등과 상호 존중의 원칙에 입각하여 '최첨단 과학기술'이 아니라 적정한 수준의 대등한 교류가 가능한 지점에서 '소프트 사이언스'를 통한 교류협력의 구상 가능성, 아이들에 대한 과학기술 교육, 일반인 교양 상식 수준의 강연, 발명이나 특허를 활용하는 핵무기와 무관한 제재 조항의 예외 부분을 적극 활용, 새로운 교류협력의 가능성을 열어갈 것을 제의한다.

김성경의 〈한반도 평화 불/가능성과 멸망의 정동〉은 신자유주의적 한국 사회에서 징후적으로 포착되는 평화 무감각과 '멸망의 정동'의 관계성에 천착하여 한반도 평화의 불/가능성을 문제시하는 것이다. 평화 무감각이 작동하는 기제에 대한 충분한 이해 없이는 한반도 평화 논의가 한 치도 나아가기 어렵다고 보기 때문이다. 신자유주의에 부박된 한국사회는 경제적 가치만 유일한 관계의 척도로, 북한과의 관계도 평화공존이 통일한반도보다 우위를 점하고 북한을 대상화하는 신식민지로 타자화함으로써 식민자의 정체성을 만들어가고 있다. 김성경은 평화의 신자유주의화를 직시하며, 분단과 신자유주의가 착종되어 만들어낸 문제적 정동으로 '멸망'을 주목한다. 미래가 존재하지 않는다는 감각은 현재 인류가 목도하고 있는 위기와 문제 등의 해결 의지를 무력화한다는 측면에서 문제적이지만, 동시에 현재의 사회적 조건의 해체와 전혀 다른 패러다임을 열망하고 있다는 점에서 필연적으로 희망적이라고 보는 것이다. 파편화된 개인들의 심리적 수준에서의 안녕감 추구는 필연적으로 탈역사적이고 탈맥락적일 수밖에 없다. 평화라는 가치와 지향조차 개인의 능력에 따라 성취될 수 있는 것으로 세분화하기 때문이다. 그러나 극단적인 경쟁 사회에서 소진되는 삶을 살아가는 개인들에게 평화는 생존의 문제와 깊은 관련이 있으며, 이것에 대한 근본적인 해결 없이 개별화된 수준에서의 평화를 갈구하는 것은 옳지 않고 가능하지도 않다. 그런 맥락에서 '멸망'의 정동은 한국 사회 자체를 리셋하겠다는 의지의 표명이 된다. '멸망'이나 '죽음'은 어쩔 수 없이 받아들이는 것이 아니라 주체 스스로 선택하는 것이고, 신자유주의적 상황에서 힘·구조·이데올로기에 포획된 주체들이 능동성을 획득하는 것이야말로 식민과 탈식민, 분단과 평화, 그리고 생존주의와 경제주의가 복잡하게 얽혀 작동하는 '지금-여기'의 근본 문제를 해결하기 위한 첫걸음이 되기 때문이다.

제3부 '평화의 세기를 위한 단절과 전환의 기획'에서는 전쟁의 세기를 평화의 세기로 전환하기 위해서는 무엇과 절연하고 어떤 기획을 구체화할 것인지 대만과 일본, 한국의 입지에서 각각 제안적 논의를 전개한다.

대만의 천신싱 교수는 〈해협을 넘어 평화로 가는 길: 중국, 대만의 사이〉에서 하와이, 오키나와, 대만 등 미국의 군사기지가 있는 아시아 태평양 남쪽에 있는 섬들의 상황, 도서지역 주민들이 군사화에 직면하는 방식을 소개하고 이러한 반기지화 운동의 현 단계와 전망이 전쟁을 평화 상태로 전화하는 주요한 지점임을 강조했다. 이는 2022년 미국 하원의장 낸시 펠로시 대만 방문을 둘러싼 양안의 긴장 상황이 빚은 촌극에서 확인되거니와, 이 글은 한편 미중 대립을 신냉전으로 보는 담론들에 대해 모호한 개념 규정으로 비판한다. 냉전시대에는 두 진영이 보편적 가치라는 고지를 위해 싸움을 전개하였다면, 오늘날 대립의 주요 수사는 민족주의 대 보편가치로서, 미국은 자국의 국익 추구를 중국은 중국의 제도적 우위를 강조, 종종 자본주의 경제에서 누가 효율적인지 경쟁하고 있다는 것이다. 그리고 양안과 남북한에서 이루어지는 오랜 군사적 대치, 그러한 냉전적 평화는 우크라이나나 하마스 사태에 중요한 진전을 제기할 수 있다는 점에서 긴장 속 평화의 역사적 전개에 대한 성찰을 촉구한다. 특히 두 진영의 정치 경쟁 속에서 민중의 힘이 커진 과정을 강조하며, '긴장 속 평화'가 이후 평화를 향한 길에 제기하는 문제를 다음 두 가지로 정리했다. '대립이 아닌 경쟁'이 민족주의적 제로섬 대결보다 더 낫다는 사실과, 경쟁에서 일반 사람들의 역할을 확인하는 것으로 양안을 가로지르는 수많은 인류人流들의 상호 충돌과 이해 속에서 함께 나누는 선의가 미래 평화를 위한 길의 초석을 닦아줄 것을 의심치 않는 것이 그것이다.

이케가미 요시히코의 〈평화에 반한 죄〉는 일본에서 우크라이나 사태에 대한 다양한 입장의 개진, 정부에서 좌파까지 일본 내부의 입장의 분열은 전전과 전후의 일본의 역사 경험에 대한 입장 차이와 불가분 관계에 있다는 점에서 우크라이나 전쟁의 맥락에서 일본근대사를 다시 총괄하며 정치적 해결의 경로를 제기하는 방법을 택한다. 일본의 전범재판은 전쟁 책임자 처벌이 중요했지만, 점령군 미국은 일본 사회를 전쟁 체제로부터 전환하고자 했다는 점에서 그 체제 전환의 문제 자체가 갖는 함의에 대해 추문할 필요가 있지만, 전쟁 개시의 원인은 복잡하고 정치적인 것이므로 사법과 다른 정치의 회복이 내재적 논리 와 논의로 이루어져야 한다고 보는 것이다. 그러나 이 글은 탈냉전기 법정에서는 '평화에 반한 죄'가 지워지고 '인도에 반하는 죄'가 심판되 는 구조가 형성, 전쟁 범죄를 개인의 범죄로 축소해 재판하는 경향이 두드러진다는 점에서 정치적 해결의 필요성을 역설한다. 예컨대 남아 프리카공화국이 아파르트헤이트 체제를 전복시켰는데, 이는 점령군이 모두(흑인, 백인, 공산주의자, 부족 등)에게 평등한 플랫폼을 형성하여 그 정치적 '타협'이 가능했다는 것이다. 따라서 우크라이나와 하마스 사 태 등 눈앞의 전쟁을 멈추기 위해 내재적 노력을 통한 정치적 해결, 타 협을 거듭하여 평화로 가는 길을 제안한다.

백원담은 〈단절과 다른 평화〉에서 우크라이나와 하마스 사태라는 전황의 확산 국면에서 이의 평화적 해결을 위한 다양한 국가, 지역단 위, 사회동력들의 적극적 대응을 복수성 정치의 개진 관점에서 포착하 고 이것이 미국을 중심으로 한 패권적 지배질서의 전환을 이끌 가능성 을 논의한다. 이 글은 우선 오늘의 전쟁 국면을 전쟁당사자인 푸틴 러 시아와 하마스 팔레스타인 무장정파의 입지에서 살펴본다. 그리고 반 둥Bandung체제와 비동맹/제3세계운동이 개진했던 탈식민과 탈냉전을 위한 투쟁의 세계화가 역사적 실험으로 좌초된 것이 아니므로 엄연한 역사적 전개로서 의미화한다. 그리하여 그것이 신자유주의 공세 속에서 비동맹운동의 굴절 과정을 거쳐 정치적 결집보다는 남남협력과 같은 경제협력을 중심으로 낮은 수준의 세력화를 이루고 있지만, 궁극적으로 세계 자본주의 지배력의 지속을 약화시키는 '주권 프로젝트'의 구축을 관건으로 새로운 복수성 정치의 국면을 만들고 세계의 다극적 재편을 추동하고 있음을 주목한다. 이 글은 특히 그 이론적 지반으로서 사미르 아민의 '단절Delinking' 담론과 세계정치체제 구축 제안에 이르는 전략구상들을 톺아보고 새로운 세계체제를 위한 사상적 지반 구축 문제를 중요하게 제기하고자 하였다. 한편 글로벌 사우스로 현재화된 비동맹/제3세계운동이 국민국가를 중심으로 개진되고 있다는 점에서 다른 글로벌 사우스들, 오늘의 팔레스타인 지지와 전쟁 반대 시위, 신자유주의 축적체제로는 더 이상 안 된다는 체제 전환의 기치를 곧추세우며 세계 곳곳에서 노동운동, 기후정의운동 등 다른 평화, 지구의 시간을 되찾는 싸움을 추동하고 있는 확장된 민중운동의 내포들, 그 진정한 글로벌 사우스들의 복수성 정치에 주목하고 함께하는 것이야말로 진정한 평화세계를 만드는 첩경임을 강조한다.

위의 글들에 대한 각 논평문들은 논의를 보다 풍부하게 이끌고 글의 보완과 재구성을 이끌며 생산적 공론장의 형성에 기여한 바가 크다. 따라서 여기에서 이동기, 류한수, 홍석률, 박철현, 김도민 각 선생님들의 예리한 문제 제기를 일일이 소개하고 보다 체계적인 환류구조로 구성해 내어야 할 것이지만, 시간적 제약과 지면관계상 발표자들의 답변까지를 포괄하지 못하여 앞서 회의의 전반적 내용 기조를 간략하게 소개하였다. 더욱 확장된 논의의 전개를 이끌지 못했다는 점에서 아쉬

움이 크다. 논평자 선생님들께 너른 이해를 구한다.

3.

이 책은 많은 사람들의 노력이 집적되어 한 권의 책으로 출간되어 나올 수 있었다. 무엇보다 이 회의를 조직하기 위해 엄중한 상황에 대한 인식을 공유하고 큰 뜻을 벼려 가장 적확한 기획을 조직할 수 있도록 적극적으로 의견을 수렴해 주시고 발표·토론을 조직해 주신 베를린 자유대학 한국학연구소의 이은정 소장님, 한국냉전학회의 김남섭 회장님, 노경덕 부회장님, 그리고 성공회대 동아시아연구소 윤영도 신임소장님, 강성현 교수님 등 여러 선생님들의 노고에 무한한 경의와 감사의 뜻을 전해드린다.

그리고 바쁜 일정 속에서도 이번 회의에 중요한 글들을 발표해 주시고 생산적 토론을 제기해 주신 여러 선생님들의 열정과 학문 역량의 거침없는 개진에 머리 숙여 존경과 깊은 감사의 마음을 드리며, 다음에 보다 진전된 논의를 이끌 수 있는 계기를 만들어갈 것을 약속드리고자 한다.

또한 이 회의의 실제적 조직을 위해 애쓴 성공회대 동아시아연구소의 김유희 사무장, 김선우 조교장 등 실무진들에게 고마운 마음을 전하고 싶다.

이 책의 출판은 성공회대 동아시아연구소 오영숙 교수님의 전적인 조직과 배치의 힘으로 실현이 가능했다. 그 각별한 뜻을 잊지 않을 것이다. 또한 이 책은 쉽지 않은 여건 속에서도 서슴없이 감당해 준 나름북스의 최인희·조정민 두 분의 끈질긴 인내와 힘겨운 씨름이 아니었다면 세상에 나오기 어려웠을 것이다. 주말에도 일해 주신 그 열정과 헌신에 경의를 표한다.

　아직도 우크라이나와 팔레스타인에서 참혹한 전쟁은 계속되고 있고, 한반도와 동북아시아에 드리운 전운은 갈수록 어둡고 무거운 너럭바위로 오늘을 살아가는 사람들의 온몸을 짓누르는 암담한 현실이다. 그래도 이 지구 천하의 사람들은 모두 남이 아니고(天下無人), 그 서로를 보듬는 돌봄의 심경이 있다면 평화로 가는 길은 어디로든 열릴 것이므로, 한발 한발 지나온 궤적을 더듬고 나아갈 길을 찾는 도저한 동행同行은 멈출 수가 없는 것이다.

2024년 6월 10일 분단 79년 초여름날에
엮은이 백원담

여는 글

글로벌 평화의 문화적 조건
: 중국대륙을 사례로

왕샤오밍王曉明(상하이대학교)

제2차 세계 대전 이후로 전 세계적으로 크고 작은 전쟁이 계속되어 왔지만, 최근 몇 년간 발발한 전쟁의 규모, 그리고 그것들이 촉발할 수 있는 더욱 강도 높고 보다 대규모인 전쟁 위협은 지난 반세기 동안 가장 사람들을 긴장시키고 불안하게 하는 것임이 분명하다.

주요 원인은 이미 발발한 혹은 발발할 전쟁이 현대 세계에서 증가하고 있는 '통제력 상실'이라는 추세를 공동으로 부각했기 때문이다. 점점 더 광범위해지는 통제력의 상실은 군비 경쟁과 핵/생화학 무기 확산을 포함한 전반적인 군사 분쟁과 연관되어 있으며, 이는 군사 활동을 촉진하거나 상호 강화하는 더 넓은 범위의 인류 활동과도 관련이 있다.

다음의 다섯 가지 측면을 살펴보자:

1. 자본주의를 기본 구조로 하는 전 세계 경제 질서의 심화하는 기

능 상실

2. '민주석' 정권의 세계적인 실패와 그에 수반되는 권위주의적/전체주의적 정치의 재팽창

3. 전 세계 인구의 기하급수적인 증가

4. 정보 생성 및 전파 기술, 인공지능 같은 새로운 기술로 인한 비약적인 발전

5. 전 세계적으로 불균형한 생태계 증가

우리가 그토록 긴장하고 불안해하는 것은—대부분 막연하게—통제력 상실이라는 세계적 추세와 그에 내재한 필연성 때문일 것이다. 또한 어떤 의미에서 우리를 정말로 두렵게 하는 것은 서서히 다가오는 전쟁이 아니라—우리는 아직 전장 밖에 있지만—전쟁의 위협이 커지고 확대되며 그 자체가 근본적인 통제력 상실을 향해 가속화되는 인류 전체 삶의 변화 추세다. '통제력의 상실'은 이미 발발한 전쟁과 이후 발발할 전쟁을 더욱 두렵게 한다.

이것이 근현대적인 일종의 긴장과 불안이다. 조물주의 입장에서 '통제력 상실'은 인간 삶의 기본 형태 중 하나다. 그러나 최근 4-500년 동안 현대사의 지속적인 확장은 '세상을 통제할 수 있다'는 자신감을 심어주었고, 이를 더 강하게 만들었다. 오늘날 우리가 긴장하는 것은 바로 이러한 부풀려진 역사를 겪었기 때문이다.

나의 삶이 그 대표적 실례이다. 나는 문화대혁명이 끝날 무렵인 1970년대 중반에 성인이 되었다. 대다수의 중국인은 여전히 마오쩌둥毛澤東을 신으로 숭배하고 있었지만, 오히려 나는 대도시의 점점 많

아지는 사람들과 마찬가지로 '문화대혁명文化大革命'은 착오였으며, 사회는 마침내 제 궤도로 돌아갈 것이라고 느꼈다. 그로부터 2년도 채 지나지 않아, 마오쩌둥이 사망하며 공산당은 '문화대혁명'을 하나의 '동란'이라고 선포했으며, 전체 국가는 '상황을 바로잡는 시정조치撥亂反正'를 시작했고, '개혁개방'과 경제 발전으로 돌아섰으며, 나 또한 두 손에 굳은살이 박인 기름투성이 노동자에서 문명인이 되기 위해 최선을 다하는 백발의 교수가 되었다.

성인이 된 이후, 40년 가까운 시간 속에서 나를 포함한 많은 사람들을 비탄과 공포로 몰아넣었던 1989년 천안문 사태가 있었음에도 불구하고, 나는 도리어 줄곧 인류사회와 중국인에 대한 기본적인 믿음을 잃지 않았다. 어리석음과 광기는 일시적인 현상일 뿐 전체 세계는 물론이고 내가 살아나갔던 중국은 결국 사람들의 이성과 선을 향한 마음向善之心의 영향을 더욱 많이 받고, 모든 사람들이 보편적으로 나아가고자 하는 아름다운 생활의 방향으로 전차 변화하고 진보해간다는 것이다.

이것은 물론 그저 나의 천성이 낙관적이고 단순한 머리를 가졌기 때문이 아니다. '냉전' 종식 후 자본주의 '세계화'와 '발전'의 강력한 추진력 아래 40년 동안 중국 경제는 지속해서 성장했다. 동시에 형성된 문화적, 정치적, 사회적 진보도 경험했다. 이에 따라 자본주의에 대한 불만, 특히 전체주의 체제와의 결탁에 대한 분노는 점점 더 거세졌다. 따라서 세계적인 발전의 질문과 비판을 뒷받침하기 위해 넓은 의미의 사회주의 사상과 실천의 자원을 끌어내려는 노력으로 초기 현대 중국 사상과 혁명 실천으로 눈을 돌리기 시작했다. 그리고 이러한 경험은 "우리는 우여곡절 끝에 진보하고 있다"와 같은 사고의 틀로 현실을 이해하고 미래를 바라보는 것이 석절하다는 믿음을 배양했다.

그러나 지난 10년, 특히 2019년 이후 중국의 급격한 변화와 이로부터 형성된 새로운 사회현실은 도리어, 다른 각도에서 그러한 사유의 틀이 효력을 상실했음을 폭로했고, 전체 국면이 제어 불능 상태에 빠진 것과 같은 느낌으로 나를 이끌었다.

사실 모든 것이 통제 불능 상태인 것은 아니다. 적어도 표면상으로 사회생활은 정상적인 상태로 지속되고 있다. 그러나 집권당, 정부, 다양한 종류의 거대 자본, 지배 이념 등 사회의 다양하고 강력한 권력 내부, 그들 사이는 말할 것도 없이 일련의 운영 방향과 이익 요구 측면의 상호 모순, 상호 충돌과 파괴는 점점 더 명현해지고 심화되고 있었다.

70여 년 동안 당-국가 체제에 의해 개혁되어 온 오늘날의 중국은 더 이상 편안하고 다양한 역량이 스스로 움직이고, 서로 관여하는 곳이 아니다. 오히려 다른 측면 사이와 각 방면 간에 어떤 크고 작은 모순과 충돌이 용납되기 어려운 곳이다. 이러한 모순과 충돌이 지속적으로 존재한다면 그것들의 부단한 성장 및 심화는 고사하고 국가/사회 전체의 운영에 큰 문제가 발생할 것이다.

19세기 후반부터 중국 사회는 넓은 의미의 사회주의를 지향하는 다양한 혁명과 개혁 운동의 지대한 영향 아래 진보를 지향하는 사회 에너지를 형성해 왔다. 정치인들의 부패와 어리석음이 사회적 격변을 일으켰을 때도, 이러한 에너지는 여러 번 '발란반정撥乱反正'의 역할을 하여 사회 변화를 진보의 방향으로 이끌었다. 이러한 사회 에너지가 있었기 때문에, 신해혁명 이후 중국사회의 변화는 시기별로 기본 방향의 차이가 매우 컸지만 끊임없이 사람들이 명확하게 볼 수 있는 기본 방향을 보여주었다.

그러나 오늘날 '중국 특색의 자본주의'가 최근 수십 년 동안 지속해서 파괴된 후, 진보를 위한 이러한 사회적 발전 잠재력은 상당 부분 분산되었고, 적어도 더 이상 이전과 같은 사회적 통섭력은 가지지 못한다. 이러한 붕괴의 명백한 결과는 오늘날의 중국 사회가 분명히 방향을 잃어버렸고, 위로부터 아래까지 모두 어디로 가야 할지 모르고 있다는 것이다.

사회의 각 강대 세력이 독자적으로 행동하며 상충하는 관계의 복잡성과 사회생활의 방향 감각 상실…. 이 둘 사이의 복잡한 관계를 설명하긴 어렵기에 한 가지만 말하자면 주로 이 두 가지의 상호 자극이 깊어질수록 점점 더 많은 사람이 우리의 사회생활이 통제 불능의 길을 걷고 있다고 느낀다는 사실이다.

또한 오늘날 중국 본토 사회의 불안정한 추세와 앞서 언급한 다섯 가지 전 세계 위기 상황의 심층적인 연관성을 설명할 지면도 부족하다. 다만, 최근 수십 년 동안 중국의 경제 '발전'이 전 세계 자본주의 확산에 결정적인 역할을 해왔기에 오늘날과 적어도 한동안은 중국 사회의 불안정한 추세도 인류 생활의 전반적인 불안정함에 마찬가지로 역할을 할 것이라는 점은 한마디 붙여둔다.

말할 것도 없이, 중국처럼 거대한 사회에 있을수록 "우리는 우여곡절 끝에 진보를 향해 가고 있다"라는 사유의 틀에 큰 영향을 받을 수 있다. 사람들이 사회생활의 통제 불능을 느낀다면 어느 계층에 있든 우리의 정신적, 심리적 상태는 더 큰 충격을 받게 된다. 비록 그/그

녀가 왜 그러한지 명확하게 이해할 수 있는 것은 아니라 하더라도 그러하다.

이 충격이 만든 후과 중에서 서로 긴밀하게 교직되어 있고 상호 촉진하는 가장 주목할 만한 두 가지는, 미래에 대한 비관과 분투 의지의 쇠퇴이다.

마오쩌둥이 일으킨 '문화대혁명'의 신화가 무너지면서 많은 중국인이 환멸을 느꼈지만, 중국 공산당이 '개혁개방'을 선언하자 사회 전체가 열렬히 뛰어들었고, 1989년 전국 도시지역을 휩쓸며 집권 체제에 직접 도전하는 학생운동이 일어났다. 비록 이 운동도 가혹한 탄압을 받고 완전히 실패했지만, 중국인들은 여전히 '개혁개방'에 전념하였고, 정치 분야에서 용납할 수 없는 분투에 대한 그들의 충동을 경제 영역에 풀어주고, 기회가 있을 때마다 문화, 사회 및 기타 분야로 확장했다. 심지어 1980–2010년대 중국인은 지극히 완고한 낙관주의자이자 또한 체념한 개인분투자였다고 할 수 있는데, 그들은 경제와 소비 상황의 부분적이고 실은 제한적인 개선만으로 미래에 대한 낙관인 기대를 품었고 'GDP 상승 가능성'이라는 막연한 확신으로 수천만의 젊은이들은 '내 삶'과 '중국'이 함께 '더 나은' 삶을 살 것이라는 청사진을 그렸다. 그러므로 비록 실생활이 끊임없이 우리에게 많은 부정적인 느낌을 주었더라도, 우리는 여전히 적극적으로 분투하는 삶의 태도를 유지하고자 하였고, 개인적 '성공'을 추구하기 위해 전력을 다하면서도 이 과정이 감당하기 어려운 위험을 초래하지 않을 것이라고 확신할 수 있다면 사회 전체의 진보에 조금이나마 기여하고자 노력했다.

그러나 오늘날 중국인들은 3년 이상 마스크를 착용하고, 한때 전염병 예방이라는 명목으로 각지 지방 정부에 의해 집단으로 집에 구금되었고, 그로 인해 무수한 사람들이 일자리를 잃은 후 중국인들은 점점 보편적으로 미래에 대한 낙관적인 기대를 계속 유지하기 어렵다는 것을 깨닫고 있으며, 자신의 투쟁만으로는 여전히 운명을 변화하는 것이 매우 어렵다는 것을 점점 분명하게 의식하게 되었다. 따라서 "현실을 바꿀 수 없으니 적응할 수밖에 없다"라는 막연하지만 확고한 믿음이 사람들에게 점점 더 깊이 배었다. 사회심리학의 심각한 전환이 펼쳐진 정신적, 심리적 경로를 자세히 들여다보기는 어렵겠지만, 한 가지만 이야기하고 싶다. 지난 10년 동안 수많은 젊은이 사이에서 회자되었던 상실喪, 해탈佛系, 탕핑躺平(자포자기로 드러눕다)과 같은 신조어들은 미래에 대한 비관주의와 투쟁 의지의 쇠락이 수많은 중국인을 압도하고 있음을 분명하게 드러내 주는데, 그것은 혈기 왕성한 청년기를 맞고 있는 그/그녀들에게도 마찬가지라는 것이다.

어떤 관점에서 한 사회의 문화는 사람의 심리와 비슷하다. 낙관적이고 순진하며 진취적인 부분이 사라지면 그 반대되는 부분, 즉 비관적이고 어둡고 세련된 부분이 부풀어 오르기 마련이다. 2008–2010년을 역사적 분기의 시점으로 본다면, 중국 사회 심리와 문화에서 비관적이고 어두운 부분이 그 이후로 크게 확대되었음을 알 수 있다.

다음으로 '대팽창大膨脹'에서 중요하고 분명한 몇 가지 측면만 간단히 이야기하고자 한다.

우리는 일반적으로 그리고 생각할 겨를도 없이, 사람들 간, 계층 간, 집단 간, 세대 간, 사회 간, 국가 간의 관계의 본질이 상호 협력과 원만한 공존보다는 경쟁과 이해의 충돌에 있다는 것을 확신하게 되었다.

따라서 우리는 타인, 다른 집단, 다른 민족, 다른 나라를 선의로 상상하고 대하는 것이 순진하고 어리석은 일이라는 것에 대해 조금도 망설임 없이 갈수록 점점 더 확신하고 있다. 반대로 우리는 먼저 그들 "타인" "다른 나라"와, "나" 그리고 "우리나라" 사이에 발생하는 이해 충돌을 살펴보아야 하고, 심지어 모든 측면에서 "타인"의 "나"에 대한 필연적인 적대의식을 먼저 가정해 보아야 한다.

우리들 중 점점 더 많은 사람들이 모두 당당하게 세상만사에서 공리주의 효능이 첫 번째이고, 여타 진실과 거짓, 옳고 그름, 선과 악 같은 다른 것들은 모두 부차적인 것이라 여기며, 이로 인해 나와 우리나라의 이익을 이루기 위해서라면 어떤 수단을 써도 되고, 어떤 일도 할 수 있다고 생각한다. 동시에 점점 더 많은 사람이 이 순간, 지금의 나, 그리고 우리 국가, 보이고 만질 수 있는 이익이 가장 중요하다고 생각한다. 그 외의 모든 것들−시간적 차원의 미래와 과거, 공정, 평등, 양심, 동정심, 심지어 체면도−모두 중요하지 않다고 생각되며 우선순위가 아니게 되는 것이다.

이러한 어둡고 편협한 사회의식이 상호 촉진되고 이에 따라 형성된 심리적인 힘이 계속 영향을 끼치며 공개적으로 인정하기 힘들고 때로는 분명하게 자각하기 어려운 집단적인 잠재의식이 점점 커지고 있다. 정리하자면 "나"로 시작하는 모든 집단−"나의 집"에서부터 "나의 국가"까지−중에서 개인인 "나"가 가장 중요하며, 이러한 "나"를 구성하는 여러 부분에서 현재의 즐거움을 중시한다. 최근 중국 대륙의 유행어 중 하나를 차용하자면 "상(爽, 시원·상쾌)"이다. "상"을 위해 나는 무엇이든 말하고 행동할 수 있다. 이것이 내가 파악하고 추구할 수 있는 유일한 것이며, 나는 지금 단지 이것을 가졌을 뿐이라는 것이다.

이는 물론 극단적인 편협함과 이기심이지만, 여러분에게 이해시키고 싶은 것은 이러한 극단적인 편협함과 이기심 뒤에 극단적인 비관주의와 낙담이 있다는 것이다.

물론 실제 상황은 항상 다면적이고 복잡하다. 중국은 지역적 차이가 크고 인구가 많기에 이런 현상을 일률적으로 취급하기 어렵다. 예를 들어 방금 열거한 어둡고 비관적이고 부정적이며 편협한 사회의식/심리학의 확장은 최근 10년에 생긴 것이 아니다. 중국 역사의 많은 부분에서 발생했으며 심지어 지난 10년 동안 보아온 것보다 더 심각할 수도 있다. 이 10년 동안 개개인뿐만 아니라 지역, 계층, 집단에 따라 이러한 비관주의와 우울한 의식/심리가 훨씬 더 다양하게 확장했다. 점점 더 많은 사람이 이러한 비관적이고 우울한 의식에 정도의 차이는 있어도 압도되는 것처럼 보이지만, 여전히 많은 사람이 이러한 의식의 중압감을 극복하고 중국의 미래를 계속 기대하고 있으며 중국이 무지, 비관주의, 편협함에 갇히지 않을 거라고 굳게 믿고 있다. 따라서 여러 측면에서 계속해서 고군분투하는 중이다.

하지만 지금까지 개략적으로 설명한 이 어둡고 소극적인 집단의식의 지속적인 확장은 오늘날 중국의 문화적 상황뿐만 아니라 사회적 상황을 이해하는 중요한 단서가 되고 있다. 어떤 의미에서 경제, 정치, 인구, 자연, 군사를 포함한 거의 모든 중요한 사회적 요소는 모두 문화라는 매개작용을 거쳐 실제 영향을 형성한 것이다. 그리고 현실에 대한 대다수 사람들의 반응 역시 각자의 '선입견'에 의해 형성된다. 좀 더 극적으로 표현하자면, 사람이 그가 생각하고 행동하는 것의 결과

물인 것처럼, 남성으로 구성된 사회는 남성들이 생각하고 행동하는 것의 결과이다.

최근 10여 년 동안 점점 더 많은 사람들이 오늘날 중국 본토의 사회 여론 영역(온/오프라인)에서 호전적인 목소리가 그처럼 커졌는지에 매우 놀라고 있다. 지배적인 정보 전파와 선별 메커니즘의 강력한 역할을 고려하고, '침묵하는 다수沉默的多数'가 있다는 것을 알고 있지만, 중국인들의 일반적 견해와는 확실히 일치하지 않는 호전적인 수사가 급증하는 것은 여전히 충격적이다. 물론 이러한 현상은 인터넷의 인기, 소위 '전랑战狼'의 외교관들과 같은 정부 차원의 시범, 주류 언론의 추종과 선동, 문화 산업의 이윤 추구 논리의 영향 등 다양한 각도에서 설명할 수 있다. 하지만 여기서 강조하고 싶은 것은 최근 몇 년간 중국인들의 인생 전망에 대한 비관적이고 부정적인 의식이 계속 확대되고 있는 것도 무형적이지만 매우 중요한 원인이라는 것이다. 우리 주변에서 나타날 수 있는 사람을 생각해 보자. 그는 항상 손해를 보고 있다고 생각하며 항상 '남의 떡이 더 커 보인다'라는 눈으로 바라본다. 선량함을 우둔하다고 판단하기에 현재 자신의 이익에만 신경을 쓰며 부정적인 감정들은 계속 축적한다. 우리는 그가 왜 이렇게 다른 사람을 험담하고, 자신도 어디서 나왔는지 모르는 것을 발설하고, 왜 그처럼 많은 분노와 증오를 표출하는지 알 수 있다. 물론 그들은 종종 입과 키보드로만 화풀이를 하지만, 실제로 정말 전쟁터에 나가라고 한다면 원하지도 않고 감히 그러지도 않을 것이다.

더 중요한 것은, 외교 문제에 있어 매우 눈에 띄는 적대적인 사고방식이 똑같이 엄중한 내부적인 면을 지닌다는 점이다. 당연히 이러한 입과 키보드 상의 싸움꾼들에게 그들의 분노와 적대감은 멀리서 중국과 대립하는 '미국', '일본'뿐만 아니라 그가 자신과 싸우고 경쟁하는 것으로 인식하는 주변의 모든 동포들을 향한 분노와 적대감으로 확산되어 있다. 자신의 삶이 왜 그렇게 차이가 나는지 이해하지 못할수록 분노와 적대감은 사방팔방으로 향하고, 이때 적대감을 분출할 대상이 누구인가는 별로 중요하지 않다. 다만 정부를 비난하는 대내적인 분출은 위험을 초래한다는 점을 알기에 국제 문제에 눈을 돌려 그곳에서 두 배로 안전하게 발산한다.

백 년 전, 중국의 사상가이자 작가인 공자진龔自珍은 열악한 사회 환경이 어두운 분노를 표출하기 쉬운 집체심리를 조성한다고 보고 이를 '적대감戾气'이라고 칭했다. 오늘날 중국의 여론 분야에서 호전적인 풍조는 이러한 집단 심리의 주요한 징후다. 그것은 국제 관계에 국한되지 않고 더 크고 깊은 부분을 지니기에 국가와 사회의 내부 상황과 밀접한 관련이 있다. 마지막 분석에서 적대감이 의도하는 전쟁은 결코 단순한 중국인과 외국인 사이의 전쟁일 뿐만 아니라, 모든 계층에서 '나'와 '그' 사이의 전쟁, 홉스의 말을 빌려 이야기하자면 만인에 대한 만인의 전쟁인 것이다.

여기까지 우리는 이미 인류 생활의 통제력 상실에 대한 더 깊은 측면에 관해 다루었다. 우리가 경험하는 현실은 점차 피할 수 없는 통제 형성의 경향을 보이며 현실에 대한 반응 또한 유사한 형태를 띠고 있다. 한 사람이 자신의 적대적인 분위기에 지배되어 타인에게 무례하게 대할 때 사람으로서 이미 통제 불능의 상태가 된 것으로 여긴다. 이것은 문화적 의미에서의 통제력 상실이라 할 수 있는데, 이는 방금 이야기한 인간 생활의 통제 불능 경향이 얼마나 심각한 수준에 이르렀는지를 의미한다.

이 책의 주제인 '평화로 가는 길'은 매우 시사적이다. 전쟁의 먹구름이 짙어질수록 평화의 길을 열어가기 위해 노력해야 한다. 그러한 길을 여는 속도는 그에 수반되는 사회적 조건의 형성에 달려 있으며, 필수불가결한 항목 중 하나는 문화적 조건이다.

문화적 조건을 서술하는 데에는 다양한 관점이 있을 수 있지만, 중국 본토 상황의 관점에서 보면 문화적 조건은 우선 '적대감'을 극복하거나 적어도 '적대감'을 끊임없이 불러 일으키는 사회적 토양을 크게 약화시키는 것을 의미한다고 할 수 있다. 이 사회적 토양은 간단히 말해 약자가 강자의 먹이가 되는 정글의 인류화된 법칙이다.

어떤 관점에서 말하자면, 국제 평화의 토대는 주로 국제 관계의 상황이 아니라 개별 지역, 사회, 국가의 내부 상황에 있다고 하겠다. 지금까지 국제 관계는 '정글의 법칙'의 가장 완고한 근거지이자 인류를 가장 비관적이고 편협하며 어둡고 이기적으로 만들기 쉬운 영역이기 때문이다. 이에 비해 사회, 국가 및 지방의 내부 문제에서 사람들은 집단적 상호부조의 역사적 경험뿐만 아니라 약육강식으로 인해 어려움을 겪을 수 있는 더 많은 역사적 교훈을 축적했다. 따라서 간단히 말해 더 많은 사회가 자기 내부에서 지속적으로 정글의 법칙을 뛰어넘고, 형형색색의 '적대감'을 타파하며, 평화에 필요한 문화와 기타 사회 조건들을 발전시킨다면, 인류 또한 지구의 평화에 한 걸음 더 가까워질 수 있을 것이다.

정글의 법칙에 익숙한 사회는 반드시 전쟁 능력이 충분하지 않다고 하더라도 호전적일 수밖에 없다. 반대로 집단과 사람들 간 상호작용에 점점 더 익숙해지고 있는 사회는 국제 교류에서 평화로 가는 길을 개척하는 데 앞장설 충분한 의지와 상당한 역량이 있어야 한다.

이러한 관점에서 앞서 소개한 중국 본토 사회의 '적대감' 확대는 시기적절한 경고다. 그것은 국가 간 전쟁과 사회 내 전쟁 사이의 깊은 연관성을 환기할 뿐만 아니라, 평화에 필요한 문화적 조건과 다른 사회적 조건 사이의 깊은 상호작용을 이해하도록 상기시킨다. 물론 정글의 법칙과 같은 '통제 불능'이 인류에게 얼마나 큰 재앙을 초래할 수 있는지도 명확하게 경고한다.

오늘날 나는 스스로 낙관주의자라고 이야기하기는 어렵지만, 인간이 비관과 증오를 극복하고 평화롭게 사는 것은 여전히 가능하다고 믿는다. 왜냐하면 우리가 진보를 추구하는 가장 큰 동력은 낙관과 이상주의가 아닌 비관주의와 암울함, 파괴에 대한 두려움에서 비롯될 수 있기 때문이다.

2023년 11월 상하이

(번역: 김유희, 백원담)

1부 포스트 지구화 시대, 전쟁이라는 파국과 출로

유럽 평화 구축 경험과 아시아
: 평화를 위한 기억과 소회

이은정(베를린자유대학교)

1.

유럽을 동서로 갈랐던 철의 장막이 걷히고 베를린 장벽이 붕괴되던 1989년, 유럽의 지식인들은 2차 세계대전 이후 세계를 지배하던 냉전까지 극복한 우리 세대가 전쟁을 경험하지 않는 첫 번째 세대가 될 것이라고 이야기했다. 그들은 이전의 세대보다 평화로운 세계를 만들었다는 것에 자부심을 느끼는 것처럼 보였다. 그리고 1990년 11월 21일, 파리에서 유럽안보협력회의CSCE 회원국들이 파리헌장에 합의했을 때, 유럽 대륙의 평화로운 발전을 가로막을 것이 아무것도 없다는 낙관적인 전망이 지배적이었다.

그러나 이미 1990년대 초반에 평화를 원하는 사람들이 너무 성급하게 축배를 들었다는 것이 분명해졌다. 사회주의 진영에 속했던 동유럽 지역에서 크고 작은 분쟁이 일어났다. 남코카서스, 우크라이나, 발칸반도에서 유혈분쟁이 이어졌다. 유고슬라비아로 묶여있던 지역에 거주하는 여러 민족들 간에 해묵은 민족 갈등이 폭발했다. 오랜 시간 이웃으로 함께 살아온 사람들이 마치 철천지원수가 된 것처럼 서로에게 잔인한 만행을 저질렀다.

스레브레니카에서 벌어진 집단강간과 제노사이드에 직면한 유럽의 평화주의자들은 절망했다. 2차 세계대전 이후 자국 군대를 외국으로 파병하지 않았던 독일의 연방정부 내에서 코소보에 군대를 파견해야 한다고 설득한 사람이 바로 대표적인 평화주의자였던 녹색당 소속의 요슈카 피셔 외무장관이었다는 사실에서 우리는 당시 유럽 평화주의자들의 고뇌를 고스란히 느낄 수 있다. 유럽을 동서로 갈라놓았던 냉전이 오히려 유럽의 평화를 지켜주었던 것이 아닌가 하는 질문이 이상하게 보이지 않았다.

구유고슬라비아 지역에 세워진 크고 작은 여러 국가 간의 전쟁이 종식된 이후에도 동유럽에는 평화가 정착되지 않았다. 구소련영토에 세워진 국가 간의 영토분쟁이 끊이지 않았다. 철의 장벽이 사라진 후 30년 동안 유럽은 지속해서 분쟁과 갈등을 겪었다. 냉전에도 불구하고 유럽의 평화를 담보한 유럽안보협력회의 역할을 해 줄 어떤 기관도 눈에 띄지 않는다. 2022년에 시작되어 지금까지도 해결의 기미가 보이지 않는 우크라이나 전쟁은 유럽안보협력회의의 후속 기관으로 발족한 유럽안보협력기구OSCE가 제 역할을 하지 못하고 있다는 사실을 상징적으로 보여준다.

서유럽의 공론장에서는 지금 우크라이나 전쟁 종결 방안을 논의하는 대신 군인이 모자란 우크라이나 군대 지원을 위해 군대를 직접 파견하자는 주장이 등장했다. 그들은 냉전의 긴장 속에서도 평화를 유지하기 위해 대화하고 타협했던 역사적 경험을 상기하려 하지 않는다.

2.

21세기 유럽연합의 외교정책을 주도하는 독일과 프랑스 외교정책의 핵심 키워드는 평화와 공동의 발전이 아니다. 도덕적 가치다. 유럽연합 회원국의 외교장관들이 도덕성의 기준에서 어긋나는 행위는 처벌되어야만 한다고 공개적으로 주장할 정도다. 그러나 그들은 자신들이 말하는 도덕성의 기준이 무엇인지에 대해서는 이야기하지 않는다.

2022년 3월 초, 러시아와 우크라이나 사태의 악화를 막기 위해 비밀리에 중재에 나섰던 게르하르트 슈뢰더 전 수상에게 처벌이 가해진 사실은 독일과 유럽에서 이야기되는 공동의 가치에 기반한 외교의 민낯을 보여준다. 독일 언론은 그가 러시아를 지지한다고 공격하고 나섰고, 녹색당 소속 장관이 이끄는 외교부뿐만 아니라 사민당 소속의 수상까지도 슈뢰더로부터 거리를 두었다. 그는 전직 수상에게 제공되는 모든 혜택을 상실했다. 슈뢰더가 평생 몸담았던 사민당은 그를 당에서 제명하는 것까지 고려할 정도였다.

슈뢰더 전 수상뿐만 아니라 독일과 유럽에서 1990년 이전의 역사적 경험을 생생하게 기억하는 지식인들은 대부분 우크라이나 상황을 평화적으로 종식할 방법을 찾아야 한다고 이야기한다. 헬무트 콜 수상의 외교안보 보좌관으로 독일 통일 과정에서 중요한 역할을 했던 호르스트 텔칙을 비롯해 18인의 원로지식인들이 2023년 5월에 우크라이나 사태의 평화적인 해결을 위해 노력할 것을 유럽 정치인들에게 요구하기도 했다. 그러나 독일의 외교장관처럼 유럽의 젊은 세대는 원로 정치인 지식인들의 호소를 무시한다. 공개적으로 우크라이나 사태의 대화를 통한 평화적 해결을 옹호하는 지식인들이 트위터를 통해 살해 협박을 받는 사태까지 발생했다.

지금 유럽의 정치적 지도자들은 분쟁을 평화적으로 해결하는 데 기여하겠다는 의지를 보이지 않는다. 그 이유가 무엇인지에 대해 여러 가지 의견이 있다. 미국 주도의 세계질서 재편 과정에서 독일과 유럽이 자기 목소리를 낼 수 있는 틈새가 없어졌다고 보는 사람도 있다. 미국과 중국 간의 대결 속에서 재편되고 있는 세계질서에서 유럽의 영향력이 축소되었다는 것이 유럽에서 전쟁을 지속하는 이유가 될 수 있다는 논리는 구차한 변명으로밖에 들리지 않는다.

3.

냉소적으로 들릴 수 있겠지만, 만일 유럽과 독일의 외교가 1989/1990년에도 지금처럼 미국 소련 두 강대국의 눈치만 보는 방식으로 이루어졌더라면 독일과 유럽의 분단이 극복되지 못했을 것이라고 주장해도 이의를 제기할 사람이 많지 않을 것이다. 적어도 1990년 독일 통일 시기까지 독일과 유럽은 평화적인 국제질서를 구축하기 위해 적극적으로 노력하는 주체적인 행위자였다.

1961년 장벽의 건설로 인해 동서 베를린의 분단이 완전한 차단으로 이어질 수도 있는 상황에서 베를린 시장이었던 빌리 브란트Willy Brandt는 동독 당국과 통행증 협상을 시작해서 훗날 신동방정책이라 불리는 평화 교류 정책을 실험했다.

1961년 당시 미국의 외무장관이었던 딘 러스크는 베를린 장벽 설치가 동독과 동베를린의 주민들에게만 해당하는 조치이며, 서방 연합국의 지위나 서베를린으로 향하는 통로를 차단하는 것이 아니기 때문에 큰 문제가 될 것이 없다고 발표했었다. 단지 베를린 내에서의 교통이 제한되는 것만 1949년에 승전연합 4대국이 합의한 것에 반하는 것이니 시정할 것을 요구했을 뿐이었다. 당시 워싱턴에서는 소련과의 긴장 관계가 악화하는 상황이었기 때문에 베를린 장벽 건설에 대응하는 방안은 전쟁밖에 없다고 보았다.

빌리 브란트는 장벽을 제거하는 것이 아예 불가능하다면 적어도 장벽을 넘나들 수 있게 만들어야 한다며 동베를린 지도부와 협상할 의향이 있음을 강조했다. 쿠바 미사일 위기가 발발하기 직전인 1962년 10월에 미국을 방문한 그는 하버드대학에서 "공존-모험으로의 강요"라는 제목의 강연을 통해 체제 간 평화로운 경쟁을 허용하는 공존정책과 가능한 한 많은 동서 진영 간의 연결점을 만들어야 한다고 호소했다. 공존은 대안이 아니라 생존을 위한 유일한 기회이며, 공존정책을 통해 동서 갈등이 점차 평화로운 경쟁, 공존을 위한 경쟁으로 변해야만 한다고 강조했다. 그런 정책을 통해 서구의 이념이 동구에 전달되고 공산 진영에서도 체제 전환이 이루어질 수 있다고 미국인들을 적극적으로 설득했다. 1958년에 시작된 베를린 봉쇄에 이은 두 번째 베를린 위기가 아직 종결되지 않은 상황에서 워싱턴을 방문한 브란트는 케네디 대통령과도 만났다.

1963년 6월에 케네디는 서베를린을 방문해 자유대학교 대강당 앞에서 연설하며 유럽의 안정을 위해 소련과 협력하려고 노력하는 빌리 브란트의 정책을 칭찬했다. 그것은 나중에 서독의 수상이 된 빌리 브란트의 신동방정책을 격려하는 것이었다. 케네디는 나아가 미국은 유사시에 군사력을 동원해서라도 시베를린을 지키겠지만, 모스크바와의 협상 없이는 당장 어떤 문제도 해결할 수 없다는 것도 받아들여만 한다고 강조했다. 또 자유대학교가 모든 것을 바쳐 자유를 위해 일하는 세계시민을 길러낼 특별한 의무가 있다고 했다. 이 연설을 현장에서 들었던 사람들은 구원자를 보는 느낌이었다고 회상한다. 암울했던 서베를린이 자유로운 삶을 보장해 주는 공간으로 거듭날 수 있을 것이라는 희망을 보았다고 한다.

케네디의 공개적인 격려를 받은 브란트 시장의 새로운 정책은 1963년 7월에 서베를린 시정부의 대변인이자 브란트의 핵심 참모였던 에곤 바아Egon Bahr에 의해 서독 남부 투칭에서 열린 세미나에서 "접근을 통한 변화"라는 강연으로 그 이름을 알렸다.

이 강연에서 에곤 바아는 공산주의가 제거될 수 있는 것이 아니라 변화될 수 있는 것이라는 판단 위에 현재의 상태를 수용하는 것이 오히려 그것을 극복하는 데 도움이 된다고 강조했다. 당시 서독의 연방정부를 구성하고 있던 기독민주당CDU(기민당)의 대동독정책처럼 '전부'가 아니면 '제로'라는 방식을 고집하는 것, 즉 동독에서 자유선거가 실시되지 않는 한 동독을 국가로 인정할 수 없다는 식의 정책은 의미가 없다고 지적했다. 그런 방식으로 하루아침에 통일이 이루어질 수 있는 것이 아니며, 통일은 수많은 발걸음과 정차역들로 이루어진 과정이라고 보았다. 동독을 직접 전복시키려고 하는 시도가 부질없는 무모한 것이며, 동독을 변화시키기 위해서는 소련의 동의하에 변화시킬 방법을 모색해야 한다고 했다. 나아가 그는 서방 진영이 동독에 경제제재와 같은 조치를 해 동독의 경제적 어려움을 강화하고 동독의 붕괴를 유도할 수 있다고 믿는 사람이 있다면 그는 환상을 보고 있는 것이며, 그러한 정책은 궁극적으로 긴장을 고조시켜 결국 독일의 분열만 심화시킬 뿐이라고 주장했다. 협상과 대화를 한다고 해서 동독을 법적으로 인정하는 것이 아니며, 동서독 간의 무역 강화가 미국의 정책에 부응하는 것이고 그를 통해 결국 동독에서 소비 욕구가 증가하고 삶의 질이 향상되어 동독 체제가 유연해지는 것과 같은 긍정적인 효과를 기대할 수 있다고 설명했다. 그를 통해 동독에 대한 정당한 문제 제기와 긴장 완화를 병행할 수 있는 가능성을 모색하자는 것이며, 현실에 대한 환상 없이 이러한 정책을 추진하기 위해서는 서독이 좀 더 자기 자신에 대한 믿음을 가져야 할 필요가 있다고 강조했다.

그러나 서독의 연방정부가 반대하는 한 서베를린 시정부 단독으로 그런 정책을 추진하는 것은 불가능했다. 사회민주당SPD(사민당)의 당수였던 빌리 브란트의 정책을 비판적으로 보던 아데나워 수상이 사임하고 1963년 10월 서독 연방의회 선거 후 기민당과 사민당으로 이루어진 연립정부가 세워지면서 기민당의 루트비히 에르하르트가 새로운 수상으로 선출되면서 서독 정부의 대동독 정책에도 변화가 왔다. 서베를린 시정부가 통행증 문제와 관련해 동독과 공식적으로 접촉하는 것도 승인되었다. 1963년 12월에 서베를린 주민들의 동독 지역 친척 방문을 허가해 주는 통행증 발부에 관한 의정서를 동독 정부와 체결했다.

4.

1966년 빌리 브란트가 대연정의 외무장관으로 취임하면서 "접근을 통한 변화"를 모토로 하는 서독식 데탕트 정책이 서독 외교정책의 핵심적인 키워드로 자리 잡았다. 그와 함께 동구권 국가들과의 접촉을 통한 우회적인 독일정책도 시작될 수 있었다. 서독 연방정부는 1966년 12월 13일에 소련과의 단계적인 교류를 추진하며 폴란드, 체코슬로바키아와 화해할 것이라고 발표했다.

1969년 서독 연방정부의 수상으로 선출된 그는 기존의 접근을 통한 변화 정책에서 한 단계 더 나아가 유럽의 평화를 궁극적인 목표로 내세운 신동방정책을 추진했다. 그는 소련이 제안한 다자간 유럽안보회의를 수용하고, 그것을 신동방정책을 위해 적극적으로 활용하겠다고 천명했다. 그리고 1970년 8월에 소련과 불가침조약인 모스크바조약을 체결해 양국 간 분쟁은 전적으로 평화적인 수단을 통해 해결하고, 유럽 내 기존의 국경을 준수하기로 합의했다. 1970년 12월에는 폴란드와 관계정상화조약인 바르샤바조약을 체결했다. 브란트 수상은 1971년에 베를린 문제를 해결하기 위해 4대 승전연합국들이 베를린에 관한 4대국협정을 체결하는 과정에서도 중요한 역할을 했다.

1971년 12월에는 동독정부와 서독 연방정부 간에 민간인 통행과 물자를 규율하는 통행협정을 체결했다. 이 협정을 통해 서독은 자국민들이 동독을 방문해 도로를 사용하는 것에 대한 통행료로 매년 일정한 금액을 총괄적으로 지불하기로 합의했다. 그 후 서독과 동독은 이 협정의 적용과 해석과 관련해 발생할 수 있는 다양한 문제를 협의하기 위해 양국의 교통부장관이 주재하는 공동위원회를 설치하기로 했다.

그리고 1972년 12월 21일에 동독과 서독 간에 기본조약이 체결되었다. 브란트 수상이 이끄는 서독 연방정부는 동서독 관계를 "평등에 기반한 정상적인 선린관계"로 규정한 기본조약에 따라 분단 상황을 정치적 현실로 인정하면서, 동시에 "독일 통일에 대한 서한"이라고 불리는 문서를 통해 기본조약이 민족자결권을 바탕으로 통일을 이룬다는 서독의 정치적 목표와 모순되지 않는다고 밝혔다. 반면 동독은 서독과의 관계가 분단체제 하에서의 특별한 관계가 아니라 두 개의 정상국가 간의 일반적인 외교관계라는 입장을 고수했다. 그 결과 동독과 서독이 교환하기로 합의한 상주대표부는 동독에서는 외교부에 소속되었고, 서독에서는 연방정부의 수상청에 소속되었다. 동서독 어느 쪽도 상주대표 소속이 상이한 것을 문제 삼지 않았다. 그것은 동서독이 서로 실용주의적 시각에서 이 문제에 접근했음을 의미한다.

서독의 모든 정치세력이 브란트 정부의 신동방정책을 지지한 것은 물론 아니다. 기민당의 정치인들은 사민당이 소련군 7중대라고 비난할 정도로 이 정책을 거부했다. 기독교민주연합CSU(기민련)이 지배적이던 바이에른주 주정부는 동독과 기본조약을 체결한 것이 위헌이라며 연방헌법재판소에 기소하기도 했다. 서독의 연방헌법재판소는 기본조약이 위헌이라고 결정하지 않고, 어떤 헌법기관도 통일이라는 목표와 과제를 포기해서는 안 된다는 원칙적인 판결을 했다.

브란트의 신동방정책은 야당인 기민당의 우려와 달리 서독에 대한 소련의 영향력을 강화해준 것이 아니라, 2차 세계대전 이후 국제사회에서 축소되었던 서독의 입지를 강화하고 유럽 내에서 신뢰를 얻는 데 기여했다.

1973년 핀란드의 수도 헬싱키에서 유럽안보협력회의가 열리고 1975년 8월 1일에 체결된 헬싱키협약에 동독과 서독이 함께 농능한 자격을 가진 회원국으로 서명했다. 헬싱키협약은 회원국 모두 서로의 주권과 안보를 보장하고, 인권과 인도주의적 가치를 존중할 권리와 의무를 갖는다는 합의다. 이것이 궁극적으로 유럽의 분단을 극복하는 데 중요한 토대가 되었다는 것이 일반적인 평가다.

5.

서독 연방정부의 신동방정책은 1960년대 초반 쿠바 위기 이후 동서양 진영이 상호 긴장완화를 추구하던 국제정치적인 변화 속에서 성공적으로 추진될 수 있었다. 그렇기 때문에 국제정치적인 조건이 변할 경우 서독이 이 정책을 지속해서 유지할 수 있을 거라 장담할 수 없었다. 1982년, 헬무트 슈미트 수상이 이끌던 사민당과 디트리히 겐셔 외무장관이 이끌던 자유민주연합FDP(자민련)의 연정이 결렬되고 자민련과 기민당이 새로운 판을 짜 기민당 대표 헬무트 콜이 새로운 수상으로 취임했을 때, 서독의 외교노선과 신동방정책에 기반을 둔 대동독정책이 지속될 것인지 알 수 없었다. 새로운 연방정부에서도 외무장관직을 맡은 디트리히 겐셔가 연방정부의 노선이 변화하지 못하도록 막을 수 있을지, 나아가 국제사회의 긴장완화 정책에 기반을 둔 신동방정책의 틀에서 체결된 조약들을 서독이 계속 지킬 것인지 많은 사람이 궁금해했다.

당시의 국제정치 상황을 보면 소련의 아프가니스탄 침공 이후 긴장완화가 더 이상 동서관계의 기본원칙이라고 할 수 없었다. 게다가

1980년 미국 대통령선거에서 기존의 긴장완화 정책뿐만 아니라 군축과 관련된 모든 협정을 거부하던 로널드 레이건이 승리했다. 그는 정치적 경제적 군사적인 것을 포함한 모든 영역에서 소련에 대한 미국의 우위를 확실히 회복해야만 한다던 사람이었다. 그렇기 때문에 신동방정책을 유지하던 사민당 슈미트 수상의 서독 연방정부와 미국 레이건 행정부 간의 관계는 좋지 않았다.

서독과 미국 정부 간의 긴장관계는 헬무트 콜 수상이 등장한 이후에도 이어졌다. 보수적인 야당 당수로 기민당을 이끌던 헬무트 콜은 외교정책에서 대서양조약기구와의 협력을 중요시하고, 서독의 연방의회에서 여러 차례 신동방정책을 비판했었다. 그러나 그는 긴장완화 정책을 원칙적으로 거부하지 않았다. 그리고 수상으로 취임한 이후에는 신동방정책을 지속해서 추진했다.

기민당 내에서 동방정책의 근본적인 수정을 요구하던 그룹은 소위 실향민단체가 중심이 된 극소수뿐이었다. 그들조차 기본조약을 비롯해 신동방정책의 틀에서 체결된 다양한 조약을 모두 파기하라고 요구한 것은 아니다. 단지 오더-나이세 강을 폴란드와 동독의 국경선으로 인정한 바르샤바조약이 최종이 아닌 임시 규정이라고 주장할 뿐이었다. 그 외에는 서독이 동독에 일방적으로 선금을 지불하는 것과 같은 구체적인 사안의 수정을 요구하는 정도였다. 실향민그룹은 기민당 내에서 영향력 있는 집단이 아니었다. 그렇지만 그들은 신동방정책의 기조가 콜 수상이 이끄는 연방정부에서도 그대로 유지되는 것을 계속 비난했다.

그럼에도 불구하고 헬무트 콜 수상이 이끄는 기민당 정부는 빌리 브란트가 시작한 '작은 걸음의 정치'를 지속하면서 독일인들이 겪는 분단의 고통을 감소시키기 위한 정책을 기본적으로 유지했으나. 콜 수상의 대동독정책이 정점을 찍은 것은 1987년 9월 10일 동독 사회주의 통합당 총서기장 에리히 호네커가 서독의 수도 본을 방문해 콜 수상과 함께 연방군의 사열을 받고 자신의 고향을 방문했던 '사건'이었다. 1989년 초 서독의 외무부는 1988년까지 동독과 서독의 관계가 긍정적으로 발전했다고 평가했다. 특히 동독 당국이 인도적 영역에서 개방정책을 지속해서 추진하고 있다고 분석했다. 1988년에는 동독 주민이 개별적으로 서독을 방문하겠다는 신청이 670만 건이었다고 보고했다. 정부 차원에서 교류 협력 또한 다원화되고 있다는 평가였다. 그리고 그해 가을 베를린 장벽이 무너졌다.

이념과 가치가 아니라 실용적인 시각에서 평화와 긴장완화를 위해 작은 걸음을 걷는 서독의 실용주의적이고 적극적인 외교는 1989년과 1990년, 동독과 동유럽 국가들이 대변혁을 겪던 시기에 다시 한번 빛을 발했다. 독일 통일 과정에서 특히 서독 연방정부의 외교장관이었던 겐셔와 콜 수상의 외교보좌관이었던 호르스트 텔칙으로 이루어진 외교라인이 중요한 역할을 했다는 것은 이미 잘 알려진 사실이다. 그들은 미국과 소련뿐만 아니라 주변국들에 통일된 독일이 유럽의 평화와 발전에 도움이 될 것이라는 점을 적극적으로 설득했다. 그들은 신뢰와 배려 그리고 적극적인 공세와 같은 다양한 요소를 적절하게 배합하면서 서독이 추구하는 최종적인 목표 통일을 달성할 수 있었다.

6.

유럽의 비판적인 지식인들은 냉전이 종결된 후 유럽 정치가 신자유주의적 이념에 의해 주도되면서 이전의 통합력을 잃었다고 비판한다. 그러나 유럽연합 내부의 정치적 변화에도 불구하고 적어도 동아시아, 특히 한반도 문제에 관해서는 1990년대 유럽연합이 평화 정착을 위해 긍정적으로 기여하려 노력한 것으로 보인다. 당시 대부분 사람들이 독일 통일의 경험이 한반도 평화 정착에도 도움이 되리라 기대했었다. 유럽연합은 1차 핵 위기 이후 시작된 KEDO 사업비용 일부를 부담하는 데 동의했었다.

1차 핵 위기와 6자회담을 경험한 독일과 유럽의 외교관들은 앞으로 한반도와 관련된 이슈에서 유럽이 소극적으로 비용을 지불하는 플레이어로만 남지 않고 적극적으로 행동할 것이라고 여러 차례 강조했었다. ASEM 정상회의에서 김대중 대통령의 부탁을 받은 독일의 게르하르트 슈뢰더 수상이 유럽연합의 10개 국가를 설득해 북한과 수교하고 평양에 대사관을 개설한 것은 이런 시각의 변화와 무관하지 않다.

2016년 북한이 2차 핵실험을 하기 전까지 유럽연합은 적극적으로 북한과의 대화에 나섰다. 2015년까지도 베를린과 브뤼셀의 외교관들은 한국과 북한이 모두 신뢰하는 제3의 중재자 역할을 할 수 있으리라 확신하는 것으로 보였다.

그러나 북한이 2016년 2월 2차 핵실험을 감행한 이후 유럽과 독일의 대북정책은 완전하고 불가역적인 비핵화로 돌아섰으며, 유엔 안보리에서 결의한 제재의 3배에 가까운 제재 조치를 취하고 있다. 강력한 제재에도 불구하고 북한이 사실상 핵보유국이 되었다는 사실을 유럽의 외교관들은 받아들이려 하지 않는다. 유럽연합은 지금도 불가역적인 비핵화를 대북정책의 기본원칙으로 고수하고 있다.

2016년 이후 유럽연합의 대북정책은 냉전기 유럽에서 전쟁을 막고 평화체제를 구축하기 위해 노력했던 기억을 완전히 잊은 것이 아닌가 하는 의구심이 들 정도로 규범주의적인 원칙론 일색이다. 유럽과 독일의 새로운 외교노선으로 발표된 인도태평양 전략에서 동아시아와 유럽 간의 가치공동체라는 표현이 언급된 것은 이런 당위론적인 규범주의를 그대로 대변하고 있다. 냉전의 이데올로기 대신 등장한 가치공동체의 본질에 관한 논의는 없다. 가치공동체에서 배제할 대상만 분명히 보일 뿐이다. 그와 함께 유럽연합은 냉전 시기에 유럽공동체가 빛을 발하게 만든 적극적인 평화의 담지자 역할을 포기한 것으로 보인다. 유럽안보협력기구가 전략적 인내심을 가지고 불신을 줄이며 점진적으로 신뢰를 회복해 인류 공동의 평화와 안보 질서를 실현할 수 있도록 노력해야 한다고 설파하던 안보전문가들이 설 자리는 우크라이나 전쟁의 여파로 점점 줄어들고 있다.

2025년에 유럽 각국은 헬싱키조약 체결 50주년을 기념하게 될 것이다. 지금과 같이 국제 질서가 격변하고 유럽 전역에서 민족주의가 부활하는 상황에서 CSCE의 후속기관으로 탄생한 OSCE가 국제사회의 평화와 안보 질서를 회복하기 위해 효과적인 다자기구이자 대화의 플랫폼 역할을 할 수 있을 거라 보기 어렵다. 그것은 유럽이 더 이상 동아시아 평화체제를 구축하기 위한 논의에 조언해 줄 위치에 서 있지 않음을 의미한다. 결국 유럽연합이라는 가치동맹을 얻었는지 모르지만, 우리는 이제 평화체제의 구축을 위한 동반자를 새롭게 찾아야만 한다.

우크라이나 전쟁과 러시아의 길
: 러시아의 전쟁 목적과 종전 가능성

노경덕(서울대학교)

1. 들어가며

전쟁의 끝이 보이지 않는다. 들려오는 소식은 러시아의 공습으로 폭발한 열화우라늄탄이 방사능 수치를 높이는 것 같다는 등의 더 소름 끼치는 것뿐이다. 일부 서방 보도의 영향을 받은 국내 언론은 우크라이나의 여름 대반격으로 뭔가 엄청난 전황 반전이 있을 것처럼 호들갑을 한참 떨더니 가을부터는 조용하다. 실컷 떠들다가 아니면 그만이라는 식의, 지난 몇 년간 우리 언론이 보여준 행태가 여기에도 그대로 나타난 듯하다. 그나마 이스라엘-하마스 전쟁 발발 이후에는 러시아-우크라이나 전쟁 자체를 잘 보도하지 않는다. 짧은 전황 에피소드나 각종 해괴한 가짜 뉴스를 제외하면 말이다. 우리 언론이 보여준 그간의 관심이 진지한 전쟁 규탄과 진정한 평화 수립을 위한 의지에서 나온 게 아니었음을 여지없이 알게 해주는 대목이다. 종전 가능성을 미국의 내년 대선 국면과 연결하는 전망을 들으면, 역설적으로 그 전망의 타당성 때문에 더 괴로워진다. 대서양 건너 먼 나라의 국내 정치 이해관계가 수많은 죄 없는 민중의 생명을 좌지우지할 수 있다는 냉혹한 현실에 치가 떨린다.

그럼에도 이 전쟁을 끝낼 수 있다는 희망은 버릴 수 없고 버려서도 안 된다. 이를 위해 여러 노력이 필요하겠지만, 전쟁을 일으킨 러시아의 목적을 보다 정확하고 객관적으로 파악하는 작업이 전제되어야 함은 물론이다. 다행히도 전쟁 초기 국내외 언론에서 무분별하게 쏟아졌던 러시아의 유럽 지배 욕망이나 공산주의 팽창의 재림과 같은 소설류의 해석들은 거의 사라지기는 했다. 하지만 우리가 현재 접할 수 있는 이 문제에 대한 답변 중에 깊은 통찰력을 보여주는 경우는 여전히 드물다. 최근까지 가장 많은 러시아 전문가와 사회과학자들의 지지를 받고 있는 두 가지 입장 모두 근본적인 한계를 가지고 있는 듯하다.

러시아의 세계 질서 재편론으로 명명할 수 있는 첫 번째 입장은 러시아의 전쟁 목적에 국제정치적, 나아가 세계체제적 의미를 부여한다. 이 입장에 의하면, 러시아의 우크라이나 침공은 미국 패권에 대해 중국과 러시아로 대표되는 '신흥' 세력이 도전하는 과정의 일부다. 어떤 이는 '야만' 러시아의 팽창으로 그 도전을 두려워하고, 어떤 이는 '미제국주의'의 세계 지배 종말의 진원으로 은근히 환영한다. 어떤 이는 미국 패권의 쇠퇴를 틈탄 러시아의 기회주의적 도발성을 부각하고, 어떤 이는 나토의 확장에 대한 러시아의 수세성을 강조한다. 하지만 이들 모두 이 전쟁이 국제정치의 층위에서 벌어지는 세계사적 사건이며 그 목적이 세계 질서의 재편에 있다는 데는 대부분 동의한다. 국제정치와 그 미래에 집중하는 이런 논의는 자연히 전쟁 자체보다는 이 전쟁이 몰고 올 글로벌 차원의 변화에 더 관심이 있다. 패권의 이동, 다극 체제의 심화, 중러 '동맹' 주도의 대안 질서 등이 주된 레퍼토리로 등장한다. 국제정치학의 저 드넓은 시야를 보여주듯, 이들의 전쟁 논의는 자주 동아시아 무대로 넘어오며, 중국의 대만 침공 가능성 문제와 직결되곤 한다.

이런 해석을 듣고 있노라면, 러시아의 전쟁 책임과 전쟁 피해와 같은 현안들은 흐릿해지고 전쟁의 기능과 영향 같은 거시적, 사회과학적 분석과 예측들만 또렷해진다. 전쟁이 동아시아 안보와도 관련이 있다는 '실용'적인 정보는 제공받지만, 막상 전장의 피해자인 우크라이나 민중의 고통은 전달되지 않는다. 더 큰 문제는 이런 입장에 몰입하다 보면, 전쟁을 끝낼 방법도 떠오르지 않는다는 점이다. 그것은 마치 지금의 전쟁이 그 누구도 막을 수 없는 세계사적 대변동의 일부같이 느껴지기 때문이다.

두 번째 입장은 러시아의 전쟁 목적을 글로벌 시야로 확대하지 않고 러시아가 우크라이나 및 주변국들과 맺어왔던 지역 수준의 관계에 주목해서 찾는 경향이다. 이런 흐름에 속한 이들이 자주 제시하는 전쟁 목적은 이른바 실지 회복, 즉 과거 러시아 제국, 또는 소련 영토 중 잃어버린 땅에 대한 복구다. 이들에 의하면, 러시아는 그들 전통의 영향 아래에서, 과거 러시아인의 역사적 무대와 현재 러시아 문화의 공간에 대한 복원을 상상한다. 지금의 전쟁은 러시아가 그 상상 속의 영토를 공식적인 러시아 국가 영토로 병합하는 작업이라는 것이다. 우크라이나의 친서방 노선은 이 계획에 가장 큰 방해가 되었기에 첫 번째 군사적 표적이 되었다는 것이 이들의 주장이다. 어떤 이는 실지 회복의 감정이 등장하게 된 배경에 러시아 내부 파시즘의 성장과 푸틴 정권의 파쇼화라는 정치 사회적인 측면을 부각하는 반면, 훨씬 더 많은 이들은 그 배경에 대러시아 민족주의와 유라시아주의의 재림이라는 지적인 맥락을 더 강조한다.

전쟁 책임과 전쟁 피해 문제를 훨씬 직접적으로 상기할 수 있다는 점에서 분명 장점이 있는 이 입장도 심각한 한계를 가지고 있다. 그것은 왜 하필 이 시점에서 러시아가 실지 회복에 나섰는지를 설명하지 못한다는 점이다. 우크라이나가 이른바 친서방 노선을 채택한 것도 처음이 아니며, 2014년부터는 그 방향이 이미 분명해졌던 터였다. 그렇다면 왜 러시아는 2022년 2월에야 방아쇠를 당긴 것인가? 그전 8년 동안은 그들의 역사적, 문화적 영토 복구를 위한 준비 기간에 불과했던 것인가? 한편, 이런 실지 회복론 역시 세계 질서 재편론처럼 전쟁 종식의 희망을 살리기보다는 꺾어놓는 메시지를 던지고 만다. 이들의 논리에 따르면, 러시아는 모든 실지를 회복할 때까지 도발을 멈추지 않을 것이다. 앞으로의 그림은 러시아가 주변국, 즉 그들이 실지로 느끼는 나라들과의 끊임없는 전쟁, 병합, 또는 강제적인 회유 등으로 채워진다는 뜻이 된다. 더 암울한 것은 설령 푸틴 정권이 몰락하는 환상적인 일이 벌어지더라도 문제는 근본적으로 해결되지 않는다는 점이다. 이 입장이 강조하는 러시아의 역사적, 문화적 전통이 또 다른 실지 회복주의자들을 향후에도 빚어낼 것 같기 때문이다.

얼핏 상반되고 각기 매우 다른 문제점을 가지고 있는 듯 보이는 이 두 해석은 사실 공통된 전제 아래에 있다. 그들은 모두 푸틴 정권의 안정성과 러시아의 특별함을 전제로 한다. 두 해석은 공히 푸틴이 내적으로 도전받지 않는 권력을 창출했으며 이제 그 눈을 밖으로 돌리는 중이라고 믿는다. 그 외부로의 팽창은 미국 주도의 국제질서에 대한 도전이든, 또는 러시아의 역사적, 문화적 영토 수복 시도든, 국내 정치의 안정성을 토대로 이루어지고 있다는 것이다. 또한, 두 해석은 공히 현재 러시아는 세계체제의 재편을 감행할 수 있거나, 또는 그들의 역사적, 문화적 상상을 당장 현실에 옮길 수 있을 만큼 특별한 능력과 비전을 가진 나라라고 믿는다.

이런 정권의 안정성과 러시아의 특별함이라는 전제는 참으로 생명력이 질긴 반러시아/반공주의의 산물이다. 19세기 영러 경쟁의 시대에 영국이 시작했고, 20세기 전반 나치와 일본이 공헌했으며, 냉전기 미국이 완성한 반러시아/반공주의는 러시아에 대한 부정적 이미지와 공포를 창출하는 것을 넘어, 더 근본적인 수준에서 보자면 러시아를 몰역사화하고 단순화시키는 작업이었다. 이에 의하면, 러시아의 팽창성은 역사적 상황에 따라 변동하지 않는 항구적인 것이다. 메시아주의, 야만성, 공산주의, 유라시아주의 등으로 옷은 갈아입혔지만, 반러시아/반공주 주창자들은 러시아를 비합리적 비전과 확장의 본능을 가진 생명체로 취급했다. 그리고 이들은 러시아를 내적으로 하나인 단단한 운명 공동체로 단순화했다. 이들에 의하면, 러시아 사회는 주도 세력을 중심으로 통합되고 뭉쳐있기에, 정치 지도부는 내적 도전에 직면하지 않으며 따라서 그들의 사고 또한 복잡하게 읽어낼 필요가 없다.

필자는 정권의 안정성과 러시아의 특별함이라는 두 전제 모두를 배제하고 현재 러시아의 전쟁 목적을 규명하고자 한다. 이런 노력은 크게 두 가지의 빙향에서 이루어질 것이다. 첫째, 러시아의 푸틴 정권을 '일반'적인 세계의 독재 정권의 하나로 분류하고, 독재 정권이 가지는 특징, 즉 그 정책의 일관성보다는 즉흥성과 모험성 등에 방점을 찍으려 한다. 이런 시각 아래에서 푸틴 정권 시기 러시아가 서방과의 관계의 측면에서 여러 차례의 변화와 부침을 겪었다는 사실을 강조할 것이다. 둘째, 흔히 보통의 독재 정권들이 가지는 가장 중요한 문제, 즉 정권 연장 문제를 푸틴 정권의 주 관심사로 설정하며 현재의 전쟁을 다시 바라보려 한다. 특히, 푸틴 정권과 러시아 내부 사회 구성원과의 관계, 즉 정권에 대한 지지도 변화, 러시아 민중의 민주화 요구 가능성, 그것의 파장에 대한 정치 지도부의 두려움, 경제 상황에 따른 여론 변화 등에 더 주목할 것이다. 특정 정권의 대내 및 대외 정책은 그들의 국내 상황과 깊은 관련 속에서 생성된다는 현대 정치 분석의 가장 기본적인 원칙이 러시아를 분석할 때는 잘 적용되지 않았다. 본 발표는 유사 사상가의 담론이나 일부 정치인의 산발적인 언급에 매달리며, 의도적으로, 또는 의도치 않게, 러시아에 대한 과거 편견을 반복해 왔던 기존 시각과는 달리, 전쟁 목적에 대한 주요 설명 요소로서 정치 현실과 경제 형편을 포함한 러시아 내부 상황에 더 매달려 볼 것이다.

2. 러시아의 전쟁 목적 재고

1) 푸틴 1, 2기의 대 NATO 정책

러시아-우크라이나 전쟁 이후 언론이나 학계를 휩쓴 이미지와는 달리, 푸틴 정권 시기 러시아의 대서방 관계는 여러 번의 변곡점을 거치며 변화했다. 옐친 정권기에 수차례 목도되었던 러시아의 NATO 가입 타진 노력은 푸틴이 등극한 이후로는 공식적으로 보고된 바는 없었다. 하지만 이것이 일부 학자들의 해석처럼 푸틴 정권이 서방, 특히 미국과 일관된 긴장 관계를 유지했었다는 뜻은 전혀 아니다. 2002년 시작된 나토-러시아 회의는 대테러와 세계 무기 거래 등 주요 사안에 대해 러시아와 미국이 협력하는 기초적인 공간으로 활용되었다. 특히, 9 · 11 이후의 미국과의 대테러 공조는 일반적인 수준을 넘어서는 것이었다. 러시아과 구소련 공화국들의 기지를 미군이 아프간 전쟁에서 활용할 수 있었던 것은 그 공조의 가장 두드러진 예였다. 이와 같은 특정 전략적 사안에 대해 상호 협력이 지속되었다는 점에서, 당시의 많은 서방 언론은 러시아와 미국의 관계를 '전략적 파트너 관계'로 규정하기도 했다.

역시 여러 학자들이 러시아와 NATO 관계 악화의 계기로 보는 2000년대 초반의 발트 3국, 슬로바키아와 불가리아 등 일부 동유럽 국가들의 NATO 가입은 '기대'만큼 큰 파장을 몰고 오지는 않았다. 오늘날 우리가 상상하는 것과는 달리, 이에 대한 러시아의 반응은 특별히 부정적인 것은 아니었다. 가맹국 확장과 같은 NATO의 정책에 대해 러시아와의 '정치적 대화'가 필요하다는 수준의 반응이 사실상 전부였던 것이다. 러시아 내부의 극히 일부 보수적인 언론을 제외하고는 '안보' 위협이나 '포위' 등 냉전 시대의 담론이 등장하는 경우는 없었다. 이는 당시 푸틴 행정부의 반응이 동유럽의 강대국으로서의 러시아의 상징적 지위에 대한 서방의 존중 문제 정도에 초점이 맞추어져 있었다는

것을 의미했다. 실제로 당시 동유럽 국가들의 NATO 가입 목적에 반
러시아적 요소는 전혀 거론되지 않았기에, 러시아로서도 이에 대해 적
극적인 반대 의사를 펼칠 까닭도 없었다.

푸틴 정권과 NATO 사이에 긴장 관계가 감지된 것은 2007년 당시
미국의 부시 행정부가 동유럽에 미사일 방위 계획을 세우고 발표한 직
후부터였다. 이 계획은 명목상 이란으로부터의 미사일 위협에서 유럽
을 보호한다는 데 있었으나, 푸틴 행정부는 이를 러시아에 대한 견제
움직임이나 압박 수단으로 해석하는 듯했다. 러시아가 전통적으로 자
국 안보의 핵심적 지역으로 바라보던 폴란드에 요격 미사일이 배치된
다는 점에 특히 민감했다. 푸틴 행정부는 즉각적으로 이 계획에 대한
반대 의사를 밝혔으며, 이를 재고하지 않는다면 일부 군비 제한 협정
에서 탈퇴할 수 있음을 시사하기도 했다. 그 직후 열린 독일 뮌헨 안
보 회의에서 푸틴은 꽤 강력한 어조로 미국의 일방주의적 외교 행보
를 비판했다.

하지만 주로 미국의 보수 언론들이 냉전의 재림, 또는 신냉전의 시
작이라고 과장했던 러시아의 반응은 사실 미국과 NATO에 대한 근본
적인 도전 의식에서 나온 것은 아니었다. 서론에서 언급한 세계 질서
변동론자들이 오늘날 러시아 도발의 기원이 되는 텍스트로 부각하기
도 하는 푸틴의 2007년 뮌헨 연설의 주제는 실상, 주요 세계 정책에
대해 미국이 다양한 목소리를 먼저 들어야 한다는 권고에 지나지 않
았다. 연설의 핵심은 미국의 이라크 전쟁 추진 과정 비판에 있었으며,
이러한 일방주의적 정책의 재현을 막기 위해 전 유럽적 노력이 필요하
다는 주의 환기에 놓여 있었다. 미국의 동유럽 미사일 방위 체제에 대

해 러시아는 러시아와 NATO의 협력을 기반으로 하는 '공동 미국—러시아 미사일 체제', 또는 NATO와 러시아가 동시에 연루되는 미사일 방어 체제 수립을 대안으로 내놓았다. 결국 이후 오바마 정권이 등장하면서, '폴란드 계획'은 철회되었으며, 육상보다는 해상 중심으로 미사일 방위 체제를 수립한다는 새로운 미국의 계획이 등장하게 되었다. 러시아는 이를 그들의 주장이 일정 부분 수용된 것이라고 충분히 생각할 수 있었다.

여러 학자들이 러시아와 NATO 갈등의 정점으로 파악하기도 하는 2008년 조지아 전쟁의 경우도 그 핵심적인 발발 원인이 NATO 확장이라는 국제정치적 문제에 있지는 않았다. 특히 당시 전쟁을 정당화하기 위한 러시아 정치가들과 주요 언론들의 표현에서조차 NATO 가입국의 증가와 그 위협이라는 내용은 중심을 이루지 않는다. 실제 전쟁의 기원이 어디에 있었는지는 훗날의 역사가가 보다 광범위한 자료를 가지고 규명해야 할 일이겠지만, 적어도 남오세티야를 중심으로 하는 러시아와 조지아 간의 국경 문제, 즉 해당 지역을 두고 벌어졌던 양국의 국지적 차원의 갈등이 더 중요했다는 것은 분명해 보인다. 흥미롭게도 그 이듬해 과거 러시아와 소련의 전통적인 우방이었기에 NATO 가입이 더욱 거슬릴 수도 있었던 크로아티아와 알바니아의 선택에 대해 푸틴 행정부가 보인 반응은 약간의 우려뿐이었다. 주권 국가의 결정은 존중되어야 한다는 외교적인 언사에 더해, 오히려 더욱 인상적이었던 러시아의 반응은 9 · 11 이후 협력 시기에 그들이 사용했던 것과 똑같은 표현, 즉 "대테러, 핵무기 및 화학 무기의 확산 방지, 지역 안보 문제 등에 대한 건설적 협력 관계"를 유지할 것이라는 성명이었다. 다시 말해 러시아, 즉 1기와 2기까지의 푸틴 행정부는 적어도 조지아 전쟁과 그 직후 시점까지 NATO 확장을 핵심직인 안보 위협으로 받아들인 것은 아니었다.

2) 푸틴 정권 대서방 정책의 변화

러시아의 대서방, 특히 대NATO 정책에 근본적인 변화가 생긴 것은 2011-12년을 넘어서는 시점이었다. 그것은 NATO의 대러시아 정책과는 본질적으로 무관한 이유에서 비롯되었다. 푸틴 정권 내부의 상황 변화 및 그들이 국제정치 무대에서 느낀 정치적 '교훈' 때문이었다. 2011년 푸틴을 위시한 러시아의 권력 엘리트 집단은 푸틴 3기를 준비 중이었다. 당시 대통령 메드베데프와 푸틴과의 권력 투쟁을 예상하기도 했던 몇몇 러시아 전문가들이 무안해질 정도로, 푸틴의 대통령 재등극 과정은 적어도 그 내부 엘리트 사이에서는 아무런 저항에 직면하지 않았다. 하지만 러시아 사회 전체가 푸틴의 재등장을 환영했던 것은 아니다. 2011년 겨울 러시아 공화국 전역에서 펼쳐졌다 해도 과언이 아닌, 이른바 눈꽃 혁명은 러시아 시민이 푸틴의 장기 집권 포석에 저항할 의사가 분명함을 보여준 사건이었다.

푸틴 정권은 이미 2기에 들어설 즈음부터 비민주성을 두드러지게 드러내기 시작했으며, 언론 자유, 정치 결사 및 인권을 비롯한 여러 가지 문제에서 국내외적 비판을 받은 바 있다. 하지만 적어도 2기까지의 헌정 형태는 여전히 민주주의 국가로 취급될 수 있었으며, 이른바 장기 독재 체제와는 거리가 있는 모습을 유지하고 있었다. 또한 푸틴의 1기와 2기, 메드베데프 집권기는 러시아의 경제 성장이 가파르게 이루어지던 시기였다. 세계 경제에서 러시아가 맡게 되었던 에너지 수출국으로서의 역할은 2000년대를 넘어서면서 외국 기업과의 계약 수주와 해외 자본 투자 등이 맞물리며 경제 성장의 커다란 동력원으로 작용할 수 있었다. 메드베데프 집권 말기에 러시아는 WTO 가입 과정을 거의 마무리하는 단계였으며, 그 어느 때보다 세계 경제와의 연관성도 긴밀해진 상태였다.

하지만 푸틴과 그의 권력 엘리트 입장에서의 이와 같은 정치 및 경제적 '호재'는 2011년 이후에는 지속되기 어려워 보였다. 무엇보다 눈꽃 혁명으로 더 극적으로 드러나게 될 국내 여론의 동향이 심상치 않았다. '친서방적' 레바다 연구소가 조사한 당시 푸틴의 지지율은 2011년 들어 그의 집권 이후 처음으로 60%대로 내려앉았다. 이는 그간 줄곧 70-80%의 지지율을 유지했던 푸틴 입장에서는 분명 나쁜 소식이었다. 특히 당시가 푸틴과 그의 주요 지지자들이 장기 집권 계획을 구체화하던 시기였기에, 이 같은 여론 동향은 그들에게 더 민감한 문제로 다가올 수 있었다.

한편, 그즈음 세계적인 차원에서 조성되었던 정치 분위기는 푸틴과 권력 엘리트가 위와 같은 러시아 국내의 분위기를 더 심각하게 받아들이게 되는 계기로 작용했다. 2010년 말부터 시작된 이른바 '아랍의 봄'은 세계화와 자본의 유동성이라는 거시적인 맥락 아래 장기 독재 체제에 대한 민중의 민주주의적 염원과 저항이 거세질 수 있음을 보여준 국제적 사건이었다. 특히 이집트가 그 출발점이었던 아랍의 봄은 민주화 시위를 점차 주변국으로 확산하는 경향을 보여주는 동시에, 장기 독재 체제에 대한 민중적 불만이 기존의 전통적 반정부 세력과 맞물리면 결국에는 전 국가적인 내전이 시작된다는 공식을 보여주었다. 푸틴 정권은 이 과정을 예의 주시했다. 당시 장기 집권 계획을 구상하던 이들에게 이런 국제적 변동은 큰 악재였기 때문이었다. 초창기 러시아가 미국 등 서방 국가와의 공조를 통해 아랍에서의 '질서' 회복을 이루겠다는 의지를 천명했던 것은 푸틴과 권력 엘리트가 느끼던 불안감의 반영이었다.

하지만 2011년 봄에 불거진 이른바 리비아 사태는 푸틴 정부의 그간의 서방, 특히 NATO와 공조 노력을 전면 재고하게 했다. 리비아에서의 반카다피 시위가 내전으로 번질 무렵, 여전히 미국과 공조를 통한 사태 해결 방안을 기대했던 러시아는 유엔연합군이라 불린 NATO의 군대가 러시아와의 사전 협의 없이 이에 개입하여 카다피 정권을 순식간에 전복하는 과정을 목격했다. 이 작전은 장기 독재자에 대한 민주주의의 저항이라는 전형적인 구도로 정당화되었으며, 곧바로 서방 언론이 앞다투어 보도한 카다피 일가의 '호화' 생활은 세계 여론을 압도적인 NATO 지지로 고정시켰다. 이런 분위기 속에 카다피가 한 때 제3세계의 영웅이었으며, 반제국주의와 반미 운동의 구심점이었다는 사실이 기억될 수는 없었다. 그 정권의 역사가 어떠했든, 현재는 그냥 민주주의를 억압하는 부패한 장기 독재 체제 중 하나일 뿐이었다. 푸틴 정권은 이 과정에서 장기 독재 시도와 민주화 시위의 국경을 넘어서는 확산, 그리고 NATO 군의 개입 및 친서방적 정권과 여론의 등장이라는 공식을 확인하게 되었다. 그리고 곧 이 공식이 자신들의 체제에 적용될 수 있음을 깨달았다.

2013년 푸틴 3기 정부는 자신들 정권의 안위에 대한 우려를 깊게 품고 출범할 수밖에 없었다. 그들이 아랍의 봄에서 깨달은 공식의 시작점은 주변국의 민주화 시위와 그 국경을 넘어선 번짐이었기에, 푸틴 정권이 우선 실시했던 정책 중 가장 두드러진 것은 경제적 지원을 통한 주변국 단속이었다. 특히 우크라이나와 몰도바와 같이, 유럽연합 가입과 민주화 지수 높이기에 여론의 관심이 쏠려 있는 곳에는 더욱 파격적인 재정 지원 제안을 펼치기도 했다. 이에 더해 공식의 마지막 줄이었던 NATO의 군사 개입 가능성 때문에, 푸틴 3기는 동유럽 국가들의 NATO 추가 가입 논의에 대해 이전보다 훨씬 민감한 반응을 보였다. 한편, 그 시점을 즈음해서 확연히 떨어진 러시아의 경제 성장률 역시 안위에 민감해진 정권에게는 큰 악재로 보였다.

3) 푸틴 정권의 선택

이런 상황에서 2013년 12월 우크라이나 수도 키이우를 중심으로 이른바 유로마이단 사건이 일어났다. 이 시위의 발발과 그 직후의 격화 양상은 푸틴 정권의 눈에는 아랍의 봄 공식의 발현 과정과 유사해 보였다. 이는 그 당시 친러시아 국가 중 하나에서 단순히 정권이 교체되는 사건만은 아닌 것 같았다. 주변국, 그리고 '본국' 러시아로의 시위 확산과 NATO의 직간접적 개입이라는 가능성이 실제가 될 수도 있다는 점을 알려준 중대한 분수령일 수 있었다. 거기다 그 시위가 경기 후퇴와 맞물리며 더 큰 사회적 반향을 일으킨다면?

이에 대해 푸틴 정권이 내놓은 해결책은 인위적 방법을 통한 국내 여론의 결집이었다. 2014년 크림반도 합병과 돈바스 내전 '유도' 및 지원은 푸틴 정권에 대한 지지를 확인하고 민주화 시위 발생의 틈새를 주지 않으려는 강수였다. 이는 민족주의적 감성을 부추겨 내부의 사회 불만을 억제하려는 전형적인 정치적 수단으로서, 마치 세국수의 시대 사회제국주의의 방법론을 연상시키는 것이었다. 푸틴 정권은 이 같은 민족주의 조장에 더해, 우크라이나 극우 세력의 영향력을 과장함으로써 역사적 감성, 즉 제2차 세계대전 피해의 기억 소환을 또 하나의 여론 결집 수단으로 들고 나왔다. 러시아 언론이 대서특필했던 유로마이단 시위에서 일부 반데라주의자의 모습은 러시아 시민들에게 나치의 악몽이라는 집단적 기억을 되뇌게 만들었으며, 이는 자연스럽게 푸틴 3기 정권이 주장하는 '조국'의 수호자 역할에 대한 전폭적인 지지로 이어질 수 있었다. 푸틴 스스로가 제2차 세계대전 역사에 대한 '전문가'로 등판했던 것은 이런 맥락에서 이루어진 일이었다.

하지만 크림반도 합병으로 러시아가 국제 사회에서 고립되고 강력한 경제 제재를 받게 되면서, 그리고 돈바스 내전의 상황이 지지부진하면서, 푸틴 정권은 2014년에 극적인 방법으로 확보했던 높은 지지율을 유지하는 데 자신감을 가질 수 없게 되었다. 2021년의 러시아-우크라이나 국경 지대로의 군대 파견, 그리고 그 이듬해 2월의 본격적인 침공은 그간의 '노력'이 더 이상 효능을 낼 수 없다는 판단 아래 푸틴 정권이 내린 더 독한 처방이었다. 푸틴 정권에게 우크라이나와의 전면전은 러시아 시민의 여론을 결집할 가장 효과적이고 강력한 수단으로 보였다. 그곳의 나치와 서방 세력의 '압제'에서 러시아 민족을 구한다는 명분은 제2차 세계대전과 냉전을 겪은 러시아 시민의 역사적 기억과 현재적 감정을 계속해서 자극할 것 같았기 때문이었다.

3. 나오며

만약 헝가리가 구원構怨의 이웃 체코슬로바키아와 갈등 끝에 전쟁을 시작했다면, 우리의 해석은 어땠을까? 이 전쟁이 국제질서나 유럽 내 세력 균형의 변화를 예고하는 것이라거나, 또는 마자르 민족의 역사적, 문화적 영토 회복을 목표로 한 것이라는 설명이 나왔을까? 헝가리에 대해서는 우리가 러시아만큼의 질긴 편견을 가지고 있지 않기에, 아마도 이런 해석들이 등장하지 않았을 가능성이 크다. 러시아의 전쟁 목적을 정확하게 파악하기 위해서는 러시아에 대한 과거의 통념에서 벗어난 보다 객관적인 시선이 필요하다. 러시아 문명과 역사가 특별했을지는 몰라도, 오늘날 러시아 국가와 푸틴 정권은 특별하지 않다. 러시아 국가는 다양한 의견으로 나뉘어 있고, 상황에 따라 정치적 지지 세력을 언제든 바꿀 수 있는 사람들로 구성된 나라다. 또한 푸틴 정권은 헝가리의 오르반 정권처럼 지구상에 존재하는 우익 독재 체제, 특히 정권의 안위를 위해 폭력을 대내외적으로 활용할 수 있는 정치 집단 중 하나다. 달리 말해, 러시아는 세계재편이나 러시아 역사적, 문화적 영토 복원과 같은 푸틴의 항구적인 비전 아래 혼연일체 된 특별한 나라가 아니다. 위에서 언급한 것처럼 푸틴 정권이 서방과 맺어온 관계의 변화를 세밀히 추적하고, 그들의 국내 상황과 지도부의 인식 등을 선입견 없이 분석한다면, 우리는 러시아의 전쟁 목적에 대해 지금과는 매우 다른 답을 얻을 것이다.

푸틴 정권이 일으킨 지금의 전쟁은 정권의 안위 확보라는 목적을 위해 그 어떤 수단도 불사하는 독재 정권의 전형적인 정치적 범죄 행위일 뿐이다. 세계 질서의 재편이나 실지 회복과 같이 러시아의 전쟁 목적을 과장하면 할수록, 우리는 이 전쟁의 본질과 밀어지고 결국은 전쟁을 끝낼 방법도 고안하기 어려워진다. 종전을 꿈꾸는 사람들이 우선적으로 가져야 할 태도는 러시아에 대한 통념에서 벗어나 그들의 전쟁 목적을 사고하는 일이다. 이런 사고 속에서만 전쟁 종식의 구체적인 방법들이 도출될 수 있을 것이다.

[참고문헌]

https://nlr.ru/elibrary

https://www.gazeta.ru/

https://www.eastview.com/resources/newspapers/

김성진, 러시아-우크라이나 전쟁: 의미와 영향, 슬라브학보 37(2), 2022,
　　1-33.

류한수, '2022년 러시아-우크라이나 전쟁'의 역사적 기원, 그리고 몇몇 단상,
　　평화들 1(2), 2022, 165-185.

백승욱, 우크라이나 전쟁과 동아시아 지정학의 변화, 경제와사회 135호,
　　2022, 198-229.

이문영, 러시아-우크라이나 전쟁과 나토: 쟁점과 여론. 슬라브학보 37(3),
　　2022, 79-115.

장세호, 러시아-우크라이나 전쟁 발발 이후 푸틴체제의 안정성 평가, 국제지
　　역연구, 26(4), 2022, 127-144.

Frye, Timothy, *Weak Strongman: The Limits of Power in Putin's Russia*,
　　Princeton University Press, 2021.

Frye, Timothy, Scott Gehlbach, Kyle L. Marquardt & Ora John Reuter, "Is
　　Putin's Popularity (still) Real?", *Post-Soviet Affairs* 39(3), 2023.

Mearsheimer, John J, "The Causes and Consequences of the Ukraine
　　War", *Horizons: Journal of International Relations and Sustainable
　　Development* 21.

Sakwa, R. "Power Transition, Cold War II and International Politics", *Russian Politics* 8(2), 2023.

평화를 원하면 민주주의가 아니라
평화를 실천해야 한다

이동기(강원대학교)

1. 이상주의와의 결별이 평화정치다

제1차 냉전기(1947-1991) '유럽 평화 구축'은 냉전 이상주의와의 결별이 낳은 성과다. 이데올로기에 기초한 특정 진영의 완전 승리라는 몽상적 구상은 일시적으로는 힘을 발휘했지만, 궁극적으로는 실패했다. 제1차 냉전기 동안 유럽의 여러 국가와 정치가들은 안보 강화와 압력 고조를 통한 상대 굴복이라는 이상주의로부터 거리를 두고 국가와 주민들의 현실적이고 실제적이고 구체적이고 실용적인 이익과 욕망에 충실했다. 그 결과가 바로 이은정이 논한 '유럽 평화 구축'이자 냉전 종결이었다.

이은정의 독일동방정책과 유럽 평화 구축 논의는 새롭지는 않지만 현재의 국면에서 주목할 내용을 담고 있다. 다만 현재 유럽과 독일이 새롭게 평화정치를 발전시키려면 제1차 탈냉전 평화정치의 다양한 성과와 역할에 더 넓은 관심을 가질 필요가 있다. 케네디의 평화전략, 브란트의 동방정책도 차이가 있었고, 서독 내에서도 브란트나 에곤 바아와는 전혀 다른 평화정치 구상이 백가쟁명했음에 주목해야 한다. 아울러 유럽안보협력회의의 개시와 지속에는 서독이 아니라 오히려 핀란드와 오스트리아, 스위스 등이 큰 역할을 수행했다.[1] 유럽의 중립 소국들이 고유한 동기와 나름의 맥락에서 평화정치에 나섰고, 이에 그들의 갈등과 이견 중재와 조정, 평화프로세스의 유지와 확장의 의미와 역할에 주목해야 한다. 핀란드는 유럽 국가들만이 아니라 미국과 소련이 그 회의에 함께 참여하도록 다리를 놓았고, 오스트리아는 헬싱키 최종의정서의 가장 중요한 합의인 진영 간 인권 존중과 체제 인정을 달성하는 데 핵심 역할을 수행했다. 냉전기 유럽에서는 그와 같은 중립국들이 양 진영의 가교와 중재 역할을 수행할 수 있었기에 지역 평화정치가 안정적으로 정착할 수 있었다. 탈냉전 평화는 단순히 선한 하나의 단일한 국제 규범이나 잘 조화된 이상 정치의 구현이 아니라 각국 차원의 복합적인 현실정치와 실용 관점에서 나온 이익과 욕구의 조응이자 상승이었다.

그것은 빌리 브란트의 동방정책에 대해서도 마찬가지로 해당되는 말이다. 먼저, 브란트의 참모이자 동지인 에곤 바아의 '접근을 통한 변

---

1   Thomas Fischer, *Neutral power in the CSCE: the N+N states and the making of the Helsinki accords 1975*(Baden Baden: Nomos, 2009); Benjamin Gilde, *Österreich im KSZE-Prozess 1969-1983. Neutraler Vermittler in humanitärer Mission*(Berlin: De Gruyter, 2013); Philip Rosin, *Die Schweiz im KSZE-Prozess 1972-1983; Einfluß durch Neutralität*(München: Oldenbourg, 2014)를 참조하라.

화' 구상은 1961년 베를린 장벽 건설 후 등장한 수없이 많은 평화정치 논의들 중 하나였다. 흥미롭게도 냉전과 분단이 강화된 1960년 초를 겪으면서 국제적으로나 유럽 차원에서 그리고 서독에서 모두 탈냉전 평화 구상의 백화제방 백가쟁명이 등장했다.

한반도의 경우와는 정반대였다. 전쟁의 위기나 적대적 갈등이 심화하면 오히려 평화 구상과 모색이 위축되는 한국과는 달리 오히려 독일과 유럽에서는 냉전 대결의 심화 결과로 평화정치의 구상과 대안들이 봇물 터지듯 등장했다. 그런 '평화들'의 홍수 속에서 서로 경합하고 상승하며 1970년대 제도권 평화정치가 자리를 잡았다.

1960년대 초와 마찬가지로 1980년대 초에 미국과 소련의 대결 국면에서도 서독과 동독 정부는 '이성의 연대'니 '책임공동체'를 실천했지만, 행위자를 넓혀 살펴보면 당시 평화운동 실천과 대안 구상은 너무도 다채롭게 펼쳐졌다. 다시금 냉전의 이상주의는 단색이었지만, 평화의 현실주의는 항상 천연색이었다. '평화들'의 소용돌이 속에서 모두가 집단적 학습 과정을 경험했다. 그런 평화정치 구상의 난장이 열려야 제2차 냉전기를 대비할 수 있을 것이다. 전쟁이 퍼지고 적대가 강해질 때일수록 평화 구상과 대안 논의가 커졌고, 그때 그것은 몽상이나 이상에 근거하지 않았다. 오히려 당시 유럽의 평화정치가들은 적대와 대결을 통해 특정 체제나 국가가 일방적으로 승리할 수 있으리라는 전제가 이상주의였음을 폭로했다. 지금도 다르지 않다. 평화정치는 이상주의가 아니라 현실주의에 근거를 두었다.

2. 전쟁은 국제질서의 필연이 아니라 행위자의 선택이다

노경덕의 주장은 러시아-우크라이나 전쟁을 이해하는 데 매우 신선한 시각을 제공한다. 그동안 국내 국제정치학 전공자들과 러시아 연구자들 다수가 전쟁의 원인을 설명하는 방식은 상당히 정적이었고 사후적 주석에 가까웠다. 노경덕이 비판하듯, 인습적인 국제정치 논의는 패권의 이동과 주도권 경쟁, 주요 국가들의 지정학적 전략과 안보 갈등에 집중한다. 그 과정에서 역사적 과정이나 행위자의 고유한 동기나 구상이 지닌 중요성은 다 사라진다. 또 러시아 전문가 중 일부는 미국이나 서방의 일방적인 러시아 비판에 맞서 러시아의 공식 입장을 반영한 분석을 대항 논의로 소개했다. 그들은 러시아의 침략 전쟁 자체를 옹호하지는 못하지만, 궁지에 몰린 푸틴의 불가피한 선택으로 전쟁 원인을 설명한다.

먼저, 이 두 관점은 우크라이나의 행위 주체성에 주목하지 않아 부당하다. 주권 침해와 수호와 연결된 그 어떤 전쟁도 그저 국제 패권 전략의 단순한 산물이 아니다. 게다가 그런 논의는 매우 정적이고 구조적이어서 실제 역사의 역동적 과정과 적대 형성의 계기와 변화를 놓친다. 사실 1991년부터 2022년 2월 사이에 한편으로 러시아와 다른 한편의 우크라이나, 미국과 유럽은 모두 하나의 명료한 패권 전략이나 불변의 안보 강령을 갖고 있지는 않았다. 오히려 점진적 오해와 불신의 상호작용을 통해 서로 적대 관계의 역동성을 높였다. 특히 1990년대 내내 그리고 푸틴 집권 초기는 오히려 사실상 러시아는 미국 내지 서방과 우호 협력관계를 지속했다. 그것은 러시아와 우크라이나 사이의 관계에 대해서도 마찬가지다. 시기별 차이와 역사적 변화 과정에 주목하지 않는다면 전쟁의 발생을 이해할 수 없다.[2]

그렇기에 러시아 내정 요인을 부각하는 노경덕의 주장은 푸틴의 전쟁 결정을 이해하는 데 유용하다. 국제 패권의 충돌을 배경으로 놓고 나토 동진 같은 안보 위협이 전쟁의 원인이라는 주장은 자칫 전쟁 정당화나 안보 강화 주장을 옹호하는 논리로 전락한다. 러시아와 푸틴을 마냥 미국의 패권 전략이 낳은 기괴한 결과물로 볼 것이 아니라 독재 국가의 공격성 또는 독재자로서의 권력 유지 주체로 보아야 전쟁의 원인과 종전의 어려움도 이해될 수 있다. 요컨대, 전쟁의 원인을 정적으로 보지 말고 그렇게 수행 주체의 역동적 선택이자 내부적 요인이 낳은 결정으로 보아야 그것을 끝낼 방안도 마련될 수 있을 것이다.

3. 민주평화론이 평화를 위험에 빠뜨린다

앞의 두 논의 주제와 만나는 더 근본적인 논점을 지적하고 싶다. 제1차 냉전기 평화정치가 현실주의에 기반했다는 또 다른 증거는 당시 평화정치가들은 '평화를 원하면 평화를 만들었다'는 사실에 있다. 즉, 그들은 평화를 원한다면서 안보동맹을 강화해 평화를 위험에 빠트리는 길을 가지 않았고, 평화를 원한다면서 평화의 전제가 민주주의의 확대라고 보고는 비민주주의 국가들을 민주주의 국가로 전환하는 것

---

2   이에 대해서는 이동기, 「1989혁명에서 러시아-우크라이나 전쟁 사이의 동유럽 민주주의와 평화」, 「독일연구」 53, 2023.08. pp. 27-45를 참조하라.

으로 빠져들지는 않았다. 다시 말해 평화정치가들은 평화에 집중했다.

그런데 1990년대 초부터 최근까지 미국과 유럽에선 국제 평화를 위해서는 민주주의로의 체제 전환이 관건이라는 주장이 정치와 학문에 큰 영향을 미쳤다. '민주전쟁론'은 바로 그와 같은 민주평화론 내지 자유주의 평화론의 역설과 악용을 폭로한다.[3] 민주주의 국가들은 1990년 전에 비해 지난 30년 동안 비민주주의 국가들을 겨냥해 더욱 과한 규범을 내세우고 그들에 더욱 적대적인 태도를 보였다. 민주주의 국가들은 국제협력 '제도'를 강화하고 자유주의 '규범'을 올리고 안보 '동맹'의 질을 높여(이른바 '가치동맹') 비민주주의 국가들을 더욱 옥죄었다. '민주전쟁론'은 바로 그 현상을 분석한 것이다. 비민주주의 국가들을 겨냥한 민주주의 국가들의 적대성 강화와 규범 압박이야말로 지난 30여 년 동안 국제 갈등과 전쟁의 근본 요인 중 하나다. 이제 미국의 세계지배 전략이나 열강들의 패권 경쟁보다 그것이 더 근원적인 위험으로 보인다.

결국 평화를 원한다면서 민주주의를 내세우거나 안보를 내세울 수는 없다. 민주주의와 평화의 관계, 안보와 평화의 관계는 결코 단선적

---

3   '민주전쟁론'에 대해서는 Hans-Joachim Spanger(Hg.), *Der demokratische Unfrieden. Über das spannungsreiche Verhältnis zwischen Demokratie und innerer Gewalt*(Baden-Baden: Nomos, 2012); Anna Geis, Harald Müller und Wolfgang Wagner(Hg.), *Schattenseiten des Demokratischen Friedens. Zur Kritik einer Theorie liberaler Außen- und Sichertheitspolitik*(Frankfurt am Mail: Campus, 2007); Christine Schweitzer, Björn Aust und Peter Schlotter(Hg.), *Demokratien im Krieg*; Anna Geis, Lothar Brock and Harald Mueller(ed.), *Democratic Wars: looking at the dark side of democratic peace*(New York: Palgrave Macmillan, 2006) 등을 참조하라.

이지 않다. 그것을 간단히 연결하는 순간 평화도 민주주의도, 심지어 안보도 위험에 빠진다. 사실 그것은 이미 제1차 냉전의 역사가 충분히 보여주었다. 탈냉전 평화 논의는 그저 옛 시기 평화정치를 인습적으로 소개하는데 갇히지 말고 지난 30여 년 유포된 민주평화론의 만용과 위험을 드러내 그것에 기초한 교훈에서 새로 출발해야 한다.

논평

푸틴은 왜 모험을 선택했는가

류한수(상명대학교)

현재 진행되는 전쟁에 느끼는 참담함과 노여움으로 시작하는 노경
덕의 글은 '우크라이나−러시아 전쟁'을 전달하는 언론과 방송의 문제
점을 짚고 있다. 지난 한 해 반 동안 전쟁 보도를 지켜본 필자도 뼈저
리게 느껴온 바이며, 위 글에 공감한다. 대한민국의 언론 지형이 얼마
나 심하게 미국/서방에 편중되어 있는지 드러났으며, 보수 언론은 말
할 나위도 없고 진보 언론 또한 러시아에 달라붙어 있는 온갖 편견과
선입관에서 그리 자유롭지 못하다.

이러한 세태를 짚으면서 "전쟁을 일으킨 러시아의 목적을 보다 정확
하고 객관적으로 파악하는 작업이 전제되어야 함"을 강조하는 위 논자
는 '우크라이나−러시아 전쟁'을 바라보는 기존의 두 분석 틀을 비판한
다. 우선, "러시아의 전쟁 목적에 국제정치적, 나아가 세계체제적 의
미를 부여"하는 분석 틀을 해부한다. "'야만' 러시아의 팽창으로 그 도
전을 두려워 하"면서 "미국 패권의 쇠퇴를 틈탄 러시아의 기회주의적
도발성을 부각하"는 그 "어떤 이"는 아마도 대한민국의 보수 계열 언론

일 것이고, 대다수 한국인도 이에 동조하는 것으로 보인다. 한편, 대한민국 진보 진영의 일각에서는 "NATO의 확장에 대한 러시아의 수세성을 강조"하면서 "'미 제국주의' 세계 지배 종말의 진원으로 은근히 환영하"는 시각이 나타난다. 논자는 러시아가 전쟁을 일으킨 목적을 "이른바 실지 회복, 즉 과거 러시아 제국, 또는 소련 영토 중 잃어버린 땅에 대한 복구"에서 찾는 두 번째 분석 틀도 해부 대상으로 삼는다.

논자는 "상반되고 각기 매우 다른 문제점을 가지고 있는 듯 보이는 이 두 해석은 사실 공통된 전제", 즉 "러시아는 세계체제의 재편을 감행할 수 있거나, 또는 그들의 역사적, 문화적 상상을 당장 현실에 옮길 수 있을 만큼 특별한 능력과 비전을 가진 나라"로 보는 시각에 바탕을 두고 있다면서 이 시각이 반反러시아/반공주의의 산물이라고 주장한다. 이 두 분석 틀이 "러시아를 몰역사화하고 단순화"한다는 논자의 지적은 핵심을 찌른다. 이러한 비판의 연장선상에서 논자는 러시아의 푸틴 정권을 '일반'적 독재로 분류하고 푸틴의 즉흥성과 모험성을 부각하면서 그가 최대 관심사로 삼는 정권 연장의 욕구가 전쟁을 일으킨 가장 근본적인 목표라고 주장한다. "푸틴 정권이 일으킨 지금의 전쟁은 정권의 안위 확보라는 목적을 위해 그 어떤 수단도 불사하는 독재 정권의 전형적인 정치적 범죄 행위일 뿐"이라는 것이 위 글의 결론이다.

뜬구름 잡는 거대 담론에 식상하던 차에 이런 "전통적" 접근은 오히려 신선하게 다가오기까지 한다. 푸틴이 우크라이나를 침공하겠다고 결심하게 만든 일련의 과정과 상황이 상세하고도 치밀하게 서술되어 있으므로 여기서 되풀이할 필요는 없다. 다만, 권력을 유지, 안정화, 연장하려는 욕구가 러시아의 블라디미르 푸틴 대통령이 전쟁을 일으킨 근본 목적이라는 논지에 그게 공감하면서도 끝내 시워시지 않는 의문점이 있다. 전쟁이 권력을 유지하기는커녕 외려 권력을 뿌리째 뒤흔들 가능성을 모를 리 없는 푸틴 대통령이 왜 우크라이나를 침공하는 위험하기 짝이 없는 모험을 선택했을까? 역사가를 자처하는 특이한 권력자인 푸틴은 러시아 근현대사에서 전쟁의 승패와 체제의 안정화 사이의 상관관계를 누구보다도 더 잘 알고 있을 것이다. 러시아 근현대사를 들여다보면 전쟁에서 이긴 통치자는 한 세대 넘게 권력과 체제를 유지하는 데 성공했다. 1812년 나폴레옹 전쟁("조국전쟁")에서 승리한 알렉산드르 1세가, 1945년에 제2차 세계대전("대조국전쟁")에서 승리한 스탈린이 그러했다. 하지만 패전은 곧바로 혁명, 반란, 봉기, 쿠데타로 이어졌다. 19세기 중엽의 크림 전쟁, 20세기 초엽의 러시아-일본 전쟁과 제1차 세계대전, 1980년대의 아프가니스탄 전쟁이 그랬다.

현재의 전쟁에서 푸틴 대통령은 기호지세騎虎之勢, 즉 "달리는 범의 등에 올라탄" 상황이다. 나름대로 슬기롭고 똑똑한, 따라서 러시아 현대사의 경험칙을 알고 있을 푸틴이 우크라이나를 상대로 한 전쟁에서 이기지 못하면 정권의 안정은커녕 당장 쿠데타나 혁명적 격변을 맞이할 위험에 아랑곳하지 않고 전쟁을 무릅쓰는 극히 위험한 선택을 한 까닭이 발표자의 논리적 분석에 공감하면서도 끝내 풀리지 않는 궁금증의 대상이다. 전쟁을 일으켜 권력의 위기를 타개하려는 전략을 구사한다면, 국토 면적에서 유럽 제2위의 국가인 우크라이나, 더군다나 미국과 서방의 전폭적 지원을 받는 우크라이나가 아닌 더 작은 나라나

덜 격렬한 분쟁 지역을 군사 작전의 대상으로 삼아도 되지 않았을까. 2022년 2월 푸틴이 우크라이나를 침공하면 우크라이나 민중이 러시아군을 환영할 것이고 미국이 간접적으로라도 전쟁에 개입하지 않으리라는 낙관론에 젖어 있었다고 주장하는 이들이 있는데, 과연 그랬는지 알 수 없다. '푸틴을 너무 특별한 인물로 보는 잘못을 저지르고 있지 않은가'라는 불안감이 필자에게 없지는 않지만, 논자가 짚은 대로 푸틴이 흔한 독재자라면 더더욱 실패 가능성을 인식하며 더 안전한 선택을 했으리라는 생각을 떨치기 어렵다.

끝으로, 우크라이나의 이른바 "네오나치"의 세력과 위상을 논자는 어떻게 판단하고 평가하는지 궁금하다. "네오나치"에 관련된 논자의 서술은 다음과 같다.

> [푸틴 대통령은] "우크라이나 극우 세력의 영향력을 과장함으로써 역사적 감성, 즉 제2차 세계대전 피해의 기억 소환을 또 하나의 여론 결집 수단으로 들고 나왔다. 러시아 언론이 대서특필했던 유로마이단 시위에서 일부 반데라주의자의 모습은 러시아 시민들에게 나치의 악몽이라는 집단적 기억을 되뇌게 만들었"다.

"네오나치"의 힘을 부풀려 전쟁을 정당화하려는 푸틴의 전략은 비판의 대상이 되어야 마땅하지만, 오늘날의 우크라이나에 "네오나치"가 있다는 것도 사실이다. 대한민국 보수 언론은 러시아를 "악마화"하며 우크라이나를 "자유, 인권, 민주주의의 보루"로 보는 경향이 뚜렷하나 우크라이나 현대사의 속살을 들여다보면 전혀 다른 그림이 나온

다. 파시즘에 쏠린 인종주의적 극우민족주의자 스테판 반데라를 따르며 제2차 세계대전 동안 우크라이나의 유대인과 폴란드계 주민을 상대로 끔찍하기 이를 데 없는 대량 학살을 자행했던 정치 세력의 후예가 오늘날의 우크라이나에 버젓이 존재하며, 우크라이나의 젊은 세대는 학교에서 스테판 반데라가 "건국의 아버지"였다고 배우며 자라난 이들이다. 우크라이나 "네오나치"의 힘이 얼마나 큰지를 정확히 밝혀내는 일은 위 글의 논지와 직결된 작업일 것이다.

2부

정전체제에서 평화체제로, 한반도 평화는 가능한가

한반도 위기의 성격과 출구

이남주(성공회대학교)

현재 남북관계는 심각한 위기에 처해 있다. 2018년 한반도 평화프로세스가 주었던 기대와 현재 상황의 극적 대비는 파란만장했던 남북관계의 역사에서도 유례를 찾기 어렵다. 이러한 변화는 하노이회담이 노딜로 끝난 이후 시작되었다. 2019년 2월 하노이 노딜 이후 북미관계의 교착은 문재인 정부 시기 내내 남북관계의 발전을 제약하는 가장 중요한 요인으로 작용했다. 여기에 2019년 8월 한미연합 군사훈련이 재개된 것도 남북관계에 부정적 영향을 주었다. 그렇더라도 이 변화가 군비경쟁의 고삐가 풀리고 전쟁의 위기가 고조되는 지금과 같은 상황으로 이어질 것으로 예상한 사람은 많지 않았다. 한반도에서 위기 고조가 위기관리로 이어지는 자기조정 메커니즘이 작동하곤 했기 때문이다. 그런데 지금은 그러한 가능성을 찾아보기 어렵다. 이 점에서 한반도 정세에 질적 변화가 발생했다고 할 수 있다. 이 글은 먼저 이 질적 변화를 세 가지 측면에서 살펴보고, 이러한 위기에서 벗어날 수 있는 출로를 제시하는 것으로 마무리할 것이다.

1. 한반도 정세의 질적 변화 1: 적대 관계의 부활

질적 변화의 첫 번째 양상은 남북 모두 상대의 존재를 부정하는 접근법을 강화하고 있는 것이다. 남북 모두가 상대를 실존적 위협existential threat으로 간주하는 동시에 상대에 대한 실존적 위협을 증가시키고 있다. 이러한 상호작용은 분단체제 형성과 공고화의 내재적 요인이었다. 그러나 최근 통일을 위한 협력 상대로서의 가능성을 부정할 뿐만 아니라 상대를 소멸시킬 수 있는 군사 전략과 능력을 개발·구축해 가고 있는 점은 새로운 양상이다.

윤석열 대통령은 대선 후보 시절인 2022년 1월 14일 북한이 단거리 탄도미사일을 발사한 직후 사회관계망서비스SNS에 "주적은 북한"이라는 글을 올렸다. 대선 이후 대통령직인수위원회는 2022년 5월 발표한 '110대 국정과제'에 "'북한정권과 북한군이 우리의 적'임을 분명히 인식할 수 있도록 국방백서 등에 명기하는 방안을 검토한다"는 내용을 포함했다. 2022년 5월부터 군 장병 정신교육 교재에는 북한군·정권이 적으로 명시되기 시작했다. 국방부는 12월 6일 정례브리핑에서 "북한의 핵·미사일을 포함한 군사적 도발과 위협이 지속되고 있어 내년 초 발간할 『2022 국방백서』에 북한 정권과 북한군에 대한 분명한 인식이 포함되도록 할 것"이라고 밝혔고, 2023년 2월 발간된 『2022 국방백서』에 "2021년 개정된 노동당규약 전문에 한반도 전역의 공산주의화를 명시하고, 2022년 12월 당 중앙위 전원회의에서 우리를 '명백한 적'으로 규정하였으며 핵을 포기하지 않고 지속적으로 군사적 위협을 가해오고 있기 때문에, 그 수행 주체인 북한 정권과 북한군은 우리의

적이다"라고 명시했다.[4] 또 "핵 공격을 할 경우"라는 전제 조건을 달기는 했지만, 북한 정권의 소멸도 반복해서 언급하고 있다.

이러한 수사보다 남북관계와 북한의 행동에 더 직접적인 영향을 주는 것은 한미연합 군사훈련이다. 윤석열 정부 출범 직후 서울에서 진행된 한미정상회담의 공동선언(2022.5.21.)에서는 "북한의 진화하는 위협을 고려하여 양 정상은 한반도와 그 주변에서의 연합연습 및 훈련의 범위와 규모를 확대하기 위한 협의를 개시하기로 합의하였다. 또한 양 정상은 북한의 안정에 반하는 행위에 직면하여, 필요시 미군의 전략자산을 시의적절하고 조율된 방식으로 전개하는 데 대한 미국의 공약과, 이러한 조치들의 확대와 억제력 강화를 위한 새로운 또는 추가적 조치들을 식별해 나가기로 하는 공약을 함께 재확인하였다"라고 천명했다. 그리고 2022년 8월 22일부터 9월 1일까지 을지프리덤실드가 중단되었던 야외 기동훈련을 포함해 대대적으로 실시되었다. '작계 5027 채택' 이후 한미연합 군사훈련에서 반격 작전의 비중이 높아

---

4   여기서 제시된 세 가지 근거는 설득력이 떨어진다. 첫째, 노동당 규약 관련 내용은 7차 당 대회의 "전국적 범위에서 민족해방민주주의혁명의 과업을 수행하는 데 있으며 최종 목적은 온 사회를 김일성-김정일주의화하여 인민대중의 자주성을 완전히 실현하는 데 있다"에서 "전국적 범위에서 사회의 자주적이며 민주주의적인 발전을 실현하는 데 있으며 최종목적은 인민의 리상이 완전히 실현된 공산주의사회를 건설하는 데 있다"로, 즉 전체적으로 남조선혁명론적 함의를 약화시키는 방향으로 수정된 구절의 일부이다. 적어도 수사적으로는 긍정적 변화로 볼 수 있는 변화를 적으로 규정하는 근거로 삼은 셈이다. 둘째, 2022년 12월의 당 중앙위 결정의 내용은 윤석열 정부 출범 이후 주적론 부활에 대한 대응적 성격도 있다. 셋째는 군사적 위협은 남측의 입장에서는 근거가 될 수 있지만, 이 역시 상호위협이 증가한 결과이다. 즉 북한(정권)을 적으로 규정하는 것은 최근 북한의 행태에 대응이라기보다 북한을 본질적인 적으로 규정하는 인식을 반영하는 것이다.

지는 등 공격적 성격이 강화되었다는 것은 오래전부터 지적되어 온 문제다. 소위 '참수작전'도 이 훈련에 포함된 것으로 알려져 있다. 이러한 작전에 동원될 수 있는 미국 전략자산 전개도 빈번해졌다. 2022년 5월 윤석열 정부가 출범한 이후 1년 동안 미국의 전략자산은 23차례나 한반도로 전개되었다.[5]

북한도 유사한 방향으로 움직였다. 김정은 조선노동당 총비서는 2021년 10월 11일 평양 3대혁명전시관에서 처음으로 열린 "국방발전 전람회 자위-2021" 기념연설에서 자위를 위한 군사력 강화의 필요성을 주장하면서도 "우리의 주적은 전쟁 그 자체이지 남조선이나 미국 특정한 그 어느 국가나 세력이 아니다"라고 밝힌 바 있다. 그러나 2022년 6월 12일 자 노동신문은 같은 달 8-11일에 진행된 당 중앙위원회 전원회의 결론에서 "대적 투쟁과 대외사업 부문에서 견지해야 할 원칙들과 전략 전술적 방향들이 천명됐다"고 보도했다. 2021년 12월에 진행된 직전 전원회의의 결론에서는 "북남관계와 대외사업 부문에서 견지하여야 할 원칙적 문제들과 일련의 전술적 방향들을 제시하였다"고 했는데, '북남관계'를 '대적투쟁'으로 바꿔 부른 것이다. 무엇을 의식한 수사의 변화인지 미루어 짐작할 수 있다.

---

5 한미연합사 작전참모 출신인 데이비드 맥스웰David Maxwell 아태전략센터Center for Asia Pacific Strategy 부대표는 이를 "뉴노멀이며, 한미동맹이 양국 군대의 준비태세와 상호 운용성을 유지하도록 보장하는 동시에 김정은에게 대량살상무기를 사용할 경우 정권을 공격하고 파괴할 수 있는 능력을 갖고 있다는 메시지를 보내는 것"이라고 평가했다. "전문가들 "미 전략자산 잇단 한반도 전개, 달라진 미한 기조 반영"", VOA, 2023.4.8., https://www.voakorea.com/a/7041413.html (검색일: 2023년 9월 30일).

이러한 접근법은 수사의 변화에 그치지 않고 군사력 강화로 이어졌다. 2022년 12월 26–31일 사이에 진행된 조선노동당 전원회의 보고에서 김정은은 "남조선 괴뢰들이 의심할 바 없는 우리의 명백한 적으로 다가선 현 상황은 전술핵무기 다량 생산의 중요성·필요성을 부각시키고 나라의 핵탄 보유량을 기하급수적으로 늘릴 걸 요구한다"라고 했다. 그에 따라 전술핵무기 개발에 박차를 가하고 있고, 관련 미사일 발사 실험이 크게 증가했다. 북한의 군사독트린에서도 공격적 성격이 강화되었다. 2022년 9월 8일, 제14기 7차 최고인민회의에서 "조선민주주의인민공화국 핵무력정책에 대하여"라는 법령을 발표했는데 이는 재래식 공격에도 핵무기로 반격할 수 있음을 시사했다. 2023년 8월 28일 '해군절' 74돌 계기에 해군사령부를 방문해 한 연설에서 "얼마 전 미국과 일본, 《대한민국》 깡패우두머리들이 모여 앉아 3자 사이의 각종 합동군사연습을 정기화한다는 것을 공표하고 그 실행에 착수했다"고 하면서 "조국 통일을 성취하기 위한 혁명전쟁 준비"를 주장했다. 8월 31일 자 노동신문은 "김정은 동지께서 29일 조선인민군 총참모부 훈련지휘소를 방문해, 남반부 전 영토를 점령하는 데 총적 목표를 둔 연습참모부의 기도와 작전계획전투문건들을 료해했다"고 보도했다.

남북 모두가 한국전쟁 이전처럼 호전성을 과시하고 있다. 이러한 적대관계의 강화는 어디로 귀결될 것인가? 남북의 적대적 대치 상황은 새로운 것이 아니며 잠깐의 해빙기를 거친 이후 다시 "정상", 일종의 '적대적 공존' 상태로 되돌아가곤 했다. 그러나 작금의 상황은 과거와 매우 다른 결과를 만들어낼 가능성이 높다. 다음 두 가지 변화 때문이다.

2. 한반도 정세의 질적 변화 2: 적대적 '공존'의 불가능성

질적 변화의 두 번째 측면은 한반도에서 적대적 '공존'을 가능하게
했던 정치적, 군사적, 경제적 기초가 약화된 것이다. 한반도 분단체제
에서 적대적 공존이 파국으로 진전되지 않고 정상적 상황처럼 유지될
수 있었던 데에는 국제질서와의 정합성, 군사적 균형, 남북의 발전 공
간 존재 등의 요인이 작용했다. 이러한 요인들이 '적대'하지만 '충돌'
까지 나가지는 않도록 하는 장치이었던 셈이다. 그런데 이러한 요인은
근래 들어 뚜렷이 약화되었다.

첫째, 냉전체제 하에서는 국제적 진영대립에 기초해 한반도 내의 적
대적 공존이 지속될 수 있었다. 한반도에서 분단체제가 형성되는 과정
에 열전을 경유했지만, 1953년 정전협정이 체결된 이후에는 적대관계
가 대규모 군사충돌로 이어지지는 않았다. 여기에는 전쟁의 참상을 직
접 경험한 남북 민중의 전쟁 반대에 대한 열망과 함께 미소 등이 한반
도 분단의 현상 유지를 추구했던 것이 중요하게 작용했다.

그런데 지금의 상황은 그렇지 않다. 현재 미중 전략경쟁이 냉전과
유사한 메커니즘을 만들어내고 있는 것처럼 보이지만, 균열 구도를 고
착시키고 안정화하는 방향으로 움직이지는 않고 있다. 당분간은 군사,
경제, 이념 등의 영역에서 미중의 경쟁과 갈등이 고조될 것이다. 타이
완이나 남중국해에서의 군사 충돌 가능성도 완전히 배제할 수 없다.
즉 미중 전략경쟁은 동북아와 한반도의 불안정성과 불확실성을 증가

시키는 요인이며, 한반도의 적대와 대립의 관리를 더 어렵게 만들 것이다. 이미 대표적인 지정학적 단층대인 중동과 동유럽에서 전쟁이 발발하는 등 국제사회에서 갈등이 무력충돌로 나아가지 않도록 하는 장치는 크게 약화되어 있다. 반대로 한반도에서의 돌발 사태가 동북아와 글로벌 질서에 심각한 충격을 주는 상황이 출현할 수도 있다.

둘째, 현재 한반도의 군사적 긴장은 군사적 균형이 붕괴된 상황에서의 악성 상호작용이 만들어낸 결과로, 군사적 균형 상태를 복원시키는 방향이 아니라 군사적 충돌의 위험을 증가시키고 방향으로 나아가고 있다. 냉전체제 해체라는 국제질서의 변화, 냉전적 대립이 청산되지 않은 한반도 내에서 남북 사이의 경제력 격차 등은 군사적 균형추가 남쪽으로 급격히 기울어지게 만들었다. 북한은 이러한 상황에 핵·미사일 개발로 대응했다. 통상 전력에서의 열세를 핵·미사일 전력으로 만회하고자 한 것인데, 그 비대칭적 성격이 남북 모두가 '선제공격'을 군사교리에 포함시키는 위험스러운 방향으로 움직이게 만들고 있다. 북한의 핵·미사일 전력에 대해 한미는 킬체인 등의 3축 체계 구축 등으로 대응하면서 사실상 선제공격 개념을 작전개념에 포함시키고 있다. 핵 발사 버튼을 누를 수 있는 지도부 제거를 위한 참수작전도 그 일환이다. 2023년 1월 국방부 업무보고에서 이종섭 국방장관은 "북한이 미사일을 발사하기 이전에 교란 또는 파괴할 수 있는 그런 작전 개념까지 발전시킬 것"이라고 밝혔다. 소위 발사의 왼편the left of launch 프로그램을 추진하겠다는 의지의 표명이며 이를 위한 한미협력이 강화될 가능성이 높다. 이에 북한도 한미가 자신에 대한 선제공격에 나서기 전에 행동해야 할 상황을 염두에 둔 대응 전략을 세우고

그 실행을 보장할 수 있는 군사전력을 확보하기 위해 노력하고 있다.[6]

즉 위협 인식에서의 비대칭성(한국의 북핵에 대한 위협 인식 및 북한의 참수 혹은 선제공격에 대한 위협 인식)이 남북 모두에게 실존적 위협을 증가시키고, 이는 다시 우발적 충돌이나 전략적 오판에 따른 대규모 무력충돌이 출현할 가능성을 높이고 있다. 그런데 현재 한반도에서는 이러한 악순환을 관리할 수 있는 어떤 장치도 작동하지 않고 있다. 윤석열 정부 출범 이후 휴전선 인접 지역에서 우발적 충돌 가능성을 낮출 수 있는 9·19 군사합의를 폐기해야 한다는 주장이 증가해 왔다. 2023년 9월 15일 신원식 국방장관 지명자는 기자들에게 "국방부 단독으로 처리할 수는 없다"고 덧붙이기는 했지만 "개인적으로 반드시 폐기되는 게 바람직하다고 생각한다"는 입장을 밝혔다. 결국 10월 22일 한국 정부는 북한의 정찰위성 발사를 이유로 9·19 군사합의의 일부 효력 중단을 선언했고, 이에 북한은 11월 23일 9·19 군사합의 파기를 선언하는 것으로 대응했다. 남북 사이의 군사적 완충지역은 사라졌고 군사분계선 주변 지역에서의 군사 충돌의 가능성도 높아졌다.

셋째, 냉전 시기 적대적 공존은 역설적이기는 하지만 남북 모두에게 일정한 발전 공간을 제공했다. 북한도 소련, 중국으로부터 다양한 지원을 받을 수 있었고, 그에 기초해 공업화를 추진했다. 냉전체제의 해체로 북한은 이러한 지원을 받기 어렵게 되었고, 외교적으로 고립된 상황에서 경제적으로도 심각한 어려움에 빠졌다. 그 어려움에서 아직

---

6   위기의 상승 과정과 그 위험성, 특히 '선제타격' 미신의 위험성에 대해서는 서재정, 「위기의 한반도, 긴장의 동북아」, 『창작과비평』 2023년 가을호, 315–317 참고.

도 벗어나지 못하고 있다.

북한에게 최근 미중 전략경쟁과 미러 관계 악화 등의 상황은 새로운 발전 공간을 만들어내는 데 도움을 줄 수 있다. 북러 협력 강화는 군사적 의미만이 아니라 대북제재 레짐의 무력화와도 관련이 있다. 그러나 중국이 정면으로 제재에 반하는 방식으로 행동할 가능성은 아직 높지 않으며 러시아도 이에 대해서는 조심스러운 입장을 견지하고 있다. 즉 최근 국제질서와 동북아질서의 변화가 발전 공간이라는 점에서 북한의 숨통이 조금 트이긴 했지만 발전의 요구를 충족시키기는 어렵다. 지금 상황이 계속 유지되는 것에 만족하기보다 상황을 타개하고자 노력할 것이다.

이 문제와 관련해서 한국은 북한보다 더 큰 딜레마에 직면하고 있다. 냉전 시기 한국은 미국으로부터 예외적으로 많은 원조를 받았고 미국이 주도하는 국제무역체제, 특히 미국 시장에 상대적으로 쉽게 접근할 수 있었다. 탈냉전 시기에는 중국과 미국이 연계된 국제 분업 체제를 활용하며 경제 성장 동력을 만들어왔다. 그런데 최근 미중 전략경쟁은 한국의 발전 공간을 축소시키고 있다. 한중 경제관계의 변화에서 이 점이 가장 두드러지게 나타난다. 관세청이 2023년 9월 15일 발표한 월별 무역통계에 따르면 2023년 월별 대중 수출은 전년 동기 대비 큰 폭의 감소를 기록했다([1월]△31.1→ [2월]△24.2→ [3월]△33.0→ [4월]△26.5→ [5월]△21.2→ [6월]△19.0→ [7월]△24.9→ [8월]△20.0). 대중 수출 감소가 전체 수출 감소의 대부분을 차지한다. 게다가 미국은 한국의 글로벌중축국가 비전 실현을 위해서는 상당한 경제적 비용을 치러야 한다고 주장하고 있다. 그렇다고 보호무역주의를 강화하고 있는 미국에 대중교역의 감소와 같은 비용 보충의 역할을 기대할 수 없다. 한국 경제 성장률 전망은 여전히 어두운데, 적대적 공존에 의존하고자 하면 할수록 그 어려움은 더 커질 것이다.

3. 한반도 정세의 질적 변화 3: 위기의 자기 조정 메커니즘 상실

적대적 성격의 강화와 공존의 기초 약화라는 두 양상이 결합하면 한반도 긴장 고조는 계속되고 무력충돌 가능성도 증가할 수밖에 없다. 이렇게 위험한 결과가 예상됨에도 불구하고, 남북관계가 왜 이처럼 자멸을 초래할 방향으로 움직이고 있는가? 스스로 이러한 움직임에 제동을 걸 가능성은 없는가?

북한은 하노이 노딜 이후 대화의 프레임이 바뀌기 전에는 대화에 나서지 않겠다는 입장을 굳히고, 한편에서는 대북 적대시 정책의 폐기를 요구하며 다른 한편에서는 핵·미사일 능력을 전방위적으로 강화하고 있다. 북한으로서는 받아들이기 어려운 선비핵화론을 들고 나올 미국과의 대화보다 군사력 강화를 통해 자위력과 협상력을 강화하는 것이 더 낫다고 판단하고 있다. 미중 전략경쟁이 북한의 이러한 전략에 유리하게 작용하고 있다. 그에 따라 남북관계의 어려움도 증가한 것도 사실이다. 그렇지만 그 어려움이 남북의 충돌이 한반도의 운명이 되도록 해서는 안 된다. 남북관계의 역사를 보면 위기의 고조는 위기의 관리와 새로운 관계의 모색으로 이어지곤 했다.

북한의 대남정책이 공격적 성격을 강화해 오고 있는 것은 사실이지만, 협상의 가능성을 완전히 닫지는 않았다. 국가핵무력정책과 관련한 법령을 채택한 이후 김정은 국무위원장은 최고인민회의 시정연설(2022.9.9.)에서 "만약 우리의 핵정책이 바뀌자면 세상이 변해야 하고, 조선반도의 정치군사적 환경이 변해야 한다"고 언급하기도 했다. 그리고 자신의 공격적 입장을 방어 논리로 정당화하고 있다. 이러한 요소를 대화로 연결시키기 위한 노력이 필요하다.

그런데 윤석열 정부는 이에 관심이 없다. 그러한 가능성을 활용하려는 노력 자체를 "가짜 평화"로 규정하고 있다. 앞서 설명한 것처럼 윤석열 정부는 출범 이전부터 북한을 적으로 규정하는 접근법을 표명했고, 정부 출범 이후에도 이러한 인식에서 출발해 "힘에 의한 평화"와 군사력에 의한 억제를 추구해 왔다. 그렇다면 "진짜 평화"는 언제 올지 모르는 사이에 한반도 상황은 계속 악화하고 있다. 힘의 과시가 평화를 가져다주지 않는다는 점은 이미 확인된다.

그럼에도 이러한 접근법을 택한 동기는 여러 가지가 있을 것이다. 지난 정부와의 차별성을 과시하는 것도 중요한 정치적 동기 중 하나다. 북한의 공세적 행동이 계속되는 상황에서 이러한 행태가 여론의 지지를 받을 수 있다고 생각할 수 있다. 이 역시 문제이지만, 이것이 주요 동기라면 상황은 그리 심각하지 않을 수 있다. 차별화 전략의 정치적 효과가 약화하면 다른 접근법을 택할 가능성이 있다. 그러나 윤석열 정부의 대북정책은 다른, 그리고 훨씬 구조적 기획들과 결합하며 형성되고 있다는 점에서 조정의 가능성은 낮다. 그렇기 때문에 더 위험하다.

그 가장 중요한 요인으로 필자는 분단체제 재공고화 기획을 제시한 바 있다.[7] 대외적으로는 한미일 군사협력의 강화, 대내적으로는 반공

반북 이념에 기초한 기득권 체제의 강화가 이 기획의 핵심 의제다. 이 의제를 추진하기 위해 북한의 위협을 활용해야 할 필요가 있다. 중국에 대한 부정적 여론도 이러한 기획에 활용하고 있다. 더 우려스러운 것은 외부 위협을 통해 통치 정당성을 강화하고 특정한 대외전략을 정당화시키는 접근법은 위협을 계속 과장하고, 이렇게 과장된 위협은 다시 대내정책이나 대외정책을 더 공격적으로 만드는 순환을 형성하는 데 있다. 윤석열 대통령의 자유 타령이 반국가세력 비판으로 이어지고, 이를 위해 '공산전체주의'라는 정체불명의 수사를 동원하는 과정이 이를 잘 보여준다.

다른 하나는 군사적 해결에 대한 미신이다. 2023년 1월 국방부 업무보고의 주요 내용으로 제시된 「국방혁신 4.0」 기본계획 수립' 부분에서 그 최종 상태로 "첨단과학기술 초격차를 유지한 가운데 北 핵·미사일 위협 완전해소"를 제시했다. 이것이 윤석열 정부가 구상하는 '힘에 의한 평화'의 내용으로 보인다. 이러한 목표의 실현 가능성과 별개로 군사적 수단에 의한 '사실상의' 비핵화를 추구하는 것 자체가 남북관계의 사실상 파탄을 의미한다. 최근 통일부를 사실상 대북심리전 및 남북 접촉 및 교류 통제 기관으로 전락시키는 조직 개편에서도 이를 확인할 수 있다.

당분간은 남북관계 악화가 과거처럼 위기 고조가 위기관리로 이어지는 자기조정 메커니즘이 작동할 것으로 기대하기 어렵다. 한반도 상

7   이남주, 「문명 전환 시대, '한국'을 어떻게 사유할 것인가」, 『창작과비평』, 2023년 가을호, 18–23.

황이 과거 어느 때보다 위험한 가장 중요한 이유다.

4. 출구는 어디에

그렇다면 이 위기의 출구는 있는가? 있다면 어디에 있는가?

우선, 현재의 흐름이 동북아 신냉전으로 이어질 것이라는 전망이 적지 않다. 특히 한미일 군사협력의 강화가 신냉전적 구도의 출현 가능성을 높이고 있다. 신냉전이 문제 해결과는 거리가 멀지만, 한편에서는 냉전체제 때처럼 신냉전이 적대를 안정적으로 관리하고 불안정성을 약화해 주지 않을까 하는 기대가 있을 수도 있다. 일종의 적대적 공존을 유지하는 것에 이익을 갖는 세력들의 희망사항이기도 하다. 남북관계가 국가 대 국가 관계로 전환할 가능성에 대한 전망에도 신냉전에 대한 전망과 마찬가지로 이러한 변화가 한반도 상황을 안정시킬 수 있을 것이라는 기대가 담긴 경우가 있다. 그러나 앞에서 설명한 것처럼 최근 한반도 정세의 변화는 이러한 기대가 현실화될 가능성은 낮다는 점을 보여준다.

출구가 잘 보이지 않지만, 출구가 없지는 않다. 그것은 상호 위협 감축에 있다. 남북 모두가 겉으로는 방어 논리로 자신의 군사적 행태를 정당화하고 있는 상황에서 상호 위협 감소mutual threat reduction만이 그러한 전환을 촉진할 수 있다.[8]

그동안 한반도 비핵화 및 평화체제와 관련해 많은 아이디어가 제기

---

8   상호 위협 감소에 대해서는 문장렬, 「상호위협감소 위한 선제조치 고려」, 「내일신문」 2020년 9월 8일을 참조.

되어 왔지만, 이 문제를 정면으로 다루지 않는다면 한 걸음도 내딛기 어렵다는 사실이 입증되었다. 이를 외면하고 북한의 비핵화만을 요구하는 접근법은 북한의 핵능력을 증가시키고 비핵화 비관론을 만연시키는 역설적 상황을 만들고 있다. 매번 이익의 균형에 기초한 합의들도 당장 북한의 비핵화를 실현시키지 못했다는 이유로 공격받고 결국 합의이행에 실패한 과정이 반복되었다.

1994년 제네바 합의의 경우 북한이 합의 이전(영변 실험용 원자로의 가동 중단 이전)에 추출한 핵물질(핵무기 1,2개 분량으로 추정)에 대한 불확실성을 해소하지 못했다는 비판(북한은 경수로 완공과 함께 이와 관련한 불확실성 해소를 약속했음)을 받고 제대로 이행이 되지 않았다. 결국 제네바 합의가 붕괴되며 2003년 이후 북한은 본격적으로 플루토늄 재처리 진행했고, 2006년 첫 번째 핵실험을 감행했다. 위기 고조 국면에 시작되었던 6자회담이 2005년에 만들어낸 9·19 합의는 북한의 1차 핵실험 이후에 실행 단계로 들어갔지만, 2008년 하반기부터 미국의 검증에 대한 과도한 요구(특히 당시 북한이 시도는 있었다고 평가되지만 가동되지는 않던 우라늄농축 검증 문제)로 합의 이행이 중단되었다. 6자회담이 중단된 상황에서 북한은 다시 플루토늄 재처리에 나서고 우라늄농축도 가속하며 엄청난 규모의 핵무기 원료를 확보했다. 그리고 2009년 2차 핵실험부터 2017년 6차 핵실험까지 다섯 차례의 핵실험을 추가로 진행하며 핵능력을 고도화했다. 2019년 하노이 북미 정상회담에서도 다른 시설에 의한 의구심을 해소할 수 없다는 이유로 영변 핵시설을 폐기할 기회를 놓쳤다. 시그프리드 헤커Siegfried Hecker 교수는 최근 자신의 저서에서 비용과 편익에 대한 합리적 사고가 작동하지 않는 접근법이 어떻게 북한의 핵능력 발전을 통제할 기회를 상실하고 거듭 북핵 문제를 악화시켜 왔는지를 자세히 설명하고 있다.[9]

현재 단기간 내에 비핵화를 실현하기는 더 어려워졌다. 그렇다고 비현실적인 북한붕괴론이 문제를 해결해 주지 않는다. 힘에 의한 평화는 더 위험한 결과를 초래할 것이다. 결국 장기적으로는 비핵화를 추구하되 이는 상호 위협 감축을 통한 신뢰구축의 결과로 실현하는 접근법을 택해야 한다. 당장은 비핵화의 실현 여부가 아니라 비핵화에 얼마나 가까워지는가 아닌가를 기준으로 문제에 접근해야 한다.[10]

이러한 접근의 타당성을 논의하는 데 냉전이 적어도 유럽에서는 어떻게 평화적으로 끝날 수 있었는가를 환기하는 것이 의미가 없지 않다. 냉전해체와 관련해 레이건 정부의 강경책이 효과를 발휘했다는 인식이 상당히 확산되어 있다. 그러나 닉슨 대통령이 워터게이트사건으로 하야한 1974년 8월부터 1977년 1월까지 미국 대통령을 역임한 제럴드 포드는 이에 대해 다른 생각을 가졌다. 그는 유럽 냉전 해체의 기초는 1975년 8월 1일 미국, 캐나다, 소련, 그리고 32개 유럽 국가들이 서명한 헬싱키협정이 만들었다고 생각했으며 이는 상당한 근거가 있다. 이 협정은 당시 유럽의 국경선을 승인하는 대신 경제·인권 등의 영역에서 서유럽과 동유럽의 교류가 진행될 수 있도록 하는 내용을 담았다. 이 합의에 대해 미국 내에서는 소련의 동유럽에 대한 지배를 인

---

9   시그프리드 헤커·엘리엇 세르빈, 천지현 역, 「핵의 변곡점」, 창비, 2023.

10   필자는 이러한 논지를 이남주, 「한반도 비핵화는 가능한가」, 「평화들」, 창간호(2022년 8월)에서 더 자세하게 논의했다.

정한 것이라는 비판이 많았다. 월스트리트저널이 "jerry, don't go"(서명을 위해 헬싱키에 가지 말라는 이미)라는 제목의 사실을 쓰는 등 수류 언론 대부분이 반대 입장을 표명했다. 정치권의 반대도 컸는데 가장 강력한 반대자 중 하나가 같은 공화당 소속이던 레이건이었다. 헬싱키협정 체결은 1976년 대통령선거에서 포드가 재선에 실패한 주요 원인의 하나가 되었다. 그렇지만 이 협정에 기초한 동서간 교류가 없었다면 유럽에서 냉전체제가 어려웠을 것이고, 설령 냉전 해체가 가능했다고 하더라도 그 방식은 1990년대 초의 그것과는 상당히 달랐을 것이다.

상대에 대한 압박, 특히 군사적 압박보다는 자신이 추구하는 가치와 제도의 매력을 증가시키는 것을 통해 더 좋은 세계를 만들어가야 한다. 현재 북한에게는 이 비유가 달갑지 않을 수 있겠지만, 문제의 평화적 해결 방식으로는 받아들여야 한다. 이러한 메커니즘이 작동하기 위해서는 상호 위협 감축이 필수적이다.

냉전 시기의 이야기를 하나 더 하고 이 글을 마무리하고자 한다. 1979년 미소의 전략핵무기감축협정이 실패하고 소련의 아프가니스탄 침공으로 미소관계가 악화한 이후 NATO는 소련의 중거리 미사일에 대응하기 위해 500발이 넘는 신형 핵미사일을 서독 등의 유럽 국가에 배치하기로 결정했다. 유럽에서는 이를 반대하는 대규모 반전반핵 평화운동이 전개되었다. 전적으로 이 운동의 결과라고만 할 수는 없지만, 미소는 중거리미사일협정 협상을 진행했고 1987년 백악관에서 레이건 미국 대통령과 고르바초프 소련 대통령이 중거리 핵전력 조약INF을 체결해 양자의 중거리 미사일을 상호 폐기하기로 약속했다. 이 역시 냉전 해체 주요 동력이 되었다. 이는 지금 평화를 이야기하는 것이 중요할 뿐만 아니라 아무리 어려운 상황에서도 변화를 만들어낼 수 있다는 점을 보여주는 사례다.

과학기술과 교육을 매개로 한
새로운 남북관계를 위한 시론

강호제(베를린자유대학교)

1. 과학기술 교류의 필요성

최근 '4차 산업혁명'이라는 말이 산업현장은 물론 일상생활의 모든 지점에서 미래 비전으로 많이 거론되고 있다. 이는 보통 '아날로그와 디지털의 결합', '정보과학 기술을 바탕으로 새로운 산업의 도래' 등을 가리키는 용어로 사용된다. 실체가 무엇이냐에 대한 논란은 있지만, 과학기술의 발전 속도가 더욱 빨라짐에 따라 상품 생산 시스템은 물론, 우리 삶과 관련한 전반적인 변화가 과학기술의 발전과 밀접하게 연결되어 있다는 생각을 바탕으로 한다는 것은 대부분 인정하고 있다.

과학기술을 적극 활용하는 미래 비전은 북한도 크게 다르지 않다. 다만 용어가 약간 다를 뿐이다. 북한에서는 '4차 산업혁명'이라는 말 대신 '새 세기 산업혁명'이라는 말을 쓴다. 정보산업시대, 지식경제시대 등으로 거론하는 새로운 시대, 새로운 세기를 적극 개척하겠다는 의지를 담고 있다. 북한의 '새 세기' 담론은 상당히 오래전부터 준비되었고 범위도 넓으며 이론적 탐구 수준도 상당히 깊게 진행되었다. 무엇보다 '과학기술'을 앞세워 경제 강국, 사회주의 강국을 건설하겠다는 의지가 매우 높다. 최근 북한 사회의 전반적인 변화 바탕에는 이런 인식이 깔려 있다.

앞으로 활발하게 전개될 남북교류협력은 과거 답습이 아닌 새로운 미래 창출의 방향으로 전개되어야 한다. 단순한 생존을 위한 것이 아니라 미래를 개척하고 새로운 삶을 만들기 위한 것이 되어야 한다. 과거의 미청산 과제를 해결하는 것에만 머물지 않고 젊은 세대, 어린 세대가 중심에 설 수 있는 교류협력이어야 한다. 그런 의미에서 남북이 비슷한 뜻으로 사용하고 있는 각자의 미래 비전인, 4차 산업혁명이나 새 세기 산업혁명을 잘 활용할 필요가 있다. 즉 남북교류협력은 과학기술의 발전을 전제로 삼고 있고, 나아가 과학기술의 적극적 활용을 핵심으로 삼아야 한다.

이미 남북이 합의했던 경제협력 사업에도 이런 지향이 담겨 있다. 지금은 멈춰있지만, 개성공단은 첨단 과학기술을 활용하여 남북이 함께 고부가가치 산업을 육성하자는 약속 위에 만들어졌다. 개성공단 사업계획 1단계는 과거 산업, 즉 노동집약적 산업이 중심이었지만, 2단계, 3단계로 나아가면, 전자 산업이나 기계 산업과 같은 첨단 산업 중심으로 재편되도록 설계되었다. 혹시 개성공단 사업이 재개되더라도 1단계 수준에서만 머물면 안 되고 2단계, 3단계로 발전해야 하는 것처럼 남북교류협력 사업도 점차 미래지향적인 산업으로 발전해야 한다. 즉 앞으로는 과학기술을 통한 교류협력이 중심에 놓여야 한다.

2. 2017년 핵무력 완성 선언 이후 북한의 경제 발전 전략 변화

북한이 핵무력 완성을 선언한 것은 2017년 11월 29일 화성-15형 발사 성공 직후였다. 2018년 4월에 개최된 7기 3차 전원회의에서는 경제와 핵 2개의 목표 중 남은 하나인 '사회주의 경제건설에 총력 집중'할 것을 선언했다. 이를 위해 특히 '과학기술과 교육'을 강조했다. 그리고 과학기술을 통한 혁신체제를 구축하기 위한 구체적인 정책들을 제시했다.

북한은 무역 등 외부요인이 줄어든 자리를 기술혁신으로 대체하는 전통이 강하다. 충분한 요소 투입 효과를 기대할 수 없기에 효율성 및 생산성 향상을 위한 기술혁신을 적극 추진했다. 기술혁신체제 구축을 위해 과학기술의 발전이 담보되어야 하고 이를 뒷받침할 과학기술 인력을 양성할 필요가 있기에 교육의 혁신을 강조하는 결정을 내렸다.

봉쇄와 같은 대외교류 차단은 북한의 핵무력 확보를 위한 의지를 꺾지 못하였고 오히려 이를 가속화했다. 대외교류가 차단되어 생긴 빈자리를 기술혁신으로 채우기 위해서라도 핵무력은 중도에 포기될 것이 아니라 조기에 완성되어야 할 것이 되었다. 북핵을 막기 위해 도입한 정책이 오히려 북핵을 만들게 밀어준 셈이 된 것이다. 2017년 9월, UN의 경제봉쇄 강화에 대해 북한은 핵무력 완성을 더 서둘렀다. 핵무력 완성 이후 확보하게 된 여력을 과학기술을 통한 기술혁신체제 강화로 돌리기 시작했다. 2019년 4월, 제7기 4차 전원회의에서도 이런 방향으로 정책들이 결정되었다. '과학기술을 통한 혁신'이 북한의 경제 발전 전략에서 비중이 커지고 있다.

3. 2017년 7월, 노동당 기관지 '근로자'에서 남북 과학기술 교류 제안

문재인 정부가 새롭게 선출되고 남북 대화에 대해 옥신각신하던 2017년 7월 처음으로 노동당이 남북 교류협력에 관한 글을 발표했다. 매월 자세한 정책 해설과 제안을 주로 다루는 당 기관지 '근로자'에 실린 "남조선에서 우리의 과학기술 강국 건설 노선과 관련한 연구토론회가 진행된 데 대하여"라는 글로 2쪽에 걸쳐 있었다. 북한 과학기술 정책 및 동향에 대한 토론회가 2017년 1월, 남한에서 열렸는데 이를 자세히 소개했다. 각종 언론에 보도된 기사를 토대로 당시 토론회에서 발표된 내용과 질의응답을 정리한 후, 자신들의 정책을 간접화법으로 담고 있었다. 1월에 있었던 토론회 내용을 반년이 지난 7월에 게재한 것은, 전략적 방향과 부합하는 내용을 고르고 골라 자신들의 생각을 간접화법으로 제안하기 위한 것이었다고 할 수 있다.

당원들에게만 배포되어 외부에서는 구하기 힘든 '근로자'는 검열이 아주 엄격하다고 한다. 상당히 많은 기관이 교차 검증하는 만큼 그 내용 또한 신중하게 다뤄진다. 여기 실리는 내용들은 북한의 정책적 지향과 부합한다고 봐야 한다.

2017년 7월호에 게재된 그 글의 마지막 부분에 다음과 같은 내용이 있었다.

"남조선 전문가들은 북과 남의 과학자들이 협력하여 공동의 과학연구 성과를 내놓으면 파국 상태에 처한 북남관계를 개선하는 데 도움을 줄 수 있다고 강조하면서 북과 남의 과학자들이 서로 만나 공동으로 과학연구 사업을 할 수 있는 공간을 마련해야 한다고 주장하였다. 실례로 북이 특별한 관심을 돌리고 있는 탄소하나화학공업에 대한 연구사업도 북과 남이 이 분야에 대한 공동연구를 진행하거나 기초과학기술이 발전한 북과 남이 정보기술 분야에서 협력하는 것을 통해 그 공간을 마련해볼 수 있다고 하였다."[11]

새로 구성된 문재인 정부와 대화 통로가 마련되지 않은 상태에서 직접 제안하지는 못하기에 간접화법으로 제안한 것이다. 앞으로 과학기술을 통한 교류협력이 "파국 상태에 처한" 남북관계를 개선하는 데 도움이 된다는 생각을 드러낸 것이었다. 특히 상당한 수준에 도달했다고 자타가 공인하는 분야인 '정보기술IT 분야'와 2016년 제7차 당 대회에서 집중하고 있는 '탄소하나화학공업'을 중심으로 공동연구를 수행하는 것이 좋겠다는 구체적인 제안이었다. 일방적인 지원과 수혜 관계가 아니라 동등한 관계에서 함께 첨단 과학기술을 연구하고 이를 통해 '민족경제의 균형적 발전'을 도모할 수 있다는 구상을 내비쳤던 것이다.

2020년 6월 7일에 '제13차 정치국 회의'가 열렸다. 이 회의에서는 모두 4개의 안건이 처리되었는데, 가장 중요한 첫 번째 안건으로 화학공업 발전과 관련한 문제가 토론되었다. 구체적으로는 '탄소하나화학공업 창설' 및 '비료 생산능력 조성'과 관련한 문제가 상세하게 논의되

---

11   "남조선에서 우리의 과학기술 강국 건설 로선과 관련한 연구토론회가 진행된 데 대하여", 『근로자』(2017년 7월)

었다고 한다. 이 두 가지 문제는 2019년 12월 말에 개최된 '5차 전원 회의' 핵심 사항으로 거론되었던 것으로 구체적인 실행 과정을 점검하기 위해 이번 정치국 회의에서 토의되었다.

제13차 정치국 회의에서 특별히 주목해야 하는 부분은 다음 대목이다.

> "내각총리가 탄소하나화학공업 창설의 과학기술적 담보와 경제적 효과성을 재검토 심의한 과학그루빠의 사업 정형과 화학공업 부문의 현실태에 대한 보고를 하였다."

첨단 과학기술을 활용해야 하는 탄소하나화학공업의 특성에 따라 관련 과학기술자들로 구성한 '특별 그룹'이 계속해서 관련 정책을 점검하고 있었다는 것이다. 2017년 7월 근로자에 실린 남북 공동연구 제안이 실현되었다면, 이런 과학적 검토 작업을 남북이 함께할 수 있었는데 아쉽게도 그런 기회를 놓쳐버렸다. 석유화학공업에서 세계적 수준에 올라 있는 남과 석탄화학공업에서 역시 상당한 수준에 도달한 북이 '민족경제의 균형적 발전'을 염두에 두고 전략적 차원에서 협력할 기회는 먼 미래에도 오기 힘든 공상 속의 일이 아니라 과거에 살짝 열렸지만 우리가 놓쳤던 일이었다.

4. 인도적 지원은 여전히 유효한가?

남북교류협력 사업의 중심은 인도적 지원 방식이었다. 생필품을 비롯한 각종 지원물품을 일방적으로 공급해 주는 이 방식은 북한이 극심한 경제난을 벗어난 직후에는 유효했다. 또한 北미 대결이 극심해져 국제 제재가 유효하던 국면에서 겨우 찾은 틈새이자 인류 보편적 정서에 호소하는 인도적 지원 방식이었다. 하지만 이 방식은 유통기한이 거의 끝났다고 볼 수 있다. 지원을 받는 당사자인 북한이 당시에는 인도적 지원을 요구했고 받아들이겠다는 의사를 밝혔지만, 최소 2015년부터는 명백한 거부 의사를 표현했기 때문이다. 당사자의 의사에 반대되는 인도적 지원이란 상당히 모순적인 정책이라 할 수 있다.

인도적 지원 방식의 가장 큰 문제는 북한의 입장에서 숨기고 싶은 부분을 들춰낸다는 점이다. 지원을 받기 위해 못 사는 모습을 드러내야만 한다는 아이러니가 발생한다. 무상급식 논쟁에서 드러난 '가난의 증명' 문제와 비슷하다. 지원을 받으려면 자신의 가난을 증명해야 하는데 이때 받게 될 상처가 작지 않다. 그리고 그 가난함을 검증하는 과정에 드는 행정적 비용이 지원하는 비용에 비해 과도할 때가 있다. 결국 선별적 복지보다 보편 복지 차원의 무상급식이 인권적 측면에서 더나은 선택이 되는 것과 비슷한 상황이다.

이제 북한도 많이 변했다. 특히 남북 교류협력이 막혀 있었던 지난 10여 년간 북한의 변화 속도는 예상을 초월한다. 2018년 8월 대통령의 평양 방문 당시 많은 사람들이 확인한 부분이다. 무기 수준이나 능력만 늘어난 것이 아니라 그것에 비례하여 북한의 경제수준이나 규모도 커졌다. 비어있던 많은 부분이 채워졌고 새로운 시대 변화에 맞추어 사회 전반적인 분위기와 흐름도 많이 바뀌었다. 최종 결산이 아직 끝나지 않았지만, 식량문제 해결을 최우선 과제로 내세운 2023년 농사 작황은 아주 좋다고 한다. 최소 식량문제로 인해 인도적 지원을 받아야 할 수준은 벗어났다고 할 수 있다.

앞으로 진행될 남북 교류협력의 방향은 북한으로 들어가는 방향이 아니라 북한을 '밖으로 데리고 나오는 방향'이 되어야 한다. 또한 부족한 곳을 채워주는 형식이 아니라 그들이 잘하는 혹은 많이 가지고 있는 부분들을 '나누는 형식'이 되어야 할 것이다.

5. 개발 협력 방식은 최선의 대안일까?

인도적 지원 방식 말고 대안처럼 거론되는 것은 저개발(혹은 미개발) 국가들에 대한 지원 방식인 '개발 협력 방식'이다. 대규모 자금이 들어가는 사회 기반 시설을 확충해 주고 각종 사회시스템 개발을 지원하는 방식이다.

그중에서도 북한에 매장되어 있는 지하자원 규모를 이야기하며 이를 '대신 개발'한다는 방식이 많이 거론되고 있다. 이 방식은 식민지를 대하는 제국주의 국가들의 사고방식과 유사하다. 이런 맥락을 고려하지 않고, 북한의 입장에서 크게 반길 사업이 아님에도 불구하고 너무나 자신 있게 이를 남북교류협력 사업의 대안으로 거론한다. 북한처럼 자존심(?) 강한 나라가 풍부한 자원과 값싼 노동력을 공급하고 만들어진 비싼 공산품의 소비 '대상'으로 전락하는 것을 반길까?

북한에 매장되어 있는 지하자원의 규모나 수준을 우리는 제대로 알수 없다. 북한에서 정확한 자료를 공개한 것도 아니고 직접 탐사할 수도 없기 때문이다. 그럼에도 불구하고 간접적이고 부정확한 자료를 최

대한 모아 북한의 지하자원이 몇천 조, 몇 경 수준이라고 광고하는 것은 아마도 남북교류협력 사업에 대한 부정적인 시각, 즉 통일 비용에 대한 우려를 불식시키기 위함이라 할 수도 있다. 하지만 북한은 1950년대부터 소련과 충돌을 불사하면서도 자원공급국이 되기를 거부했다. 북한이 어려운 상황에서도 중화학공업을 자체적으로 집중 육성했던 이유도 자원공급국 수준을 벗어나지 못하면 대국(소련이나 중국 등)에 종속될 수밖에 없다는 우려 때문이었다. 또한 김일성은 지하자원을 '망탕' 개발하지 말라는 원칙을 유훈으로 남겼다. 잘 보존하여 필요한 만큼만 개발하여 쓰고 나머지는 후대에 남겨주어야 한다는 이야기였다. 이런 상황을 무시하고 북한의 지하자원을 '개발해 준다'는 입장은 너무 순진한 주장이다.

물론 북한 스스로 지하자원을 개발할 수 없어 남북 합작으로 개발하자는 흐름이 10여 년 전에 있었다. 하지만 이젠 시간이 많이 흘렀고 북한도 많이 변했다. 그래서 단순한 자원 개발이 아니라 자원 가공과 결합해 좀 더 고부가가치를 만들어낼 수 있는 방향으로 바뀌어야 한다. 10여 년 전에 가능했다고 여전히 가능하다고 생각하는 것도 세월의 흐름을 무시하는 것이자 당사자의 의사를 무시하는 것이라 할 수 있다.

6. 북한을 테스트베드로 삼을 수 없다

북한의 과학기술이 주목을 받으면서 "북한에 스마트시티를 위한 테스트베드를 설치하자"와 같은 주장까지 나왔다. 과학기술, 첨단 그리고 미래를 위한 교류협력으로 이야기 초점을 옮긴 것은 좋지만, 이는 남북교류협력 사업에서 지켜야 할 원칙을 놓치고 있다.

가장 큰 문제는 '북한에 대한 몰이해'다. 북한이 중앙 집중화가 잘 되어 있고 최고지도자의 권위가 높다고 해서 현장의 의견이나 실상을 무시하지는 않는다. 일방적인 사회가 아니다. 자본주의 사회처럼 금전적 이익을 중심으로 첨예한 이해관계가 형성되는 것은 아니지만, 북한에도 '사람'이 살고 있기 때문에 다양한 의견이 있고 그들 사이에 의견 충돌도 심하게 일어난다. 북한은 백지상태가 아니다. 그런데 이런 현실은 무시하고 "일사불란하게 정책을 집행"할 수 있다는 선입견에 기대어, 완성되지 않은 기술들이 적용된 "이상적인 도시 모델"을 다른 곳보다 북한 지역에 구현하기 쉽다고 주장한다. 북한 지도부가 과학기술을 통한 경제 발전을 추구하고 있다고 해서 검증되지 않은 기술들을 사회 전체에 펼쳐놓으려는 것은 아니다. 그렇게 해서도 안 된다.

또한 이런 무리한 요구에 깔려 있는 과도한 '과학주의'도 문제다. 이런 주장의 이면에는 첨단과학기술이라면 먼저 받아들이는 것이 당연하고 이를 규제하는 것은 불합리하다는 시선이 있다. 자율주행차가 멋있어 보여서 빨리 쓰고 싶어 하는 마음은 이해한다. 하지만, 여전히 오작동과 기술의 미숙함으로 인해 인명 피해가 발생하는 것을 보면서도 서둘러 도입하지 않는 것이 잘못이라는 주장은 과하다. 아무리 선진적인 기술이라 하더라도 안전을 담보하지 못한 것을 우리 사회에 그대로 도입할 수는 없다. 기술의 발달을 우리 사회가 모두 수용하지 않는 것은 첨단기술을 이해하지 못하기 때문이 아니다. 오히려 그 기술이 가져올 위험을 너무도 잘 알기 때문이다.

6·15부터 이어지는 정상회담에서 합의한 가장 중요한 원칙은 호혜

평등과 상호 존중이다. 북한의 경제 수준이 우리보다 못하다고 해서 일방적으로 기부하는 형태가 되어서도 안 되고, 경제 사립노가 낮다고 해서 일방적으로 상대를 무시해서도 안 된다는 뜻이다.

7. 무조건 최첨단 과학기술일 필요는 없다

흔히 '과학기술'을 앞세우면, '최첨단'이라는 말을 무의식적으로 붙여 생각한다. 남북 사이의 과학기술 교류협력 사업을 마련할 때, 무조건 '최첨단 과학기술'을 대상으로 삼을 필요는 없다. 꼭 필요한 수준, 적정 수준의 과학기술이면 충분하다. 산업적으로 성공을 거둔 제품이나 서비스들은 최첨단 기술을 도입한 것이기보다 기존의 제품과 서비스, 이론 등을 적절하게 잘 배합하여 새로운 요구를 잘 충족시킨 것이 많다. 마찬가지로 다양한 수준에서 필요에 맞게 적절한 과학기술을 잘 활용하는 것이 더 중요하다.

보통 과학기술의 수준을 비교하기 위해 세계적 수준의 학술지에 게재된 논문의 수를 비교하는 경우가 많다. 국제 학술지에 투고하는 북한 학자의 논문 수가 최근에 급격히 많아지고 있다. 그렇다고 하더라도 남한과 비교했을 때 절대적으로 적다. 또한 연구 수준을 외형적으로 비교할 때 보통 연구비 규모를 본다. 현대의 과학기술 연구가 대규모 자금이 필요한 경우가 대부분이기 때문이다. 북한의 연구비 규모가 제대로 밝혀지지는 않았지만, 남한의 경제 규모 자체가 월등히 크기 때문에 그만큼 연구비 규모도 남한이 많다.

이렇게 보면 과학기술을 통한 남북교류협력 사업은 남한에 일방적으로 기울어진 것처럼 보인다. 하지만 최첨단 과학기술이 아니라 적정한 수준의 과학기술, 쓸만한 과학기술을 중심으로 눈을 돌리면 남북이 대등한 수준에서 교류할 수 있는 지점이 많이 보인다. 게다가 남북 과학기술은 강하고 약한 부분이 서로 묘하게 다르다. 만일 서로의 약점을 잘 보완해 줄 방향으로 교류협력이 이루어진다면(유무상통) 그로 인한 시너지가 의외로 클 것이다.

8. '하드 사이언스'와 '소프트 사이언스'를 구분할 필요가 있다

과학기술이라고 하면 실험실이나 연구실에서 전문 과학기술자들이 어렵고 힘든 연구를 수행하는 것을 떠올리기 쉽다. 이런 딱딱하고 어려운 과학기술을 '하드 사이언스Hard Science'라고 한다. 이와 대비해 상대적으로 접근이 쉬운 '소프트 사이언스Soft Science'는 과학기술 문화, 교양 등 과학기술에 대한 일반 사람들의 인식 등을 가리킨다. 현대문명에서 과학기술이 차지하는 비중이 더욱 커짐에 따라, 과학기술에 대한 사회적 인식 수준도 높아지고 있다. 그리고 과학기술이 발전하기 위해 뛰어난 과학기술자뿐만 아니라 과학기술을 잘 이해하는 사회 분위기도 필요하다. 과학기술의 명암을 잘 구분해 위험은 통제하고 긍정적인 것은 부각할 수 있는 성숙한 사회 인식이 필요하다. 과도한 과학주의를 걸러내고 과학기술을 터부시하는 인식도 불식할 수 있어야 한다.

이런 측면에서 보면, 드물지만 남북교류협력 사업으로 논의된 것은 대부분 '하드 사이언스'였다. 남북의 뛰어난 과학기술자들이 함께 모여 토론하고 자신들의 연구 성과를 발표하고 나아가 공동 연구하는 정도였다. 이런 사업에는 극소수 전문가들만 참여할 수 있어 대다수 일반인은 구경조차 힘들었다.

이제 '소프트 사이언스'를 통한 교류협력을 구상해 볼 때가 되었다. 대북 제재로 인해 하드 사이언스와 관련된 대부분의 일이 막힌 상황에서 그나마 여지가 있는 소프트 사이언스가 교류협력의 주요 주제로 고민될 필요가 있다. 초·중·고등학교 수준의 과학기술 교육부터 대중 과학기술 강연, 나아가 과학기술에 대한 거부감을 없애는 다양한 캠페인을 남북이 함께하는 것도 필요하다. 전문 과학기술 연구가 아니라 연구된 결과물을 적절히 활용해 시장에서 수요가 많은 '상품'을 개발하는 '기술주도 창업'을 지원하는 것도 가능하다.

UN 제재 항목에서 특허와 같은 무형자산에 대한 이용료 지급이나 정보 소통 등은 제재 예외로 분류되어 있다. 직접적으로 핵무기와 관련된 것이 아니라면 허용하는 것이 기본 원칙이다. 식량, 의료와 함께 교육도 인도적 지원 항목 중 하나로 인정되고 있다. 지금까지 시도해 본 적이 없어 어려움은 있겠지만, 아이들에 대한 과학기술 교육, 일반인 교양 상식 수준의 강연, 그리고 발명이나 특허를 활용하는 부분 등 핵무기와 관련 없고 제재 조항에 예외로 되어 있는 부분을 적극 활용하면 새로운 교류협력의 가능성을 찾을 수 있다.

일반적이고 낮은 수준의 과학기술에는 사상과 이념, 지역색을 초월할 힘이 있다. 과거에 연연하지 않고 미래를 바라보며 새로운 꿈을 키울 수 있게 해준다. 우선 가볍게, 걸림 없이 미래를 바라보고 서로 소통하기 위한 소재로 소프트 사이언스는 아주 중요하고 적절한 통로가 될 수 있다.

한반도 평화 불/가능성과 멸망의 정동[12]

김성경(북한대학원대학교)

1. 한반도 평화 무감각

한국전쟁 발발 70주년이 되던 2020년, 시민사회는 '한반도종전평화' 캠페인을 통해 한반도 전쟁 반대와 평화 실현을 위한 서명운동을 시작했다. 정전협정 체결 70주년이 되는 2023년에는 '정전 70년 한반도 평화행동'으로 조직을 확대하여 700여 개 국내 시민사회 · 종교단체와 70여 개의 국제 파트너 단체가 한반도 평화 정착을 위한 캠페인에 힘을 모았다. 캠페인이 진행되는 동안 러시아-우크라이나 전쟁이 발발했고, 동아시아에서 미중 전략경쟁은 더욱 첨예해졌으며, 대화 채널이 완전히 끊긴 남북 사이의 군사적 긴장은 고조되었다.

하지만 전쟁의 위기에도 불구하고 한반도 평화에 대한 사회적 관심

12 　이 글은 2023년에 출간된 〈평화들 PEACES〉 제2권 2호에 게재한 글을 수정한 것이다.

은 미온적 수준에 머물렀다. 한반도 평화에 대한 사회적 관심을 결집하고자 했던 '한반도종전평화' 캠페인의 3년 동안의 활동도 2023년 10월에 20만6,629명의 서명을 미국 국무부와 UN 사무처, 주UN 한국 대표부에 전달하는 것으로 일단락되었다. 캠페인의 성과를 단순히 산술적으로 평가하는 것은 온당하지 않지만, 3년 동안 한국 시민사회와 종교계가 적극적으로 참여한 것을 감안했을 때 예상치를 밑도는 숫자였다. 아마도 시민사회는 현장에서의 이러한 반응을 충분히 예상하지 못했던 것 같다. '평화'는 인류의 보편적 가치이자 분단된 한반도에서 무엇보다 간절한 지향이기에 백만 인의 서명을 받는 것은 달성 가능한 목표라고 판단했던 것으로 보인다. 하지만 현실은 한반도 평화에 대한 시민들의 무관심과 그 이면에서 공고하게 작동하고 있는 '힘에 의한 평화'라는 군사주의를 가리키고 있었다.

범박하게 정리하면 한반도에서 평화는 현실적이지도, 그렇다고 실천적이지도 않다. 교전을 잠시 멈춘 상태인 현 정전체제와 남북이 서로 적대적으로 경쟁하는 분단체제에서 평화를 상상하는 것도 그리고 평화를 실천하는 것도 쉽지 않기 때문이다(김성경, 2020). 일상 속 폭력이 편재한 분단국에서 평화는 '추상적' 수준에서만 논의되거나, 현실 국제정치를 무시한 '이상적' 접근으로 폄하된다. 분단을 매개로 점점 더 강화되는 정치적 당파성은 평화 논의를 특정 정치 진영의 주장으로 정치화하기도 한다. 70년 동안 지속된 정전체제를 사실상의 평화로 해석하면서 현 상태를 유지하는 것이 현실적인 방안이라는 주장도 있다. 문제는 지정학적 위치가 불안한 한반도에서 평화 무관심과 무감각이 만들어내는 파급 효과다. 점차 고조되는 군사적 위협을 제어

할 역량은커녕 군비 증강을 당연한 것으로 받아들이고 있으며, 무엇보다 한국 사회를 기형적으로 만든 분단체제를 직간접적으로 용인하는 효과를 만들어내고 있다.

더욱 심각한 것은 최근 가시화된 평화 무감각이 과거의 것과는 질적으로 다르다는 데 있다. 다시 말해 70여 년 동안 분단체제가 유지된 상황에서 군사주의에 기반을 둔 '힘'에 의한 평화 담론은 지속해서 통용되어 온 것이 사실이지만, 최근에는 신자유주의적 정동의 확산과 주체의 파편화 등과 결합하면서 전혀 다른 감정구조의 양태를 띠게 되었다. 한반도 평화라는 무정형의 가치와 지향보다는 경제적 손익 관계와 같은 가시화된 이해관계를 우선시하는 경제주의적 감정구조가 강화되면서 평화 정착이라는 역사적이며 장기적인 지향을 비현실적인 것으로 감각하게 된 것이다. 거기에 코로나 팬데믹, 기후 재앙 그리고 에너지 부족 등의 상황을 거치게 되면서 한국 사회 전반에는 미래에 대한 비전이 완전히 소거된 상태, 즉 곧 세상이 끝날 것이라는 좌절감에 기반을 둔 멸망과 절멸의 정동이 확산하고 있다. 흥미롭게도 이러한 경향성은 남한뿐만 아니라 경제적으로 부유하면서 민주주의 제도를 안착한 국가에서 더욱 도드라지게 나타나고 있는데, 지금까지 인류가 누려 온 부와 정치적 안정이 더는 유지되기 어렵다는 좌절감이 확산한 것에 기인한다.[13] 빠른 경제 성

---

[13] 유럽에서 극우 정치가 점차 확산하는 것은 어제오늘의 일이 아니다. 최근의 예는 스웨덴의 총선에서 반이민 정책을 내세운 극우 정당으로 정의되는 스웨덴민주당이 제2당으로 부상한 것이다. 이러한 상황은 이탈리아와 프랑스에서도 확인되고 있으며 러시아와 우크라이나 전쟁으로 인한 에너지 및 식량 공급의 위기 등이 극우 정치를 더욱 활개 치게 했다는 분석이 많다.

장과 민주화를 이뤄낸 남한은 경제적, 정치적 진보progress만을 추구해 왔지만, 이제는 그것이 가능하지 않은 상황을 목도하면서 사회적 혼란이 가중되고 있는 상태다. 부모 세대보다 가난한 자녀 세대가 등장하게 되면서 남한 사회는 미래에 대한 절망이 확산했고, 이런 상황에서 분단이나 통일과 같은 문제는 중요하지 않은 것으로 인식되고 있다.

이 짧은 글은 신자유주의적 한국 사회에서 징후적으로 포착되는 평화 무감각과 멸망의 정동의 관계성에 천착하여 한반도 평화의 불/가능성을 문제시하는 것을 목적으로 한다. 평화 무감각이 작동하는 기제에 대한 충분한 이해 없이는 한반도 평화 논의가 한 치도 나아가기 어렵다는 문제의식에서 분단과 신자유주의가 착종되어 만들어 낸 문제적 정동으로 '멸망'을 주목하고자 한다. 미래가 존재하지 않는다는 감각은 현재 인류가 목도하고 있는 위기와 문제 등을 해결하고자 의지를 무력화한다는 측면에서 문제적이지만, 동시에 현재의 사회적 조건의 해체와 전혀 다른 패러다임을 열망하고 있다는 점에서 필연적으로 희망적이기도 하다. 기존의 진보적 역사관, 기술결정론, 자본주의적 성장주의 등을 폐기해야 한다는 압력이 점차 확산하는 것도 그러하고, 불평등, 소외, 착취의 연결 고리를 끊기 위해 상호의존적인 주체들의 돌봄과 연대에 주목하려는 시도가 '멸망'의 틈새를 비집고 점차 힘을 얻어가는 것이 그러하다. 진부하게 느껴질 정도로 유명한 그람시의 격언을 다시 끌어오면, "지성의 비관"을 누가 그리고 어떻게 "의지의 낙관"으로 만들어낼 수 있는가라는 질문은 세계의 끝을 상상하는 인류에게 여전히 유효한 것이다. 왜냐하면, 미래에 대한 비관주의적 정동을 현재의 가능성으로 재전유할 수 있느냐에 따라 '멸망 이후'의 세계의 모습은 전혀 다르게 펼쳐질 수 있기 때문이다.

2. 신자유주의의 윤리: 생존주의와 능력주의의 전면화

'멸망'이라는 정동은 생존주의와 능력주의가 전면화된 신자유주의 체제와 깊은 연관성을 지닌다. 생존주의와 능력주의가 극단화된 사회에서 사람들이 미래에 대한 희망을 더 이상 기획할 수 없는 지경에 빠졌기 때문이다. 주지하듯, 신자유주의적 경제 체제가 추동한 생존주의라는 정동은 필연적으로 주체의 개체화 및 파편화를 추동했다(김홍중, 2015; 김홍중, 2009). 개인의 사회경제적 생존이 최우선 가치가 되면서 공동체적 가치와 기대가 쇠락하였으며, 역사성과 시간성에 대한 인식이 희미해졌고, 사회적 윤리에 대한 합의가 느슨해졌다. 노동 유연화를 앞세운 신자유주의적 사회에서 노동자들은 노동 유연성에 적극적으로 대처하는 역량을 스스로 키워야만 하는 존재이다. 노동 경쟁에서 낙오하는 것은 개인의 실패이자 책임이 되며 철저한 능력주의적 사고방식으로 주체를 경영하는 것이 바로 신자유주의를 살아가는 유일한 방법이 된다(세넷, 2002; 서동진, 2016). 이로 인해 노동과 경제적 이해관계를 둘러싼 경쟁의 공정성이 중요한 가치로 대두하게 되었으며, 공정한 경쟁이 보장되는 것이 정의로운 사회의 요건이라는 의식이 팽배해졌다.

기실 민주주의 사회에서 공정성이라는 개념은 부정한 권력이 아닌 투명한 권력 분배를 통한 평등한 사회 구현이라는 의미로 통용되다가, 신자유주의 체제가 극단화된 최근에는 기여에 따른 보상이 곧 공정이라는 담론이 확산하기에 이르렀다(오찬호, 2013; 김석호, 2018; 정태석, 2021). 이론적으로는 공정fairness은 정의justice와 상호 연관되어 있으며, 두 개념 모두 형평equity의 원칙과 평등equality의 원칙을 포괄한다는 공통점이 있다. 형평은 기여에 따른 보상을 뜻한다면 평등은 각자에게 똑같이 배분하는 것에 가깝다. 하지만 공정과 정의라는 것은 사회적 환경과 경제 체제에 따라 일괄적으로 구현될 수 있는 것이 아니며, 분배의 과정이 역동적이고 상대적인 까닭에 형평과 평등 중 하나의 기계적인 적용은 적절하지도 않을뿐더러 결코 가능하지 않다(구은정, 2023; 코닝, 2011). 왜냐하면, 재능, 운, 자원 등이 복잡하게 얽혀 작동하는 현실 세계에서 기회의 평등은 실현되기 어렵다는 사실이 공정 담론에서는 망각되며, 결과의 차이를 보완하기 위한 어떤 사회적, 정책적 개입도 불공정한 것으로 폄훼하는 효과를 만들어내기 때문이다. 예컨대 미국 백인 중산층 우파 세력들이 젠더, 인종, 지역적 격차를 줄이기 위해서 고안된 할당제를 "새치기"의 전형적 사례로 지목하며 불공정한 것으로 여기는 것은 '언제나 미국을 추종해온' 한국 사회의 공정 담론이 어디를 향하고 있는지 예측하게 한다(혹실드, 2017, 186-190).

한편 신자유주의 체제에서 능력주의와 생존주의가 시대정신으로 확고한 입지를 구축한 상황에서 공정 담론의 확산은 현실에서 존재하지 않는 것을 존재하게 하는 신화적 의미화의 성격을 띤다. 형평이나 평등의 원칙 모두 다 실제로는 구현되기 어려운 자본주의 사회 구조를 과잉된 공정 담론을 통해 마치 가능한 것으로 만들어내는 것이다. 존재하지 않는 것을 존재하게 함으로써 경쟁의 결과로 만들어진 불평등, 차별, 위계를 당연한 것으로 받아들이게 하며, 자유로우며 능력 있는 개인이라는 사회적 전형이 구축되면서 그러한 범위에 포함되지 못하는 대다수 사람은 스스로 낙오자임을 받아들이게 된다(박권일, 2021). 또한 임혁백이 지적한 것처럼 신자유주의 시대의 공정 담론은 기회의 평등은 보장하되 결과의 불평등은 용인하는 철저한 능력주의에 기반을 둔 사고인 까닭에 상대적으로 권력적 우위를 점유한 집단에서 발화하고 있다는 점도 기억해야 한다(임혁백, 2021). 다시 말해 공정 담론은 상대적으로 경쟁력이 있는 신자유주의적 주체들에 의해 확산하고 있으며, 이 과정에서 경쟁적인 경제 체제에 취약한 이들에 대한 지원 정책 등이 불공정이라는 오명을 쓰고 무력화된다.[14] 장애인 이동권 쟁취를 위한 투쟁이 일반인의 이동권을 침해하는 것이라는 프레임이나 "구조적 불평등은 없다"라며 여성가족부 폐지가 윤석열 대통령 대선 공약으로 등장한 것 등이 예시가 된다.

흥미로운 것은 공정 담론이 노동시장 혹은 경제적 영역에만 머무는

14　공정 담론의 폭발을 촉발한 대표적인 사건은 인천국제공항공사의 비정규직 중 일부를 정규직으로 전환하려는 시도였다. 취임한 지 얼마 되지 않은 시점에 문재인 대통령이 인천공항을 방문한 자리에서 정규직 전환 정책 방침이 공식 발표되면서 정치적 쟁점으로 확대된 것이 결정적이었다. 상대적으로 좋은 직장으로 꼽히는 인천국제공항공사에 정규직으로 채용된 이들과 보안요원의 역할을 한 비정규직이 '평등'할 수 없다는 논리가 봇물 터지듯 터져 나오면서 '시험'과 '노력'에 따른 차별이 공정한 것이지, 시험 여부와 관련 없이 동등한 노동 조건에서 일하게 하는 것이 공정한 것이 아니라는 담론이 급속하게 확산했다. 사실 이러한 공정 담론은 '시험 만능주의'와 '승자독식' 사고방식에 기반을 두고 있다는 측면에서 문제적이며, 동시에 노동시장에서 누군가가 좀 더 안정적인 조건에서 일한다는 것은 결국 미래의 일자리가 줄어든다는 사고를 확산시키는 효과를 만들어냈다. 결국, 인천국제공항공사 사태는 신자유주의 노동시장에 참여하는 이들은 결국 모두를 경쟁상대로 인식하고 있음을 폭로하는 사건이었다. 한편 노동의 측면에서 인천국제공항공사 정규직 전환이 사실상 정치적 레토릭에 머문 졸속 행정이었으며, 실질적인 정규직화도 아니었다는 비판도 존재한다(장혜경, 2020).

것이 아니라 사회 전반을 작동하는 시대정신으로 확산하고 있다는 데 있다. 이런 맥락에서 남북관계가 급진전됐던 계기였던 평창올림픽 단일팀을 둘러싸고 다시금 공정 담론이 등장한 것은 의미심장하다. 갑작스레 결정된 남북 여자아이스하키 단일팀이 '공정'하지 않다는 불만이 곳곳에서 터져 나오자 단일팀 구성을 통해 평화 분위기를 고취하려 했던 정부는 크게 당황하기도 했다.

사실 2018년 평창올림픽은 한반도 평화프로세스의 하나의 주요 기점이었다. 북한이 2017년 중단거리탄도미사일 화성 12호와 6차 핵실험, 그리고 화성 15형 대륙간탄도미사일 실험을 계속했음에도 불구하고 평창올림픽을 평화올림픽으로 치르고자 했던 문재인 정부는 2017년 12월 해외 언론사와의 인터뷰에서 북한의 참여를 적극적으로 요청하게 된다. 그 방식은 역시 올림픽 기간 전후에 한미연합군사훈련을 잠정적으로 연기하고 북한의 올림픽 참가를 제안하는 것이었다.

2018년 1월 1일 신년사에서 김정은 위원장은 기다렸다는 듯이 문재인 대통령의 제안을 받아들였으며 남북 정부 관계자는 평창올림픽을 평화의 계기로 만들기 위해 협상에 돌입하게 되었다. 북한은 평창올림픽에 선수단을 파견하기로 했고, 남북 협상단은 여자아이스하키팀을 남북 단일팀으로 구성하기로 합의하였다. 흥행요소를 찾기 힘들었던 평창동계올림픽은 남북 단일팀과 북한의 참여로 국민적 관심과 세계적 호응을 얻고자 했다.

과거 남북 단일팀은 항상 긍정적인 효과를 만들어내곤 했다. 정치적으로 대치하고 있는 남북이 한 팀을 이뤄 스포츠 경기에 나선다는 것 자체가 상당한 울림을 주기 때문이었다. 하지만 한국 사회는 너무 많이 변해 있었다. 상당수는 갑작스러운 단일팀 구성이 '정치적' 목적 아래 이뤄진 것으로 '공정'하지 않다는 의견을 피력했다.

또한, 상당 기간 올림픽만을 바라보며 준비한 23명의 남한 아이스하키 선수들의 출전 기회가 제약된다는 사실에 국민의 상당수가 부정적인 의견을 표명하였다.[15] 올림픽 출전 기회가 없었던 북한 여자아이스하키팀 선수들이 단일팀을 통해서 출전 기회를 얻는 것은 자신의 능력이나 시험을 통과하지 않은 채 권리를 얻는 것이므로 용납해서는 안된다는 의식도 존재했다. 아무리 사회적 혹은 국가적인 의미를 지녔다고 하더라도 그것으로 인해 개인의 권리가 침해받는 것은 '공정'하지 않다는 사회적 동의가 확인되는 지점이다.

여자아이스하키 단일팀을 둘러싼 부정적인 여론이 마치 분단과 평화를 제대로 이해하지 못하는 '청년'들의 불평으로 해석하는 경향도 존재했는데, 단일팀에 대해 부정적으로 생각한 국민 사이에는 세대적 차이가 크지 않았다. 예컨대 2018년 2월 1주 차 평창 아이스하키 단일팀에 대한 갤럽의 여론조사에서는 20대 중 62%, 30대 중 55%가 부정적인 의견을 표출하여 세대 중에서는 가장 부정적 의견이 높은 것으로

---

15   "정부에서는 여자아이스하키 남북단일팀에 관해 기존 23명의 선수 엔트리에 북한 선수들이 추가로 더 들어오는 방식이라며 기존 선수에게 피해가 가지 않을 것이라고 지속해서 주장해왔다. 하지만 현실적으로 보았을 때 일부 선수에게 피해가 갈 수밖에 없는 상황이다. 총 23명의 엔트리에서 규정상 22명이 경기에 출전하는데, 아무리 23명 +@로 엔트리를 구성해도 북한 선수가 1명이라도 경기에 출전하려면 한국 선수가 경기에 나서지 못하는 상황이 발생할 수밖에 없기 때문이다." 박영우, "올림픽 역사상 첫 여자 아이스하키 단일팀, 올바른 결정일까", 오마이뉴스, 2018년 1월 18일. https://star. ohmynews.com/NWS_Web/OhmyStar/at_pg.aspx?CNTN_CD=A0002396278

나타났으며, 40대를 제외하고 50대와 60대도 모두 부정적 의견을 표 명한 응답이 높은 수준이었다(박주화, 2021). 다시 말해 '공정'을 향한 열망은 세대를 가리지 않고 작동하고 있는 것이며, 이는 국가 혹은 평 화라는 거대 담론이 개개인의 권리보다 우선될 수 없다는 사회적 윤리 가 작동하고 있음을 뜻한다.

물론 평창올림픽 이후에 실시된 조사에서는 여자아이스하키 단일팀 에 대한 의식이 긍정으로 바뀌었다는 조사도 존재한다. 박주화가 주장 한 것처럼 평화 공감대의 확산을 위해서는 부정의견이 긍정의견으로 바뀐 것에 주목해야 하는데 이것에 대해서는 충분히 분석되거나 의미 화하지 못한 것도 확인된다(박주화, 2021). 즉, 공정이나 정의 담론이 강 화된 상황에서 여자아이스하키 단일팀에 대한 여론조사의 결과를 "그 럴 줄 알았다"라는 후견지명 편향에 기반해 부정적 인식만을 강조하여 해석한 과오가 있다는 주장이다.

하지만 역으로 왜 우리는 남북 단일팀에 대한 긍정적 기억을 모두 쉽게 망각했는지에 대해서 질문을 던지지 못했다는 것도 기억해야 한다. 다시 말해 여론이 긍정적으로 바뀌었음에도 왜 한국 사회는 단 일팀이라는 기억을 대체로 공정하지 못한 것으로 감각하는지에 대해 서도 깊이 숙고할 필요가 있다는 뜻이다. 오히려 스포츠 경기라는 특 성과 미디어에서 남북 단일팀이 집중적으로 보도한 것이 긍정적 의 견을 견인하는 역할을 하였다가 올림픽이라는 이벤트가 끝나고 난 이후에는 예전과 같은 방식으로 그 당시를 기억하는 것은 아닌지에 대해서도 생각해 봄 직하다.[16]

3. 남북관계에서 무엇이 '공정'인가?

　남북관계에서 '공정'이라는 가치가 중요해진 것은 어제오늘의 일이 아니다. 김대중 정부의 '햇볕정책'의 일환으로 남북 사이의 경제교류가 본격화되자 보수 언론을 중심으로 '퍼주기' 담론이 급격하게 확산한 것이 예가 된다. '퍼주기' 담론은 남북 사이의 교환 관계가 등가적이지 않다는 주장에 기반을 두고 있는데, 금강산 관광과 개성공단 사업과 같은 남북 경제 협력의 상징적 사업들이 결국 중단되면서 '퍼주기'라는 인식은 더욱 공고해졌다. 평화 정착이나 분단 극복이라는 무형의 가치는 '퍼주기' 담론의 경제적 수치에 밀려 담론적 힘을 갖지 못하게 되었으며 북한의 핵실험과 미사일 발사와 같은 군사적 위기를 경험하게 되면서 더욱 교류와 협력의 등가성에 대한 의구심이 깊어지게 되었다. 역설적이게도 남북 사이의 경제 협력 모델이 본격화되자 남한 사회는 남북관계를 경제적 가치로 단순화하기 시작하였으며, 궁극적으로는 남북 사이의 심리적 거리를 더욱 멀어지게 했다.[17] 화해와 협력을 위해 시작한 남북 경제 협력이 결과적으로는 남북관계의 경제주의

16　남북 단일팀으로 경기를 치른 여자아이스하키 선수단에게 단일팀의 경험을 물었던 MBC 라디오 인터뷰에서 선수들은 모두 긍정적이고 뭉클했다고 언급했다. 하지만 진행자가 다음에도 다시 단일팀을 구성한다면 어떨지에 관한 질문에 선수들은 다음에는 단일팀을 구성하지 않았으면 좋겠다고 솔직하게 언급하기도 했다.

17　물론 남북 경제 협력 모델이 지금까지 성공적으로 진행되었다면 남북 사이의 더 많은 교류가 가능했을 것이고 그것이 만들어내는 사회 통합적 가능성도 분명 존재했을 것이다. 안타깝게도 남북 경제 협력은 좌초되고 말았고, 새로운 실험을 할 기회도 현재로서는 보이지 않는다.

적 전환을 이끌게 된 것이다.

이러한 사고의 전환은 보수와 진보 정부를 가리지 않고 대북 정책에서도 확인된다. 김대중 정부의 햇볕정책을 이어받은 노무현 정부는 남북 간 평화공존과 공동번영을 대북 정책으로 내세웠으며, 이를 기반으로 동북아 공동번영을 추구한다는 목표를 천명했다. 이후 이명박 정부와 박근혜 정부는 북한의 비핵화를 선결 조건으로 내세우면서 한반도 경제 발전을 이뤄내겠다는 목적을 내세웠다. 이명박 정부의 대북 정책인 '비핵개방 3000'은 북한의 비핵화를 전제로 북한의 1인당 국민소득 3000달러를 견인해내겠다는 목표를 내세우며, 박근혜 정부는 '통일대박론'을 통해서 통일은 결국 남한 경제의 기회라고 강조했다.[18] 박근혜 대통령이 탄핵된 이후에 등장한 문재인 정부도 대북 정책의 주요 축을 경제적 이득으로 설정했다는 측면에서 큰 흐름을 공유한다. 노무현 정부의 정책을 상당 부분 이어받은 문재인 정부는 '평화와 번영의 한반도' 정책을 내세우면서 한반도 신경제구상을 제안했다. 범박하게 정리하자면 김대중 정부 이래로 보수와 진보 정부의 대북 정책의 공통점은 평화와 통일의 경제적 효과를 강조하고 있다는 점이다. 북한 핵 문제를 두고는 정치적 이념과 정권의 성격에 따라 상당한 이견을 보이지만, 남북관계의 경제적 가치에 주목하는 정책 방향은 동일하다는 뜻이다. 이는 신자유주의적 경제주의가 완전히 장악한 한국 사회의 민낯을

---

18   "지금 국민들 중에는 통일 비용이 너무 많이 들지 않겠느냐, 그래서 굳이 통일을 할 필
요가 있겠느냐고 생각하는 사람들도 있습니다. 그러나 통일은 대박이라고 생각합니다.
한반도의 통일은 우리 경제가 실제로 대도약할 수 있는 기회라고 생각합니다." (2014.1.6.
박근혜 대통령 신년기자회견) (박근혜 정부의 통일구상, 통일부, 2015, 11쪽)

일견 반영하는 것이며 평화와 통일 정책에서도 경제적 가치가 최우선 시되고 있음을 뜻하는 것이다.

문제는 이득이 된다는 남북관계 개선이 가시적인 경제적 효과로 나타나지 않을 때 등장한다. 이명박 정부에서 금강산 관광이 멈추고, 박근혜 정부에서 개성공단이 폐쇄된 이래 남북 사이의 경제 협력은 사실상 멈춰있는 상태다. 문재인 정부가 아무리 '번영의 한반도'를 외쳤다고 하더라도 그것이 현실에서 구현되지 못하는 순간 북한이라는 존재 가치는 급격하게 하락하고 만다. 게다가 북한은 남한의 경제 규모에 비견될 수 없을 정도로 가난한 국가다. 한국은행 통계 자료에 따르면 2022년 기준 1인당 국민 소득은 북한이 143만 원, 남한은 4,248.7만 원으로 약 29.7배 차이였고, 명목 총소득은 북한이 36.7조 원, 한국은 2,193.5조 원으로 약 59.8배 차이가 났다.[19] 둘 사이의 엄청난 경제적 차이는 남북 공동 번영이라는 상을 상상하는데 상당한 제약이 되기도 한다. 예컨대 낙후한 북한 경제 인프라를 개선하기 위해서는 남한의 투자가 필수적으로 요구되는데, 이러한 투자가 남한에 이득이 되는 수준의 경제적 가치로 되돌아올 수 있을 것인지에 대한 의구심이 점차 증폭되고 있는 것이다. 통일 과정에서 남한 주민이 막대한 통일 비용을 부담하게 될 것이라는 우려가 힘을 얻는 것도 그러하고, 지난한 통일 과정으로 인해 세대를 거쳐 통일 비용을 부담해야 할 것이라는 분석도 등장하고 있다.

---

19   https://www.bok.or.kr/portal/main/contents.do?menuNo=200090 (접속일: 2023년 11월 14일)

2007년부터 통일의식을 조사해온 서울대학교 통일평화연구소의 연구 결과에 따르면 최근 들어 통일에 대한 부성적 인식이 상승하고 있다. 통일이 필요하다고 응답한 비율은 2007년 63.8%로 시작해 남북관계의 부침에 따라 조금 하락하다가 남북정상회담이 활발하게 이뤄진 2018년에는 다시 60%까지 상승한 것으로 조사되었다(통일평화연구원, 2021). 하지만 남북관계가 다시금 경색되자 2023년에는 통일이 '매우' 필요하다와 '약간' 필요하다를 합친 비율은 43.8%로 급락하게 되었다(통일평화연구원, 2023). 반대로 '전혀' 필요하지 않다와 '별로' 필요하지 않다고 응답한 비중은 29.7%로 조사를 시작한 2007년 이래로 가장 높은 수치를 나타냈다. 통일연구원이 매년 발표하는 통일의식조사에서도 비슷한 경향성이 확인된다. 2018년 남북 간의 대화가 활발하게 진행되었을 때는 통일이 필요하다고 응답한 비율이 70.7%까지 상승했지만, 2023년에는 53.4%로 하락했다(통일연구원, 2022, 38쪽).

통일연구원의 조사는 통일 필요성과 더불어 통일이 그 자체로 지니는 가치를 측정하기도 했다. 예컨대 통일이 진정한 소망이라고 응답한 비율은 22.7%, 어떠한 대가를 치르더라도 통일을 해야 한다고 응답한 비율은 16.8%, 통일이 당면한 목표라고 응답한 비율은 18.3%, 통일 문제가 경제문제보다 우선이라고 응답한 비율은 8.7%로 나타났다(통일연구원, 2022, 41쪽). 통일의 필요성에 동의한 이들 중에서도 상당수가 통일의 가치를 인정하고 있지 않으며, 특히 경제 문제와 통일이 상반될 경우에는 경제가 더 중요하다고 생각하는 응답률이 압도적으로 높았다. 덧붙여 통일 비용 조달을 위해 세금 인상에 찬성하는 비율은 2022년을 기준으로 17.6%로 나타났다(통일연구원, 2022, 48쪽). 또한 같은 민족이기 때문에 통일을 해야 한다는 인식도 점차 약화되고 있다. "남북이 한민족이라고 해서 반드시 하나의 국가를 이룰 필요는 없다"에 동의하는 비율은 42.0%이고, 보통은 37.8%, 비동의는 20.2%로 확인된다(56쪽). 이러한 의식은 평화공존에 대한 인식이 점차 강화되는 것과 긴밀한 연관성을 지닌다. 예를 들어 '남북한이 전쟁 없이 평화적으로 공존할 수 있다면 통일은 필요 없다'에 동의하는 비율이 56.9%로 나타났고, 보통은 22.5%, 비동의는 20.6%로 나타났다. 즉 전반적으로 평화공존에 공감하는 비율이 80%를 넘어서고 있는 것이다. '통일보다 지금처럼 분단 상태로 지내는 것이 낫다'에 동의는 35.2%, 보통은 34.9%, 비동의는 29.9%로 나타났는데 이는 분단으로 인한 문제점에도 불구하고 지금과 같은 상태를 유지할 것인지를 묻는 질문으로 해석 가능하다(50쪽). 즉, 분단의 폐해에도 불구하고 통일보다는 지금의 상태를 유지하는 것에 동의하거나 중립적인 입장을 취하는 비율이 70%를 넘어서는 것이다. 이러한 통계 데이터는 남한 시민 대다수가 북한과의 통일보다는 지금과 같은 상태를 유지하거나 조금 더 적극적으로는 평화로운 상태로 공존하기를 원하고 있음을 보여준다. 특히 경제적 비용을 지불해야 하는 통일에 대해서는 소극적인 태도를 보이고 있으며, 더 이상 민족이라는 이유에서 당위적으로 통일을 추구하는 것도 어려워졌다. 안타깝게도 이는 적어도 남한 사람들의 심리적 수준에서는 2국가 체제가 구축되었음을 의미하는 것이다.

4. 북한을 향한 식민주의적 시선: 낭만화

신자유주의적 경제주의가 장악한 남한 사회는 경제적 가치가 유일한 기준으로 작동한다. 생존을 위한 경제 활동뿐만 아니라 가족, 종교, 일상 등의 영역도 이미 경제적 이해관계가 깊숙이 개입되어 있다. 이런 상황에서 세계에서 가장 가난한 나라인 '북한'과의 관계를 상상하기란 쉽지 않다. 빈약한 상상력은 결국 문화 생산물에 나타난 북한 재현에서 확인된다. 남한의 문학, 영화, 드라마 등에서 북한이나 분단 문제는 지속해서 소환되었지만, 그것을 그려내는 방식은 정형화되어 있기 때문이다. 북한에 대한 타자화된 시선은 전형적인 식민주의적 시선을 내재화한 것인데, 남한 사회가 북한을 동등한 협력자가 아닌 정복의 대상으로 접근하거나 전근대적이며 열등한 대상으로 상상하고 있음을 드러낸다. 이러한 의식은 '유사 식민자pseudo-colonizer'라는 정체성을 내포하고 있는 것인데, 탈식민의 과정이 전쟁과 분단으로 인해 굴절된 남한은 신식민자인 미국과의 동일시를 추구하면서 다른 한편으로는 북한을 대상화하는 경향이 포착된다. 상당한 국력을 구축한 남한은 '미국'으로 상징되는 가치체계, 경제구조, 근대적 문화 등을 추종하면서 분단체제에서 경쟁하는 북한을 신식민지로 타자화함으로써 하위 식민자로서의 정체성을 만들어가는 것이다. 일찍이 대만의 문화 연구자 천광싱이 대만의 남아시아 내 영향력 확대를 목표로 한 남방 정책 이면의 식민주의적 상상을 지적한 것에서 착안해 보면 남한 사회의 북한을 향한 시선에는 자신의 탈식민적 정체성을 무의식적 수준에서 또 다른 하위 식민자로 구축하려는 시도가 엿보인다(천광싱, 2003).

천광싱은 파농의 식민주의적 무의식에 대한 분석을 차용하면서 탈식민의 과정에서 구축되는 피식민자의 식민자를 향한 동일시 욕망을 지적한다. 다수의 탈식민 국가에서 등장하는 식민주의에 대한 대응은 주로 두 가지로 나타나는데, 하나는 식민자에 대한 저항이고 다른 하나는 피식민 문화에 대한 전면적 긍정이다. 파농이 보기에는 둘 다 식민자의 인정을 기대한다는 측면에서 주체의 수동성을 기반으로 한다. 예를 들어 식민주의에 대한 전면적 저항이나 민족주의에 대한 강조는 마치 능동적인 저항으로 보이지만 식민자라는 타자를 경유한다는 측면에서 식민주의 작동 메커니즘의 일부다. 이에 파농은 피식민자의 무의식에서 작동하는 식민자에 대한 동일시의 욕망을 드러내어 해체하는 것만이 탈식민을 가능하게 하는 것이라고 주장했다(파농, 2014). 이는 한국 대중문화를 둘러싼 민족주의적 무의식을 해석하는 데 중요한 문제의식을 제공한다.

'한류'라는 기표가 글로벌 시장에서 한국 문화의 우수성을 강조함으로써 민족적 자긍심을 구축하는 효과를 만들었다는 분석은 꾸준하게 지적되어 왔다(Jin, 2014; Nam, 2013). 국가가 수십 년에 걸쳐 적극적으로 지원했다는 점을 감안해 봤을 때 한류는 국가가 주도하는 문화민족주의의 일부인 까닭이다. 하지만 한류는 2010년대 후반부터 BTS와 〈기생충〉으로 대표되는 '케이컬처K-culture'라는 새로운 기표로 전환되었고 그 성격도 더욱 혼종적인 글로벌 콘텐츠로 이행했다. 케이컬처는 과거 한류와는 다르게 글로벌 수준의 생산, 유통, 소비 방식을 구축했다는 측면에서 단순히 국가 주도의 사업을 단순화하기 어렵다는 평가가 존재한다. 하지만 오히려 케이컬처를 둘러싼 민족주의적 감수성은 그것이 혼종적일수록, 그리고 더 나아가 글로벌화할수록 더욱 강화되었다는 것에 주목해야 한다. 이러한 의식 이면에는 "식민지 문화 콤플렉스의 억압 기제와 포스트식민지적 혼종 문화의 해방 기제"가 복잡하게 얽혀있기 때문이다(이동진, 2022, 72쪽). 조금 더 세부적으로 케이컬처는 한국 사람에게 엄청난 자부심을 추동하는데 그것은 식민을 거친 (혹은 여전히 신식민의 상태에 머물러 있는) 한국의 문화 콘텐츠가 '미국'이라는 대타자 못지않은 글로벌 정체성을 구축했다는 점에서 기인한다. 케이컬처의 기준이 미국으로 대표되는 서구 중심 글로벌 시장에 있다는 것은 영화, 드라마, 음악 등을 가리지 않고 미국 진출을 통해 '인정' 받으려는 구조가 작동한다는 것이다. 더욱 문제적인 것은 상당한 영향력을 지닌 한국의 대중문화에서 북한을 재현하는 방식이 식민주의적 시각을 담지하고 있다는 데 있다. 예컨대 남한의 문화 생산물에서 '민족'이나 '공동체' 등을 강조하면서 북한을 낭만화하는 것이나 다른 한편으로 북한을 위험한 존재로 그려내는 것의 이면에는 글로벌 시장에서는 점차 영향력을 확보한 남한 대중문화가 새로운 하위 식민자로서 북한에 대한 타자화된 시각을 드러내는 것이다.

그렇다면 여기서 남한 문화 생산물에 등장하는 북한 재현의 면면을 간략하게 살펴보자. 흥미롭게도 2018년 연이은 남북 정상회담 국면을 지나고 난 이후에 남한 영화나 드라마에 등장한 북한 재현은 상당히 긍정적이다. 이미 탈냉전 이후에 남한 미디어에서 북한을 재현하는 방식은 단순한 '적'이나 '위협'이 아니었다. 국력에서 절대적 우세를 점하게 된 남한에게 북은 실존적인 위협이기보다는 신자유주의적 사회로 변모한 남한이 잃어버린 과거의 모습이 투영된 존재로 그려진

다. 이러한 북을 대상으로 하는 노스탤지어적 상상력은 북한을 낭만
화하는 효과를 만들어내고 있으며, 신자유주의적인 남한 사회에서
교란된 전통적 젠더상을 담지한 존재로 북한 사람들을 그려내고 있
다는 측면에서 흥미롭다(김성경, 2020, 102-106쪽). 즉, 남한 영화 속의
북한 남성 캐릭터는 위기에 처한 남한 남성이 잃어버린 원시적 남성
성을 물화한 존재로 그려지고 있다. 이미 2010년대 이후의 영화중에
서는 〈용의자〉(2013), 〈베를린〉(2013), 〈공조〉(2016), 〈강철비〉(2017),
〈공작〉(2018) 등에서 강하고, 인간적이며, 가족을 최우선으로 하는 남
성으로 북한 남성 캐릭터를 전면에 등장시킨 바가 있다. 위의 작품에
서 흥미로운 점은 주인공이 북한 남성 캐릭터인 까닭에 자연스레 주
연배우가 북한 남성 역할을 담당하게 된다는 점이다. 액션 장르에서
의 주인공으로 등장하는 북한 남성은 수려한 외모를 전면적으로 내세
우면서 성애화된 남성성을 드러내기도 한다. 현실에는 존재하지 않는
완벽한 판타지인 남성 캐릭터는 가족과 국가를 위해서라면 자신의 목
숨을 내놓을 수 있을 정도로 책임감 강하며 로맨틱한 남성으로 그려진
다. 하지만 아무리 완벽하게 그려지는 북한 남성 캐릭터라도 할지라
도 극 중에서 이들은 죽거나 아니면 북으로 돌아가야만 하기에 관객이
주인공과 로맨스를 상상하는 것은 원천적으로 봉쇄되고 만다(강성률,
2018). 결국 북한 남성 캐릭터는 현실에서 있을법한 존재로 상상되는
것이 아니라 신자유주의적 남한 사회에서 이미 형해화된 가족이나 국
가를 상징하는 존재로 활용되는 것에 머문다. 낭만화된 캐릭터의 존재
만큼 분단 스토리와 북한이라는 공간도 하나의 판타지적 카타르시스
를 제공하는 것에 목적을 둔다.

2018년 남북한의 화해 분위기는 북한에 대한 좀 더 현실적인 시각을 확대하시노 그렇다고 다면적 북한 재현을 추동하지도 못했다. 오히려 북한이라는 타자를 더욱 낭만화하는 경향이 포착된다. 예컨대 2019-2020년 사이에 방영된 〈사랑의 불시착〉은 남한 및 해외 시장에서 커다란 인기를 얻었던 작품인데, 이는 북한 재현에 어떤 식민주의적 시선이 개입되어 있는지를 보여준다. 남한 출신의 재벌 여성이 우연히 북한으로 가게 되면서 벌어지게 되는 소동을 그린 이 드라마는 북한을 "언어와 외모도 같고 뿌리도 같지만 만날 수 없고 만나선 안 되는 사람들이 사는, 이상하고 무섭고 궁금하고 신기한 나라"로 그려낸다(공식 시놉시스). 이루어질 수 없는 사랑이라는 고전적인 사랑 이야기의 구조를 그대로 답습하되 시청자들이 가장 이질적으로 느끼는 북한 내부를 훔쳐보는 것voyeurism과 같은 효과를 만들어 큰 반향을 얻었다. 게다가 드라마에 등장한 북한은 이념이나 체제 통제가 일상적인 곳임에도 불구하고 공동체의 정과 돌봄이 존재하는 목가적 '고향'과 같은 공간으로 그려진다. 당연히 남자 주인공으로 등장하는 북한군 대위 정혁(현빈 역)은 현실에서는 존재할 수 없는 완벽한 남성으로 그려지며, 북한 사람들로 등장하는 주변 인물들 대부분은 긍정적인 인물로 재현된다. 반대로 남한 사람들은 이전투구에 몰두하거나, 돈 앞에서는 피도 눈물도 없는 냉혈한, 그것도 아니면 일상을 살아내는 평범한 소시민으로 재현된다. 〈사랑의 불시착〉이 주인공 남녀 사이의 로맨스를 강조하는 것으로 남한사회의 이념 논쟁을 우회하는 전략을 선택했다는 평가도 있지만, 다른 한편으로는 오히려 북한이라는 기표에 남한이 욕망하는 남성성과 목가적 정서를 더욱 세밀하게 투영한 것이기도 하다(신호식, 2022).

비슷하게 최근 드라마인 〈이상한 변호사 우영우〉에서는 희생적인 어머니의 전형으로 탈북 여성 '계향심'이 등장하고, 세계적으로 큰 인기를 얻은 〈오징어 게임〉의 여주인공 '새벽'은 북에 있는 어머니를 데려오기 위해 목숨을 건 게임에 참여하는 캐릭터로 등장한다. 강인하면서도 희생적인 북한 여성 캐릭터가 전통적 가족 이데올로기에 복무하는 여성들을 그려냄으로써 흔들리고 있는 전통적 여성상의 가능성을 재현하는 것이다. 위기에 처한 가족 이데올로기를 담지한 캐릭터로 등장하는 탈북 여성은 남한 사회가 그토록 회복하고자 하는 가치와 지향이 무엇인지를 증언하는 것이기도 하다. 북한에 대한 부정적인 이미지를 그려내는 것만큼 위험한 것이 북한을 우리의 욕망을 투영하여 타자화하는 것일 수도 있다. 왜냐하면 파농이 지적한 것처럼 '타자'는 우리가 무엇을 지향하는지 드러내며, 우리가 어떠한 존재인지 확인시켜 주기 때문이다(파농, 2014, 201-203쪽). 북한에 대한 부정적인 이미지를 재현하는 것만큼 위험한 것은 우리의 욕망을 투영하여 북한을 타자화하는 것일 수도 있다.

5. 북한이라는 '야만'

2019년 하노이 회담이 아무런 소득 없이 막을 내리고, 코로나 팬데믹이라는 역사상 유래를 찾아보기 힘든 위기를 경험하자 남한 미디어에서 북한 재현은 더욱 제한된다. 최근 북한은 군사적 위협으로 뉴스에 등장하거나 경제적 어려움을 겪고 있는 가난한 이미지만으로 유통

된다. 핵을 앞세운 군사적 위협은 김정은 위원장을 비롯한 북한 체제 정치 지도자의 '미치광이' 이미지와 겹쳐 북힌을 '예측 불가능한 행위자'로 인식하게 한다. 2022년 11월 18일 대륙간탄도미사일 화성-17형 시험 발사 현장에 등장한 김정은 위원장의 딸 김주애를 두고 후계 구도를 예측하거나 '미래 세대'에 대한 메시지라는 등 다양한 해석이 나왔지만, 무엇보다 남한 대중의 시각에서는 '이해하기 어려운 북한'이라는 이미지를 더욱 강화하는 효과를 만들어냈다. 10세 정도의 딸을 군사적으로 중요한 행사에 대동했다는 것도 그러하고, 2022년 11월 27일 조선중앙통신에서 김주애를 '존귀하신 자제분'이라고 표현했기 때문이다. 김정은 위원장이 후계자로 김주애를 지목했는지 여부와는 다르게 '어린이'가 보호받아야 하는 동심의 대상이라는 인식이 강한 남한에서 김주애의 공식 석상의 등장을 이해하기란 쉽지 않다.[20]

북한에 대한 '이해 불가능성'은 더 큰 두려움을 만들어낸다. 일찍이 푸코가 광기라는 것이 역사적으로 어떻게 이성의 반대편으로 추방되어야 하는 것으로 구성되었는지 살핀 것을 감안할 때 '미치광이'라는 이미지가 북한 체제에 들러붙게 되면 그것은 이성적인 '우리'와는 분

20　김주애의 등장 이후 언론보도 댓글을 살펴보면 북한에 대한 부정적인 인식이 확인된다. 특히 북한의 경제 상황이 좋지 않은 상황에서 김정은 위원장과 김주애의 외모를 비난하거나 어린 김주애가 군 관련 행사에 등장한 것을 두고 이해할 수 없다는 평가가 대부분이었다. 댓글 중 몇 개를 소개하면 다음과 같다. "세상에 미성년자에 담뱃불 붙여달라고 성냥 준비라니 그것도 가방도 아니고 손에 대기. 기네스북 감!", "기가 막히다.", "지구상에 저런 정권이 있다는 게 놀라울 뿐이네요.", "굉장히 무섭고 소름 돋는 장면인데 열렬히 환호하는 게 개소름이다. 말은 인민들을 위한다지만 주민들은 삐쩍 말라 딸 주애는 키도 크고 토실토실.".

리되어야 하며 '우리'의 안전을 위해서 반드시 추방되어야 하는 것으로 의미화될 수밖에 없다. 그만큼 북한과의 거리감이 점차 커지는 것의 이면에는 북한을 이해 불가능한 존재로 감각하는 것과 더불어 점차 '미치광이'로 감각하는 남한 사회의 분위기가 팽배해졌기 때문이다.

이러한 경향성은 제19회 항저우 아시안게임에서 한국 미디어의 북한 대표단 재현 방식에서도 확인된다. 팬데믹으로 국경을 봉쇄했던 북한이 총 18개 종목 185명의 선수단과 응원단을 파견했다는 사실 이외에도 남북관계가 경색된 상황에서 북한 대표단이 어떤 메시지를 전달할 것인지 미디어의 관심이 상당했다. 취재 경쟁에 나선 남한 미디어, 친분이 있던 남한 선수들에게 냉랭한 태도를 취한 것도 그러하고, 통상적으로 용인되던 '북측'이라는 호칭에 반발한 것도 남한에게 메시지를 발신하기 위한 시도로 해석 가능하다. 북한 측의 냉랭한 입장을 공개적으로 남한에 전달하기 위한 의도된 행동이라는 뜻이다. 하지만 남한 대중에게 큰 인상을 남긴 모습은 북한 남자 축구 선수의 공격적인 행동이나 국제적 기준을 몰라서 발생한 북한 선수단의 미숙한 경기 운영 등이었다. 특히 북한과 일본 사이에 벌어진 축구 경기에서 북한 선수들의 거친 행동은 북한에 대한 기존의 이미지를 더욱 공고하게 만드는 효과를 만들어냈다.

국가 대항 축구 경기는 11명의 선수가 국가를 대표해 상대 국가와 대결한다는 형식을 갖추고 있기 때문에 민족주의적 감성을 강화하는 효과를 만들어낸다(줄리아노티, 2004). 특히 북한과 일본의 축구 경기는 과거 식민 역사를 감안해 봤을 때 상당히 경쟁적일 수밖에 없는 경기다. 항저우 아시안게임 8강전에서 북한은 일본을 만나 경기를 치르게 되었는데, 서로 박빙의 경기 내용을 보여주다가 결국 일본이 2대 1로 승리했다. 이 경기 내내 북한과 일본은 자존심을 건 '전투'를 벌였는데, 전반전에는 일본팀이 더 많은 반칙을 하며 거칠게 플레이했다.

하지만 후반전 들어 일본이 선제골을 넣자 북한 팀이 전면 공세에 나서게 되었다. 여기서 상징적인 장면이 등장했는데 바로 북한 선수가 일본 스태프를 위협한 일이었다. 선수의 부상으로 경기가 잠시 중단된 틈에 일본 스태프가 물을 가지고 들어와 자신의 선수단에 물통을 나눠주었는데, 갑자기 북한 선수 중 한 명이 일본 스태프에게 다가가 물통을 요구해 받고 뒤이어 위협하는 행동을 취한 것이다. 게다가 경기가 속행된 이후 페널티킥을 허용하면서 북한 축구팀은 점점 더 거친 플레이를 하게 되었다. 결국 경기 종료를 알리는 휘슬이 울리자 북한 감독과 선수들은 심판에게 거칠게 항의한다. 축구라는 스포츠의 특성상 거친 플레이가 때로 팀의 전략이 되기도 한다. 하지만 남북관계의 특수성을 감안할 때 북한 선수단의 거친 플레이는 남한 시청자들에게 상당히 부정적으로 감각될 수밖에 없다. 거기에 남한의 미디어가 북한 선수들의 거친 플레이를 자극적으로 편집해 보도하면서 이러한 여론은 더욱 확산한다. 주요 방송국에서 북한 선수단의 행동을 비디오 클립으로 만들어 방송하자, 유튜브와 같은 동영상 채널에서는 북한 선수들의 과거 거친 행동을 편집해 유통하기도 했다.

예를 들어 구독자 34.8만 명인 스포츠머그라는 채널의 영상 '북한 스포츠의 별별 행태'에서는 북한이 국제 경기나 관례에 얽매이지 않는 모습을 보여줬다며 "국제 스포츠의 무법자"라고 평가하기도 한다.[21] 이 콘텐츠는 북한 선수들이 국제 경기에서 심판이나 상대 팀에 취한 비매너적 행동을 정리해 소개했다.

흥미로운 것은 북한 선수단의 행동이 단순히 '거친' 플레이로 설명되기보다는 규칙을 지키지 않는 비이성적이고 야만적인 행위를 일삼는 것으로 재현된다는 점이다. 사실 축구 경기에서의 거친 플레이나 심판을 향한 항의, 그리고 관중들의 폭력 등이 단순히 북한만의 문제가 아닌데도 불구하고 북한의 행위가 북한 체제에 연결되어 있는 '미치광이' 이미지와 결합해 더욱 문제가 있는 것으로 해석된다. 북한 스포츠 팀에 대한 보도 동영상에 달린 댓글 중에서는 "저런 미친 국가에 민족이니 형제니 하지 말아라", "외교에서도 스포츠에서도 비매너와 위협의 온상이자 악의 축", "저런 것들하고 같은 민족이란 것이 정말 수치스럽다... 지구상에서 영원히 없어져 버려라!" 등의 적대적 감정을 숨기지 않는 거친 표현들이 댓글 창을 빼곡히 메우고 있다.

이번 항저우 아시안게임에서 북한 축구 선수들의 행동이 스포츠맨 정신과 거리가 있는 것은 분명하다. 특히 일본 축구팀 스태프를 향한 위협은 비판받아 마땅하다. 하지만 흥분한 상태에서의 우발적 행동이라는 측면에서 부적절한 해프닝 정도로 해석할 수 있는 사건이 남한 미디어를 통해 보도되면서 북한 사람들이 근대적이고 이성적인 남한 사람들과 어울릴 수 없는 동물적이고 야만적인 성격을 지닌 것으로 감각하게 한다. MBC 뉴스 채널에 올라온 '오늘의 항저우' 보도의 댓글을 살펴보자.

---

21   [별별스포츠 #50] 스포츠머그, "스포츠에서도 별난 북한... 북한 스포츠의 별별 행태들", https://www.youtube.com/watch?v=Qqk8lsT4iEo

"매너가 없는 게 아ㅣ라 미개힌 거임. 국가대표로 나와서 이런 모습 보이면 안 그래도 이미지가 안 좋은 국가인데 개념까지 없는 국가로 보임", "진짜 맨날 얻어먹으면서도 당당하고 준 사람 위협하는 게 평소 일상이구나…", "북한, 중국, 러시아가 국제사회를 상대로 행하는 폭력적인 양아치 행위가 스포츠에도 그대로 드러나는 중…", "북한 선수가 딱 저 나라를 나타냄. 자존감은 바닥에 자존심만 높아서 할 줄 아는 거라고는 돈 뜯어내기, 협박, 폭력. 한민족이라고 도와줄 필요가 전혀 없음", "저런 애들이랑 같은 핏줄이라는 게 문화시민으로써 진짜 너무나 부끄럽네요", "저런 거 보면 어른들이 사람 판단할 때 살아온 환경이나 수준 따지는 거 이해됨. 저런 떨어지는 행동을 해놓고 그게 부끄럽고 수준 낮은 짓이라는 인식조차 없이 새끼 망아지마냥 구는 거 좀 봐라".[22]

이렇듯 대부분의 댓글에서는 북한 선수의 행동을 동물적이며 야만적인 것으로 해석하고 있다. 남한이 '문화시민'이라면 북한은 이것과는 거리가 먼 "미개한" 국가로 인식하고 있다. 또한 북한 축구 선수의 행위를 남북 사이의 경제적 협력 경험과 연결하여 해석하는 경향도 포착된다. 금강산 관광이나 개성공단 사업을 둘러싼 '퍼주기' 담론의 영향력이 다시금 확인되는 것이다. 대중들은 남북 경협이 결코 등가적인

---

22   https://www.youtube.com/watch?v=WyBMqH_AmwU의 동영상과 댓글을 참조하라.

교환이 아니라 북한의 '위협'으로 인해 남한이 선의를 베푼 것이며 경제 협력 이후에 북한이 핵과 미사일 개발에 나선 것은 "협박", "폭력"이라고 느낀다. 남한의 대중들은 비이성적인 '떼쓰기'만 일삼는 북한을 '다른' 존재로 인식하고 있으며, 이들과 연관되는 것 자체를 부정적으로 감각하기에 이른다.

한편 기억해야 할 점은 문화 생산물이 담지한 시각에 따라 관객이 또 다른 방식으로 북한을 바라본다는 점이다. 이번 항저우 아시안게임은 경색된 남북관계를 반영하듯 북한에 대한 우호적인 보도가 과거에 비해 상당히 적었지만, 북한 선수단의 인간적인 모습을 포착한 몇 안 되는 보도에는 상대적으로 긍정적인 댓글을 확인할 수 있었다. 예컨대 여자탁구 복식 결승전에서 한국 팀에 완패한 북한 여자탁구 선수들의 실망감을 인간적인 시각으로 보도한 '엠빅뉴스'의 동영상에는 북한 선수들의 선전을 칭찬하는 댓글이 대부분이었다. 국제 경기에 참가한 경험이 적은 북한 선수들이 바뀐 경기 룰을 제대로 숙지하지 못해 더욱 어려웠다는 평가도 있었고, 은메달도 너무 훌륭한 성과라며 잘했다는 응원이 많았다.

"같은 동포로서 안타깝다", "체제가 달라서 그렇지, 다 같은 피가 흐르는 사람들. 서로 미워하지 말고 행복하게 삽시다", "통일까지는 아니어도 남북한이 서로 사이좋게 왕래하며 지낼 수 있는 그런 날이 빨리 오기를", "다른 나라 이겼을 땐 마냥 좋은데 북한을 이겼을 때는 좋지만 마음 한쪽이 짠하다", "이런 것 볼 때마다 한반도가 나눠져서 싸우는 게 너무 마음 아픕니다. 왜 타국의 의지대로 나눠진 한반도가 70

년이 지나도록 자유로운 왕래조차 못하고 적으로 남아 있게 되었을까요? 또렷한 정신으로 생각을 해 봐야 합니다. 우리 모두!!"[23]

물론 위의 댓글에서도 북한과의 적극적인 관계 개선과 통일은 상상하지 못했지만, 적어도 북한과 '적'으로 싸우는 것은 안타까운 일이라는 평가가 대부분이다. 지난 5년 동안 국제대회에 참가하지 못해 세계 랭킹조차 없는 북한 선수들에게 동정심을 느꼈다고 말하는 댓글도 상당수였다. 글로벌 스탠더드에 한참 부족한 열악한 환경이 북한 선수들의 선전을 더욱 대단한 것으로 인식하게 하는 효과를 만들어내기도 한다. 하지만 인간적이고 긍정적인 감각 이면에도 남한과 북한 사이를 권력의 위계와 경제력 서열이라는 기준이 작동하고 있으며, 글로벌 스탠더드에 부합하는 것을 넘어 이를 선도하는 남한과 그것과는 한참 동떨어져 있는 전근대적 북한이라는 대비되는 이미지는 더욱 공고해진다.

흥미롭게도 항저우 아시안게임에서 북한 관련 보도에 어김없이 달리는 댓글은 바로 단일팀에 관련된 것인데, 정치적인 논리 아래 북한과의 단일팀을 구성하는 것을 반대하는 목소리가 대부분이다. 즉, 이미 달라질 대로 달라진 북한과 '우리'를 하나로 엮지 말라는 주장이다. 때로는 '야만적인' 북한과 같은 민족이라는 이유로 엮일 수 없다는 주장에서부터, 남한이 어렵게 획득한 국제대회 출전 기회를 북한과 나누

---

23   https://www.youtube.com/watch?v=mT7567-d9EE의 동영상과 댓글을 참조하라.

는 것은 공정하지 않다는 접근, 거기에 실력 차이가 나는 북한과 단일 팀을 하는 것은 손해라는 의견까지, 비슷하지만 조금씩 결을 달리하는 주장이 넘쳐난다. 그럼에도 공통으로 발견되는 의식은 북한과의 거리 감이 이미 '민족'이라는 동질성을 넘어설 정도로 멀어졌다는 사실인데 그 이면에는 글로벌 리더가 된 현대적인 남한이 여전히 전근대적인 습성을 지닌 북한과 함께 하기 어렵다는 두려움이 자리하고 있다. 미국을 비롯한 서구 사회와 더 높은 문화적 근접성cultural proximity을 공유하지만, 사회주의 체제이면서 동시에 '이해할 수 없는' 행동을 일삼는 북한과는 공통분모를 찾기 어렵다는 인식이다.

6. 신자유주의 사회에서 평화와 '멸망'의 정동

주지하듯 70년 동안 계속된 정전체제를 살아가는 남한 사람들은 전쟁과 평화 모두에서 무감각증에 빠져 있다. 교전을 멈춘 상태인 정전체제에선 언제든 다시금 전쟁이 시작될 가능성이 존재하지만, '힘에 의한 평화'라는 논리 아래 적어도 지금과 같은 상태가 유지될 것이라는 믿음이 강하다. 북한이 아무리 핵 개발과 미사일 도발에 나서도 남한 사회가 크게 동요하지 않는 것은 한미군사동맹이라는 구조 아래 압도적 군사력이 전쟁 발생을 억제할 것으로 생각하기 때문이다. 또한 분단이 초래한 문제에도 불구하고 물리적 전투가 멈춘 지금과 같은 상태를 당연한 것으로 감각하기도 한다.

오히려 평범한 시민들에게 '평화'는 '전쟁 같은 일상'에서 개인적 수준에서의 안정을 뜻하는 것으로 통용되는 경향이 강하다. 갈퉁은 적극적 평화라는 개념을 통해 인간의 가능성을 제한하는 구조적 폭력의 극복을 강조함으로써 반평화 상태를 단순히 물리적 폭력이 없는 상태가 아닌 문화적이고 구조적인 폭력 상태 전반의 문제로 확장한 바 있다(갈퉁, 2000, 417-418쪽). 자본주의 경제 체제에서 사회적 강자가 약자를 착취하는 것이 대표적인 사례인데 이러한 착취를 개선하려는 노력을 제한하는 모든 행위와 실천, 문화적 이데올로기 등이 바로 구조적 폭력이며 이를 극복하는 것이야말로 적극적 평화를 실현하는 것이 된다(이병수, 2017, 117-118쪽). 하지만 신자유주의 사회에서 작동하는 구조적 폭력은 더욱 전방위적이며 그것을 개선하려는 시도는 정치, 사회, 문화적 수준에서 매번 좌절되고 만다. 더욱이 경쟁주의와 생존주의가 확장됨에 따라 개별화되고 파편화된 개인들은 사회경제적인 소외 상태에 빠지게 되면서 이를 조금이라도 극복하기 위해서 스스로 내적 평화inner peace를 갈구하게 되었다. 신자유주의 체계에서 구조적 폭력을 극복하는 것이 불가능하다는 것을 무의식적으로 알아차린 개인들이 심리적 수준에서의 '마음속 평화'와 같은 안녕감을 추구하는 것은 어쩌면 불가피한 귀결이기도 하다.

문제는 개인의 심리적 안녕감에 집중하는 평화가 구조적 폭력을 재생산한다는 데 있다. 근본적인 문제가 아닌 개인들의 심리 치료에 집중하는 문화가 양산되거나 심리적 불안감을 마치 개인 수준의 문제인 것으로 치환하는 효과를 만들어내기도 한다. 신자유주의 체제가 배태한 구조적 불평등은 그대로 둔 채 심리적 혹은 일상적 수준에서 잠시 '평화로운 상태'를 유지하려는 몸부림은 이미 그 자체로 한계를 내포하고 있다. 게다가 이러한 내적 평화라는 것은 소비주의적 방식으로 실천되는 경향이 강한 까닭에 상담학, 마음학, 심리학 등과 결합하여 요가, 명상, 심리상담, 힐링 산업 등으로 확장되는 양상도 포착된다 (김은준, 2018). 단순하게 정리하자면 평화의 신자유주의화 현상이 바로 내적 평화에 집중하는 것이다. 파편화된 개인들의 심리적 수준에서의 안녕감 추구는 필연적으로 탈역사적이고 탈맥락적일 수밖에 없다. 왜냐하면 평화라는 가치와 지향조차 개인의 능력에 따라 성취될 수 있는 것으로 세분화하기 때문이다. 기억해야 할 것은 극단적인 경쟁 사회에서 소진되는 삶을 살아가는 개인들에게 평화는 생존의 문제와 깊은 관련이 있는데, 이것에 대한 근본적인 해결 없이 개별화된 수준에서의 평화를 갈구하는 것은 옳지 않을뿐더러 결코 가능하지도 않다는 사실이다.

더욱이 개인의 심리적 수준에서의 평화는 공동체의 중요성이나 사회 내 존재로서 인간의 중요성을 망각하게 한다는 측면에서 문제가 있다. 역사적으로 평화가 사회 속 타자와의 화해와 사랑을 의미해 왔음은 잘 알려진 사실이다. 얀센의 평화 개념사 연구에 따르면 평화는 인간의 본능적 욕구가 충족된 상태와 더불어 타자와의 긍정적인 관계 맺기에 기반한 상태를 의미한다(얀센, 2010, 20-24쪽). 타자와 관계 맺기는 필연적으로 타자와의 동등한 관계 설정을 요구한다. 이를 위해서는 경제나 정치 구조의 불평등이 만들어 낸 폭력, 차별, 배제 경험을 극복해야 한다. 한국 사회의 불평등 구조에 대한 근본적인 변혁 없이 개인의 생존이나 타자와의 동등한 관계 설정 자체가 불가능함을 뜻하는 것이다. 여기서 지적해야 할 점은 불평등한 구조가 배태한 권력과 힘의 논리가 국가안보 수준에서의 작동하는 '힘에 의한 평화'라는 민음과 동전의 양면처럼 결합해 있다는 데 있다. 정희진이 적실하게 지적한 것처럼 '힘에 의한 평화'는 모든 사회적 문제를 힘의 원리로 접근하는 것을 뜻하는데, 계급, 지역, 세대, 젠더 등과 같은 차이를 '힘'으로 무화시키려 하는 것이나 능력주의가 만들어낸 위계를 자연스러운 것으로 의미화하는 것의 이면에는 '힘'의 논리가 도사리고 있다(정희진, 2020, 13쪽).

그렇다면 평화를 가능하게 하는 방법은 무엇이 있을까? 물론 신자유주의적 자본주의의 변혁이 필요한 것은 당연하다. 그럼에도 그것이 근원적으로 불가능한 것으로 감각될 때 우리가 할 수 있는 일은 무엇이 있을까? 조금은 엉뚱하게 들릴 수 있겠지만, 최근 한국 사회에서 포착되는 '멸망'의 정동에서 역설적으로 '희망'의 단초를 상상해 본다. 한국 사회의 위기를 가리키는 문화적 징후인 '멸망'의 정동을 새로운 사회의 포문을 열고자 하는 적극성으로 재위치시켜야 한다는 뜻이다. 도미야마 이치로의 파농 해석에서 피식민자는 압도적인 수동성에 지배되지만, 역설적으로 그곳을 능동적 실천이 가능한 지점으로 만들어내기도 한다. 그의 개념으로는 수동성과 능동성이 교차하는 '정류'인데, 이는 정지와 시작이 교차하는 지점이기도 하다(이치로, 2023, 25쪽). 도미야마에게 파농이 중요한 이유는 단순히 피식민자의 수동성을 지적한 것에서 한걸음 더 나아가 수동성을 능동성으로 전복하기 위한 가능성을 탐색했다는 것에 있다. 파농은 타자의 시선에 의해 주체가 완전히 포박되어 있는 것과 같은 순간을 다시금 자신의 언어와 실천으로 전유하려는 가능성을 찾으려 했다.

그렇다면 수동과 능동이 겹치는 순간을 현재의 한국 사회에서도 찾을 수 있을까? '힘'의 원리로 억압된 이들, 경제적, 사회적, 구조적 폭력에 포박된 자들, 각자의 피난처로 숨어 들어간 이들의 실천과 언어에서 수동성과 능동성이 교차하는 지점을 읽어내는 것이 무엇보다 중요하다. 거칠게 적용해 보자면 문화적 징후로 드러나는 '멸망'이 절망적 운명에 대한 순응이라는 수동성으로 가득 찬 것으로 보이지만, 역설적으로 그것에 숨겨져 있는 주체의 적극적 의지를 찾아 의미화하는 것이다. 멸망의 정동은 억압된 이들이나 사회적 약자에게만 영향을 미치는 힘이 아니다. 그들의 존재와 현실에서부터 뿜어져 나와 사회 구성원 모두에게 발신되는 삶과 죽음에 관한 경고장이다. 미래에 대한 절망은 현재의 고통스러운 삶을 드러내는 정동이지만, 멸망은 작금의 상황이 더 이상 지속될 수 없을 나타내기에 더욱 전복적이다. 세계의 끝이 도래했음을 나타내는 묵시론적 성격을 지니기에 동시에 이 세계 '이후'의 세상에 대한 상상을 추동하는 정동이기도 하다. 예를 들어 보자. 아래는 싱어송라이터 이랑의 〈환란의 세대〉 가사다. 이 노래는 2022년 한국대중음악상에서 최우수 포크 노래로 선정된 바 있다.

이랑 〈환란의 세대〉

또 사람 죽는 것처럼 울었지/인천공항에서도 나리타공항에서도/
울지 말자고 서로 힘내서 약속해놓고/돌아오며 내내/언제 또 만날까/
아무런 약속도 되어있지 않고/어쩌면 오늘 이후로 다시 만날 리 없는/
귀한 내 친구들아/동시에 다 죽어버리자/
그 시간이 찾아오기 전에/먼저 선수 쳐버리자/

내 시간이 지나가네/그 시간이 가는 것처럼/이 세대도 지나가네/

모든 것이 지난 후에/그제서야 넌 회를 내겠니/노는 것이 지난 후에/

그제서야 넌 화를 내겠니/모든 것이 지난 후에/그제서야 넌 슬피 울

겠니/

우리가 먼저 죽게 되면/일도 안 해도 되고/돈도 없어도 되고/

울지 않아도 되고/헤어지지 않아도 되고/만나지 않아도 되고/

편지도 안 써도 되고/메일도 안 보내도 되고/메일도 안 읽어도 되고/

목도 안 메도 되고/불에 안 타도 되고/물에 안 빠져도 되고/

손목도 안 그어도 되고/약도 한꺼번에 엄청 많이 안 먹어도 되고/

한꺼번에 싹 다 가버리는 멸망일 테니까/

아아아 아아아 아아 너무 좋다/

아아아 아아아 아아 깔끔하다

마치 자살을 의미하는 것과 같은 가사는 현 시대의 극단적 고통을 토로하면서도 "그 시간이 찾아오기 전에 먼저 선수 쳐버리"겠다는 의지를 표명하는 것이기도 하다. "모든 것이 지난 후에" 좌절할 것이 아니라 지금이라도 "동시에 다" 같이 "먼저 죽"어 버리자고 노래하는 것이다. 권력과 구조의 폭력 앞에 속수무책으로 당하는 것이 아니라 스스로 자신의 운명을 만들어가겠다는 결기가 내포되어 있는 가사이다. 최우수 포크 노래 선정 위원이었던 서정민갑은 이 노래를 "21세기의 민중가요. 그리고 여성의 노래. 그리고 청춘의 노래다. 아니 죽음을 강요당하는 시대의 비명이다. 죽고 싶다는, 죽어가고 있다는 고백이며 그럼에도 죽지 말자는 안간힘이고 기도"라고 평가하기도 했다.[24]

그만큼 현재 한국 사회의 곳곳에서 터져 나오는 비명이야말로 구조적 폭력의 작동을 증언하는 것이면서도 동시에 적극적 저항이기도 하다. 경제주의와 생존주의에 지친 개인들의 고통 섞인 외침은 그 자체로 이 사회의 위기를 드러내면서도 더 이상 이런 사회를 유지하지 않겠다는 결연한 의지를 표명하는 것이다. 이런 맥락에서 '멸망'과 '절망'의 정동은 한국 사회 자체를 리셋하겠다는 의지의 표명이다. 여기서 '멸망'이나 '죽음'은 어쩔 수 없이 받아들이는 것이 아니라 주체 스스로 선택하는 것이다. 자살이라는 것이 주체가 할 수 있는 가장 주체적인 결정이라는 역설은 삶과 죽음이라는 신과 자연의 영역을 주체의 영역으로 치환한다는 측면에서 의미심장하다. OECD 국가 중에서 자살률 1위라는 지표는 한국 사회를 살아가는 주체들이 자신들의 삶을 통해 더 이상 이 사회를 유지하지 않기로 '결정'했음을 역설적으로 드러내는 것이다. 또한 합계 출산율 전 세계 1위라는 지표도 마찬가지이다. 지금과 같은 사회를 다음 세대에게 물려주지 않겠다는 의지가 적극적으로 표명된 결정이 바로 아이를 낳지 않는 것임이 분명하다. 지금 한국 사회를 휘감고 있는 '멸망'의 정동이 단순히 허무주의적 시각에 머물지 않고 사회의 근본적 개혁을 추동하고자 하는 의지의 표현인 까닭이 여기에 있다.

식민지적 주체성 극복에 천착한 파농은 피식민 주체들이 수동성을

---

24   선정위원의 선정의 변은 아래 웹사이트에서 확인 가능하다. https://koreanmusicawards. com/project/%EC%9D%B4%EB%9E%91-%ED%99%98%EB%9E%80%EC%9D%98- %EC%84%B8%EB%8C%80/ (접속일: 2023년 7월 24일)

벗어던지고 능동적 주체로 인식의 메커니즘을 전환하는 것을 식민주의 폭력에 대항하는 구원적 해결책으로 주목했다. 결국, 신자유주의적 상황에서 힘, 구조, 이데올로기에 포획된 주체들이 능동성을 획득하는 것이야말로 식민과 탈식민, 분단과 평화, 그리고 생존주의와 경제주의가 복잡하게 얽혀 작동하는 '지금-여기'의 근본적 문제를 해결하기 위한 첫걸음일 것이다. 파농은 이러한 시도로서 "언제나 질문"할 것을 다짐한다.

> "결코 도구가 인간을 지배하지 않기를. 인간이 인간을, 말하자면 자아가 타자를 노예화하는 일을 그만두기를. 인간이 어디에 있든, 내가 그 인간을 찾고 원하도록 허락되기를... 내 최후의 기도는 이것이다: 오나의 몸이여, 내가 언제나 질문하는 사람이 되게 하기를!"
> (파농, 2014, 223쪽)

멸망이라는 세계의 끝 이후에 어떠한 세상을, 또 어떻게 만들어야 하는지에 대해 질문을 멈춰서는 안될 것이다.

[참고문헌]

강성률, '2010년 이후 영화의 북한 재현 양상 고찰', 『씨네포럼』, 31호, 2018, 43-68쪽.

구은정, '다원주의 관점으로 재고찰한 공정과 정의', 『경제와사회』, 133호, 2022, 109-135쪽.

김석호, '한국 사회의 세대간 공정성', 『지식의 지평』, 25, 2018, 6-23쪽.

김성경, 『갈라진 마음들: 분단의 사회심리학』, 창비, 2020.

김은준, 「포스트힐링시대 한국사회 성찰적 자기계발담론의 가능성 모색」, 『미디어, 젠더 & 문화』, 33(2), 2018.

김홍중, '서바이벌, 생존주의, 그리고 청년세대', 『한국사회학』, 49(1), 2015.

김홍중, '진정성의 기원과 구조', 『한국사회학』, 43(5), 2009.

도미야마 이치로, 『시작의 앎: 프란츠 파농의 임상』, 심정명 옮김, 문학과 지성사, 2023.

리차드 세넷, 『신자유주의와 인간성의 파괴』, 조용 옮김, 문예출판사, 2002.

박권일, '한국의 능력주의 인식과 특징', 『시민과 세계』, 제38호, 2021, 1-39쪽.

박주화, 『평창 동계올림픽 여자 아이스하키 단일팀에 대한 (절반의) 기억』, 온라인시리즈 CO 21-30, 2021. 10.20.

빌헬름 얀센, 『코젤렉의 개념사 사전 5: 평화』, 한상희 옮김, 한림대학교 한림과학원 기획, 2010, 푸른역사.

신호식, '이념 논란이 희석된 남북관계 드라마 연구: 〈사랑의 불시착〉을 중심으로', 『문화와 정치』, 제9권 제 1호, 2022, 45-60쪽.

앨리 러셀 혹실드, 『자기 땅의 이방인들: 미국 우파는 무엇에 분노하고 어째서 혐오하는가』, 유강은 옮김, 이매진. 2017.

오찬호, 『우리는 차별에 찬성합니다: 괴물이 된 이십대의 자화상』, 개마고원, 2013.

요한 갈퉁, 『평화적 수단에 의한 평화』, 강종일 외 옮김, 들녘, 2000.

이동진, '한류는 문화민족주의의 산물인가?', 『황해문화』, 115호, 2022, 여름, 56-75쪽.

이병수, '한반도 평화실현으로서 적극적 평화', 『시대와 철학』, 제28권 1호(통권 78호), 2017, 113-142쪽.

임혁백, '우리 시대'의 공정: 포스트 신자유주의 시대의 공정, 『철학과현실』, 128, 2021, 95-117쪽.

장혜경, '고용과 노동에서의 공정성, 어떻게 볼 것인가?: 인천국제공항공사 정규직 전환 문제를 중심으로', 『황해문화』, 109호, 2020, 44-61쪽.

정태석, '능력주의와 공정의 딜레마: 경합하는 가치판단 기준들', 『경제와사회』, 132, 2021, 12-46쪽.

정희진, '페미니스트 평화 연구의 시작', 베티 리어든, 『성차별주의는 전쟁을 불러온다: 페미니즘 국제정치학 입문』, 나무연필, 2020. 8-16쪽.

줄리아노티, 리터드, 『축구의 사회학: 지구를 정복한 축구공, 지구를 말하다』, 복진선 옮김, 2004, 현실문화

천광싱, 『제국의 눈』, 백지운 외 옮김, 창비, 2003.

통일연구원, 『KINU 통일의식조사 2022』, 통일연구원, 2022.

통일평화연구원, 『2020 통일의식조사』, 서울대학교 출판부, 2021.

통일평화연구원, 『2022 통일의식조사』, 서울대학교 출판부, 2023.

프란츠 파농, 『검은 피부, 하얀 가면』, 노서경 옮김, 문학동네, 2014.

피터 코닝, 『공정사회란 무엇인가』, 박병화 옮김, 에코리브르, 2011.

Jin Dal Yong, 'The Power of the Nation-state amid Neoliberal Reform: Shifting Cultural Politics in the New Korean Wave', Pacific Affairs, 87(1), 2014, pp. 71-92.

Nam Siho, 'The Cultural Political Economy of the Korean Wave in East Asia: Implications for Cultural Globalization Theories', Asian Perspective, 37(2), 2013, pp. 209-231.

논평

절박한 시대, 연대의 실마리를 찾자

홍석률(성신여자대학교)

2023년은 정전협정 체결 70주년이었다. 현재 세계와 한반도의 정세를 볼 때, 정전체제를 넘어 평화체제로 가는 길을 모색하기는커녕 정전보다도 못한 상황의 도래 가능성을 걱정해야 할 형편이다. 정전체제 70주년을 맞이하여 발표된 글들이야말로 절박함이 배어난다.

이남주는 과거의 냉전체제, 분단체제가 모두 제대로 작동하지 않는 상황에서 한반도에 전쟁 위기가 발생할 가능성을 경고한다. 지식인의 중요한 사명 중 하나가 경고등을 켜주는 역할이라 보아 깊이 공감한다. 다만 분단체제, 냉전체제의 안정성 문제에 관해서는 좀 더 논의할 여지가 있다.

기존 한반도 분단체제는 전쟁도 아니고 평화도 아닌 그 중간의 일정한 상태를 재생산해 온 것이 아니라, 결과적으로 전쟁의 재발은 없었다고 하더라도 다소 평온한 적대적 대치와 전쟁 위기를 오르락내리락하는 변덕스러운 상황을 창출해 왔다. 즉, 한반도 분단체제는 기본적으로 일정한 상황을 재생산하는 것이 아니라 변덕스러운 유동성이 상수가 되는 상황을 창출하는 것이 그 특징이다.

냉전체제도 마찬가지인데 냉전은 미국과 소련 등 강대국 사이에서는 역설적인 평화와 안정이었을지 몰라도 비서구의 약소국들에는 결코 그렇지 않았다. 냉전이 "적대적 관계를 안정적으로 관리하는 기능"은 사실 강대국 사이에만 작동했고, 냉전 시기에도 약소국 지역에서는 열전, 내전, 각종 분쟁이 그치지 않았다. 또한 강대국 사이의 이른바 '긴 평화(long peace)'는 약소국에서의 전쟁과 분쟁에 의존해 유지된 측면도 있다.

강대국의 이해관계가 서로 대립하거나 경쟁할 때 실제 충돌은 약소국에서 진행되는 것이 사실상 냉전의 법칙이다. 한국전쟁 때와 비교해 볼 때 남한과 북한은 상대적으로 훨씬 강력해졌지만, 취약성이 여전하다. 지금 문제는 냉전체제, 분단체제가 제대로 작동하지 않는 것이 아니라, 냉전·분단체제가 근본적인 개선과 해결 없이 방치되다가 더 큰 문제에 봉착하게 된 것이다.

김성경의 글은 정동을 불러일으킨다. 특히 신자유주의적 경제 체제가 주체의 개체화 및 파편화를 불러일으켰다는 지적에 공감한다. 그러나 이러한 주체의 개체화, 파편화를 모두 신자유주의 탓으로만 돌릴 수 있을지는 의문이다. 특히 한반도의 경우 분단 상황이 이러한 개체화, 파편화를 더욱 극단적으로 야기한 것은 아닌가 하는 의문이 든다. '능력주의', '생존주의' 모두 분단 상황에서 박정희 정부가 본격적으로 수행한 군사화된 근대화 과정에서 이미 형성되어 왔다. 두 사조 모두 극단적인 실용성을 강조하고, 위계적 관념에 기초해 있으며, 모든 것을 사생결단의 문제로 치환한다는 차원에서 군사주의의 그늘과 결코 무관할 수 없을 것이다.

또한 단일팀 문제는 어떤 관습적 사고가 작용한 것으로 보인다. 적대했던 두 집단이 평화와 통합을 모색할 때 중요한 것은 단일화하는 것이 아니라 서로 다른 것을 인정하고 공존하는 것이다. 동서독의 경우 동독이 올림픽에서 국가로 인정받지 못했을 때는 단일팀으로 올림픽에 출전했지만, 동서독 화해 정책이 가동된 이후에는 서독과 동독이 각기 올림픽에 출전했다. 남북의 화해와 통합을 '단일화', '하나 됨'으로 사고하는 행태가 문제를 일으킨 측면이 있다.

이랑의 노래 '환란의 세대'는 이 글을 통해 처음 알게 되었다. 가수 이랑은 자신의 노래가 자살을 조장하는 것이 아니라면서 "혼자서 고민하다 자살하지 말고, 함께 이야기해 보자"는 의미에서 노래를 만들었다고 했다. "동시에 다 죽어버리자"라고 할 때 '동시에 다'에 방점이 찍힌 것이다. '멸망'에 숨겨진 적극적 주체의 의지를 확인하는 것도 중요하지만, 파편화와 개체화를 극복하고 같이 문제를 해결할 주체들 사이의 '연대'를 형성할 실마리를 찾아보는 것이 중요하다. 그것을 어디에서 찾을 수 있을까?

강호제의 글에서 새로운 실마리를 본 것 같다. 북한이 원하기도 하는 과학기술 교류는 확실히 의미가 있을 것이다. 과학기술과 교육이 일방적인 인도적 지원이나 개발 협력이 아닌 양 방향의 남북 협력을 이룰 수 있는 중요 분야라는 점에 공감한다.

그러나 논자가 말한 "대등한 수준에서" 남북한의 교류와 협력이 과연 현실적일지 의문이다. 위계화하지 않는다고 해도 남북한 사이에는 확실히 차이가 크게 존재한다. 차이가 있더라도 호혜적인 "협력"은 가능하다. "대등한 수준에서"의 교류와 협력을 너무 강조하면 이러한 차이를 현실적으로 무시하거나 협력의 범위를 너무 좁히고 어렵게 만들수 있을 것이다. 그리고 "낮은 수준의 과학기술에는 사상과 이념, 지역색을 초월할 수 있는 힘이 있다"라고 지적한 것과 관련하여 많은 사람이 과학이 정치 및 권력관계와 무관할 수 없다고 말한다. 필자가 남북 역사교류에 조금 참가하며 느꼈던 바로는 아무리 낮은 수준이더라도 사상과 이념, 정치적 입장의 차이는 있을 수밖에 없다. 그러나 이러한 차이가 협력 자체를 불가능하게 하는 것은 아니다.

3부

평화의 세기를 위한 단절과 전환의 기획

해협을 넘어 평화로 가는 길
: 중국, 대만의 사이

천신싱陳信行(대만세신대학교)

동아시아 평화에 관해 이야기해 달라는 백원담 교수의 제안을 받고, 대만 국민의 입장을 고려하면서 한국과 다른 국가 및 지역의 평화를 사랑하는 동료들에게도 의미 있는 방식으로 접근할 방법을 진지하게 고민했다. 2023년 11월 초 하와이에서 열린 학술회의에 참석한 후 몇 가지 영감을 받았는데, 이는 공유할 만한 가치가 있다고 생각한다. 바로 '도서지역 주민들이 군사화에 직면하는 방식'이다.

도서지역 주민들이 군사화에 직면하는 방식

미합중국의 영토territory이자 그중 한 주state가 된 지 이미 100년이 넘었지만, 하와이 현지 인민들은 자신들의 향토가 오랫동안 미국이 동아시아에 대한 무력을 투사하는 기지 역할을 해왔다는 사실에 대해 여전히 지속적인 항거의 목소리를 내고 있다. 2023년 과학기술과 사회학회Society for Social Studies of Science 연례회의 개막식에서 대회는 공통의 '토지 선언Land Acknowledgment'을 낭독했는데, 그 속에는 다음과 같은 핵심 문구가 들어 있다.

> 우리는 하와이가 미국에 의해 불법적으로 점령된 국가임을 인정한다.
> … 하와이 원주민족의 세대를 이어온 지식은 지속 가능한 발전을 위한 중요한 지식의 원천을 제공한다.

지난 10여 년 동안 미국, 호주, 뉴질랜드 등 토착민들이 땅을 빼앗기고 그들의 문화가 억압된 많은 지역에서 이와 유사한 '토지 선언'이 국제 학술회의의 단골 주제가 되었다. 대만도 이러한 곳 중 하나다. 대만의 원주민은 하와이, 뉴질랜드 원주민과 같은 지구의 남반부 도서南島 출신이다. 하와이에서 열린 학술회의에서 많은 대만 원주민 학자들이 하와이 학자들과 서로의 언어로 공통된 단어를 흥미롭게 교환하는 모습을 보았다.

한편, 아시아 태평양 지역에서 미 해군의 가장 중요한 기지 섬인 하와이 주민들은 군사화로 인한 실제적인 비용 부담에 직면했다. 2021년에는 미군기지의 지하 유류 탱크가 있는 레드힐Red Hill에서 수년간 대수층으로 기름이 유출되어 자연환경을 오염시키고 주민들의 건강에도 심각한 위협이 되고 있다는 사실이 밝혀졌다. 하와이 주 수자원 위원회에서 활동하는 아메리카 원주민 환경 운동가 카마나마이칼라니 비머 박사Dr. Kamanamaikalani Beamer는 기조연설에서 "미 해군이 1893년 하와이 왕국의 주권을 탈취하기 위해 불법 쿠데타를 지원했고, 이후 100년 이상 하와이의 자연 서식지 'āina(하와이어로 '땅'을 의미)를 지속적으로 파괴해 왔다"고 이야기했다. 주목할 것은 'āina가 '물, 자연 생태계' 뿐만 아니라 '부와 재산'을 의미한다는 점이다. 하와이와 같이 군사화된 지역에서는 많은 주민의 생계가 군사적 필요에 부응하는 데 의존하고 있다. 이러한 경제 모델은 주민들이 자신의 문화적 전통에서 환경 및 생태와의 공생을 추구할 기회를 박탈당하는 것이며, 주민들이 '반전 및 반군사화'를 추구하는 매우 적절한 이유다.

동아시아 류큐/오키나와의 반전 운동은 하와이의 상황과 비슷하다. 제2차 세계대전부터 현재까지 미군기지 주둔 이후, 오키나와 주민들이 '일본의 국가 안보'를 위해 지불한 대가는 상당했으며 이는 전후 수십 년 동안 일본의 주요 정치 쟁점이었다. 오키나와 주민들의 미군기지 확장 반대 투쟁은 동아시아 이웃인 우리에게 전쟁, 평화, 군사화에 대해 생각할 수 있는 귀중한 자료를 제공했다. 지난 10년 동안 "대만에서 무슨 일이 일어나면 일본에서도 무슨 일이 일어난다"는 아베 신조 총리의 슬로건 아래 류큐 제도의 군사화는 더욱 가속화되었다.

오키나와는 대만 사람들에게 친숙하면서도 낯선 곳이다. 코로나바이러스 사태 이후 여행 수요가 급증하며 가장 가깝고 값싼 휴양지로 여겨졌다. 그러나 일반 관광객들은 오키나와 주민들이 겪은 역사적 전쟁으로 인한 폐해와 군사 기지에 대한 혐오감을 전혀 알지 못한다. 더욱 당혹스러운 것은 지난 10년 동안 양국의 진보적인 청년들 사이의 교류가 표면적으로는 화기애애했지만, 실제로는 큰 차이가 있었다는 사실이다. 2014년 해바라기 시위로 대표되는 대만 청년 운동가 세대와 2015년 아베 신조의 평화헌법 개정에 반대하는 일본 학생 시위 네트워크 SEALD Students Emergency Action for Liberal Democracy(자유민주주의를 위한 학생 긴급행동)는 많은 교류를 해왔다. 서로 정신적으로 동조하고 구체적인 평화 문제에 관해 상반된 입장을 표명하지는 않았지만, 그럼에도 불구하고 대화는 쉽지 않았다. 중국의 부상을 보고 자란 대만 청년들이 '중국의 개입 반대'를 외치는 것은 오키나와 주민들이 우려하는 일본 우익 정부가 "대만에서 일어날 수 있는 일은 일본의 문제가 될 수 있다"고 이야기하는 것과 정확히 일치했다. 일본이 대만해협 양안兩岸 관계에 전략적으로 개입해 중국이 대만 문제에 개입하기 어렵게 만든다면 오키나와는 다시 기지나 전쟁터로 전락할 수밖에 없다.

중국은 대만, 미국은 하와이, 일본은 오키나와/류큐, 한국은 제주 등 많은 강대국이 역사적, 현실적 '작은 섬 문제'를 안고 있다면 대만에는 진먼金門과 마주馬祖가 있다. 중국 푸젠성福建省의 샤먼廈門시와 푸저우福州에 가까운 두 섬은 1949년 이후 1990년대 점진적으로 비무장화되기 전까지 동아시아에서 가장 고도로 군사화된 요새 섬이었을 것이다. 그 이후로 양안 정세가 긴장될 때마다 대만 정부는 방어를 강화하기 위해 일상적으로 노력해 왔다.[25] 이것은 또한 진먼과 마주의 주민들이 보편적으로 전쟁에 대해 반감을 갖는 원인이기도 하다.

현대의 진먼과 마주의 다른 측면은 우리에게 몇 가지 생각할 거리를 제공한다. 1990년 후반부터 군부대 주둔이 급격히 감소하고 '군사 기

---

25 2024년 2월 말, 금문에서 중국 본토 어선이 국경을 넘어왔다. 대만 해안 경비대가 법을 집행하는 과정에서 어선이 전복되며 어부 2명이 사망해 양안 관계에 긴장감이 고조되었다.

지 경제'가 침체된 이후 특수한 지리적 위치와 행정적 조치로 인해 대륙 여행객의 관광에 지역경제를 의존해 왔다. 관광객들은 두 섬의 가장 큰 매력이 '반공 군사 전초기지'로서의 역사라고 이야기했다. 대만 군대는 냉전 기간 동안 수많은 반공 표지판을 설치했으므로 관광객들은 배를 타고 진먼 해안으로 가서 반공 구호와 기타 군사 시설을 관람했다. 2017년 샤먼시 관광국은 대만 진먼현의 국군 주둔지에 연락하여 '대륙 관광객들이 반공 구호를 좋아한다'며 섬의 반공 구호를 다시 그릴 것을 요청했다는 언론 보도도 있었다. 양측의 관리들 간의 조율이 조화롭게 이루어졌는지는 확인하기 어렵지만 두 섬의 주민들은 자신들의 고향이 '냉전 테마파크'와 같은 관광 명소로 바뀌는 것에 반대하지 않는다. 이것이 이전 세대가 경험했던 고도의 군사화 상황보다는 낫기 때문이다.

대만 시민사회의 전쟁 준비와 반전 분위기

대만의 '작은 섬 문제'로 불리는 진먼과 마주 주민들은 일반적으로 평화를 원하지만, 2022년 러시아의 우크라이나 침공 이후 일부 대만 주민들은 전쟁에 대한 태도를 바꾸기 시작했다. 1949년부터 70년 이상 병역 제도를 시행해 온 대만에서 군 복무와 전쟁 대비는 모든 남성의 삶을 변화시키는 요소였다. 이러한 역사 속에서 군대는 반민주적인 정치 세력이기도 했으며, 민주주의로 이행하는 중요한 순간 상황을 권위주의로 몰아갈 수 있는 위협이 되기도 했다. 대만 국민과 군부의 민주적 정서는 종종 어색하게 공존하며 서로를 받아들이려고 노력했다.

2022년 2월 러시아-우크라이나 전쟁 이후 우크라이나가 키이우 전투에서 많은 시민을 동원하여 우세한 러시아 군대를 저지하는 데 성공한 후, 많은 대만 청년들이 우크라이나 군대의 열세를 보고 민방위 훈련을 조직하고 참여했다. 실사격 군사 훈련은 여전히 체제 내에서 군대의 전유물이지만, 일부 '진보' 진영에서는 군사와 전쟁에 대해 말하는 것이 유행이 되었는데, 마치 군대와 전쟁이 더이상 민주주의에 위협이 되지 않는 듯이 여겼다. 이로 인해 "전쟁을 피하기 위한 전쟁 준비"[26]가 가장 인기 있는 슬로건이 되었다. 대만 정부는 2010년경 군 복무 기간을 4개월에서 1년으로 연장할 것을 결정했다. 과거 대만의 권위주의 정부 시절은 군사 독재 정권이었기에 '반전'과 '민주주의'는 종종 일치하는 경향이 있었다. 그러나 지금 이 연결고리는 거의 끊어졌다.

2023년 3월, 푸다웨이傅大維, 궈리신郭力昕, 펑치엔산馮建三, 루첸이盧倩儀 4명의 원로 학자들은 공개적으로 '반전 선언'을 발표했다. 첫째 러시아-우크라이나 전쟁 발발 이후 대만해협 양안 간 긴장 악화 반대, 둘째 미일 동맹의 군사력에 대만 안보 의존 반대, 마지막으로 미중 대립 속 대만의 외교적 자율성 추구를 주장했다. 이는 과거 오랜 기간 군사 독재 정부 아래에서의 전형적인 민주주의 지지자들의 주장이었다. 그러나 '반전 선언'은 소셜 미디어와 다양한 입장의 평론가들에 의해 냉소와 조롱을 받았다. 몇몇 학자들이 과거 진보적인 입장을 견

---

26   대만의 국방부 장관은 국회에서 이러한 민방훈련을 개최하는 단체들을 "BB총을 즐기는 주말 전사들"로 묘사하며, 군의 대비 계획에 이러한 단체들을 고려하지 않을 것이라고 밝혔다.

지해 왔다는 사실이 없었다면 '중국 공산당 권위주의 정부의 동조자'로 분류 당했을 것이다. 비판자들은 민주적인 대만과 권위주의적 중국 간의 대립 아래 긴장감을 고조시키는 것이 중국 정부라는 사실을 모두가 안다고 강조하며, 주장의 적절성에 대해 진지하게 토론하기보다 어리석음을 조롱했다. 약자의 입장에서 평화를 이야기하는 것은 어리석은 것이 아닌가? 전쟁 중인 우크라이나에서 러시아가 양보하기 전 평화를 찾자는 주장이 나올 수 있을까? "반전=항복주의"는 2023년 대만 내부의 주류 의견인 것이 분명하다.

대만해협 양안 관계의 3개 시기

지난 70년간의 대만해협 양안 관계의 역사는 중국 내전에서 장기적 군사 대치가 있었던 1949-1990년, 양안 관계가 긴밀했던 1990-2016년, 냉전에서 적대감 고조로 이어지는 2016년 이후의 세 시기로 구분할 수 있다.

1949년 중국 국공내전에서 패배한 국민당이 대만을 점령했을 때 양안은 내전의 마지막 전투를 준비하고 있었고, 1950년 한국전쟁 발발로 미국이 대만해협에 개입하면서 대만해협 양안은 '뜨거운 전쟁'에서 장기간의 '냉전'으로 이어졌다. 이후 1987년 대만 정부가 민주화 과정에서 중국 참전용사들이 고향의 친척을 방문하기 위해 귀환하는 길을 열어주며 양안 간 교류가 재개됐다. 동시에 1980년대 중국의 개혁개방으로 점점 더 많은 대만 기업이 중국에 투자하기 시작했고 양안 민간 교류도 활발해지기 시작했다.

1990년부터 2016년까지 양안 관계는 무역과 상호 방문에서 점점 더 긴밀하고 다차원적인 교류로 발전했다. 대만해협 양안 사람들은 중국 본토의 드라마, 홍콩 영화, 대만 대중음악을 소비하며 사실상 동질적인 중국어 대중문화를 향유했다. 2008년부터 2016년 마잉주馬英九 정부 시절, 대만 국민당 정부는 중국과 영구적인 공식 관계를 수립하려 했지만 결국 대만 내에서 정치적 좌절을 겪었다. 1990년대부터 시작된 교류로 인해 등장한 '글로벌 정재계 그룹'은 대만 경제생활의 각 영역에서 점차 독점적인 지위를 갖추었으며, 이에 대한 광범위한 항의를 불러일으켰다. 이 집단을 대표하는 것으로 여겨진 국민당은 이에 따라 패배했다.

2016년 차이잉원蔡英文이 총통으로 당선되고 민진당이 두 번째로 집권한 후 중국은 대만과의 공식 관계를 동결하기 시작했다. 2019년 홍콩에서 계속된 시위와 진압은 대만해협 양안 정부와 국민에게 큰 충격으로 다가왔다. 중국 정부에게 대만이 주장하는 민주주의는 중국 정권의 안정과 국가의 통일을 위협하는 것처럼 보였으며, 대만 국민에게는 중국 정부와 타협하는 것이 홍콩에서 무자비하게 진압당하고 항의하는 시민들을 배신하는 것처럼 인식되었다. 동시에 미국의 트럼프 행정부는 중국과 미국 간의 적대적 관계를 고조시키는 데 앞장섰다. 코로나19는 이러한 적대감에 매우 민족주의적인 어조를 부여했다. 미국 대통령은 전례 없는 전염병을 "중국 바이러스"로 반복해서 명명했고 중국 정부는 전염병 예방 및 통제 성공을 사용하여 "제도적 우월성"을 증명하려고 노력했다. 대만 정부의 비교적 성공적이고 유연한 방역 조치로 인한 우월감은 중국 정부로부터 "대만의 독립을 위해 전염병을 이용한다"는 비판을 받았다. 여기에 우크라이나 전쟁이 발발하며 긴장은 더욱 고조되었다.

낸시 펠로시의 대만 방문

대만해협 양안 사람들의 시각으로 보았을 때, 2022년 8월 2일 저녁은 대만해협 양안 간의 긴장감이 최고조에 달했던 날이다.

당시 미국 하원의장이던 낸시 펠로시Nancy Pelosi가 2022년 8월 대만을 방문할 예정이라는 소식이 전해지자 중국 정부는 엄중한 항의와 경고를 보냈다. 만약 성사된다면 1978년 미국이 중화민국과 국교를 단절한 후 대만을 방문하는 두 번째 최고위급 정치인이 될 것이었다. 이전에는 대만과 미국의 긴밀한 관계에도 불구하고 현직 미국 관리들이 대만을 공개적으로 방문한 적은 거의 없었으며 은퇴한 관리나 시민단체 대표만이 대만을 방문했다. 2022년 7월 우크라이나 전쟁에서 주요도시 키이우와 하르키우를 포위하던 러시아군이 격퇴되며 우크라이나 정부가 붕괴하고 친러파가 집권할 것이라는 러시아의 예상이 깨졌다. 북대서양조약기구NATO 국가들은 우크라이나에 상당한 군사 무기지원을 쏟아붓고 있으며, 8월 말부터 10월까지 우크라이나의 반격으로 잃어버린 영토를 상당 부분 회복할 것이라고 보았다. 그리고 펠로시의 대만 방문은 우크라이나에 대한 군사 지원과 같이 대만해협에서 전쟁이 발발할 경우 미국이 대만을 지원할 것임에 의심할 나위가 없음을 표방하는 것이다.

이러한 역사적 중요성에도 불구하고 중국 공산당 공식 매체 글로벌

타임스環球時報의 전 편집장 후시진胡錫進과 같은 온라인 논객들은 대만해협 양측의 긴장을 부추기고 있다. 펠로시 의장의 방문을 앞두고 중국이 군사력으로 대응할 것이라는 예측을 제기한 것이다. 8월 2일 말레이시아 쿠알라룸푸르에서 이륙한 비행기가 타이베이 송산 공항에 도착할 것으로 예상될 무렵 중국 네티즌들은 "대만 영공에 진입하는 미국 비행기에 중국 공군이 동행해 대만 주권을 주장할 것"이고 심지어 "대만 주권을 수호하고 외국 정부의 불법 침략에 대응하기 위해 미국 비행기를 격추할 것"이라고 생각했다. 러시아-우크라이나 전쟁으로 중국과 미국 간의 긴장도 심각하게 악화했고, 러시아 전쟁 전 베이징을 방문한 푸틴은 시진핑과 "중국과 러시아 간의 협력 수준에는 한계가 없다"고 이야기한 바 있다. 중국과 미국 사이에 직접적인 무력 충돌이 발생하면 3차 세계대전이 시작될 가능성이 높다. 코로나19로 인해 집에 머물러야 했던 대만해협 양측의 많은 네티즌들은 일부 항공기 추적 사이트에서 비행 번호가 SPAR 19인 펠로시 비행기의 궤적을 실시간으로 확인했으며 격추되는 순간을 기다렸다.

결과적으로 펠로시의 비행기는 이륙 후 분쟁 중인 남중국해 영공을 피해 크게 우회하여 인도네시아와 필리핀 영공을 통과했으며 밤 11시경 타이베이 송산공항에 착륙했다. '동반 비행'도 없었고 격추도 일어나지 않았다. 실제로 대만 해군과 공군의 대규모 훈련은 펠로시가 떠난 8월 3일부터 8월 10일까지 계속되었다. 그 이후로도 매일 20-30대의 중국 군용기가 대만 영공에 접근하는 것이 언론에 가끔 보도되며 다시 일상적인 일이 되었다.

대만 국민들은 8월 2일에 전쟁이 발발하지 않은 것에 안도했다. 하지만 중국 네티즌들의 반응은 달랐다. 수많은 사람이 후시진의 웨이보에 "약속된 전용기 격추는 어떻게 됐나?", "인민해방군은 어디 있나?"라는 댓글을 달았다. 그 순간, 대만 섬 주변의 하늘과 바다 전체가 모두 '전쟁 테마파크'가 된 것 같았고, 이는 전염병으로 우울하고 답답했던 사람들에게 즐길거리 오락을 제공한 것이었다. 많은 기대를 모았던 프로그램이 결국 실행되지 않자 '관중'들은 사기를 당했다고 여겼다.

일 년이 지난 2023년 말, 한 심포지엄을 주최했을 때 미국과 중국 간의 긴장은 완화되었다. 한편으로 미국은 우크라이나와 러시아, 이스라엘과 팔레스타인 하마스 간의 두 전쟁을 처리해야 하는 상황에서 동아시아의 또 다른 긴장을 감당할 수 없는 것으로 보였다. 다른 한편 2022년 말 코로나19 사태가 끝난 이후에도 중국의 경제 회복세는 미약하다. 중국과 미국의 경제가 여전히 밀접하게 연결되어 있기 때문에 중국 정부는 대립을 줄이기 위해 노력해야 할 것이다. 2023년 11월 15일 샌프란시스코에서 시진핑 주석과 조 바이든 미국 대통령이 만나 양측은 "대립이 아닌 경쟁"의 관계가 되어야 한다는 점을 강조했다. 한편, 2024년 1월 대만은 대통령 선거와 입법원 선거를 실시할 예정이다. 중국이 선호하는 국민당의 지지율이 높지 않고, 1996년 대만의 첫 직접 대통령 선거 이후 선거 기간 중국의 압력은 항상 역효과를 가져왔다. 이러한 이유로 미국과 중국, 그리고 대만해협 양안 간의 긴장은 완화 국면에 접어들어야 할 것이다.

'신냉전'이라는 모호한 개념

　트럼프 행정부의 미중 대립 확대 구상부터 러시아-우크라이나 전쟁 발발까지, 이러한 일련의 사건을 '신냉전'이라 부른다. 이 글에서는 이러한 특징에 대해 몇 가지 의문을 제기하고, 역사에서 실제로 일어난 '냉전'의 요소 중 숙고할 가치가 있는 몇 가지를 살펴보고자 한다.

　1953년 한반도 휴전부터 1980년대 초 소련과 중국의 개혁개방까지, 냉전 시대와 현재 우리가 직면하고 있는 국제 분쟁 사이에는 몇 가지 중요한 차이점이 있다. 냉전 시기에는 사회주의 진영과 자본주의 진영이 각각 자유, 민주주의, 민족 해방, 국가 독립, 사회 발전에 대한 '보편적 가치'를 내세웠다. 그 결과 중국 내전, 한국전쟁, 베트남전쟁, 쿠바혁명 등 냉전 시기 내전에서 각 진영은 종종 상대방을 반민주적이고 반국가적인 '꼭두각시 독재'로 비난하며 자신은 '자유의 투사'로 칭했다. 한국의 군사 독재와 대만의 권위주의 시대를 살아온 우리는 이러한 주장이 과장과 거짓으로 가득 차 있다는 것을 알고 있다. 그러나 분쟁하고 있는 양측이 이러한 주장을 하고 있다는 사실은 적어도 보편적 가치라는 비슷한 이념적 고지를 차지하기 위해 싸우고 있다는 것을 암시한다.

　반대로 오늘날 러시아-우크라이나 전쟁과 중국과 미국 대립의 주요 수사는 민족주의 대 보편적 가치다. 트럼프의 슬로건은 '미국 우선주의America First'로, 미국이 보편적 가치를 옹호하는 '세계의 경찰'이 되어서는 안 되며 자국의 국익만 추구해야 한다고 주장한다. 영국의 브렉시트론자들도 비슷한 주장을 펼친다. 현대 중국의 공식 민족주의 서술도 같은 경향을 띠고 있지만, 냉전 시기 제3세계에서 반제국주의 민족해방이라는 보편적 가치를 대변하려 했던 중국의 입장과는 다르다. 시진핑 정부하에 '중국 이야기'를 전달하려는 노력은 중국의 '제도적 우위'를 강조하는 데 초점을 맞추고 있다. 이는 종종 같은 자본주의 경제에서 누가 더 효율적인지를 나타낸다. 아이러니하게도 현재 '중국 특색 사회주의'가 옹호하는 WTO와 같은 자본주의 세계화 시장의 규칙은 미국과 유럽의 민족주의 포퓰리스트들이 반대하고 있다.

현재 상황과 냉전 시대의 유일한 유사점은 남북한과 대만해협 양안 간의 오랜 군사적 대치가 대규모 무력 충돌로 악화되지 않았다는 점이다. 이러한 '냉전적 평화'는 실망스럽고 불만족스럽지만 평화로 가는 길에 꼭 필요한 단계이다. 오늘날 러시아와 우크라이나, 이스라엘과 팔레스타인 사이의 '냉전'은 중요한 진전이 될 것이다. 어쩌면 우리가 되돌아봐야 할 새로운 질문은 "우리가 살고 있는 '긴장 속 평화冷和平'가 역사적으로 어떻게 생겨나고 유지되었는가?"가 아닐까.

한반도는 대만해협 양안의 '냉전'과 매우 유사하고 밀접하게 연결되어 있다는 특징이 있다. 1950년 한국전쟁 발발은 중국의 국공내전을 미국과 소련의 전 세계적인 핵 보유 진영의 대결로 연결시켰다. 양측의 군사적 좌절은 1953년 휴전으로 이어졌다. 이후 두 전장에서의 군사적 대결은 정치적 경쟁으로 발전하여 누가 더 철저하게 민족 해방, 국가 독립, 인민이 나라의 주인이 될 권리를 실현할 수 있는지 경쟁하게 되었다. 그리고 '열전熱戰'은 베트남과 같은 다른 곳으로 옮겨졌다.

'긴장 속 평화'는 그리 아름답지 않았고 많은 사상자가 발생했다. 자본주의 진영의 좌파와 사회주의 진영의 우파는 (사실이든 거짓이든) 오랜 전쟁의 역사 속에서 경쟁자로 억압되어 왔다. 현대 대만과 중국에서 존경받는 사람들 중에는 1950년대와 1980년대 대만의 백색테러 기간 고통을 겪은 좌파 정치범들도 포함된다.

두 진영의 정치적 경쟁 속에서 민중의 힘은 커지고 있다. 한국과 대만의 민주주의자들은 1950년대부터 "민주주의를 지키기 위해 민주주의를 공격하는" 당국에 의문을 제기해 왔다. 공식 이데올로기의 위선에 대한 의구심은 민주화 운동의 기조가 되었고, 1970년대 초 대만 지식인들의 '댜오위타이 수호 운동'은 국민당 당국의 자칭 민족주의적 입장에 의문을 제기했다. 경쟁력 있는 정치적 우위를 유지해야 한다는 압박으로 인해 결국 대만의 권위주의 당국은 점차 민주화를 수용하게 되었다.

우리가 함께 겪은 '긴장 속 평화'는 이후 평화를 향한 길에 대해 무엇을 말해줄 수 있을까?

첫째, '대립이 아닌 경쟁'이 민족주의적 제로섬 대결보다 더 낫다는 사실이다. 동일한 자본주의 체제 아래 경제적인 경쟁인가? 혹은 사회발전 경로를 달리하는 정치적 경쟁인가?

둘째, 경쟁에서 일반 사람들의 역할은 무엇인가? 냉전 시대와 달리 현재 대만해협 양안의 평범한 사람들은 직장, 학업, 가족 창업에 이르기까지 수많은 교류와 상호작용을 하고 있으며, 이는 지울 수 없는 실제 경험이다. 대만을 여행하는 중국 본토의 방문객들은 대만에 대해 "타이베이의 건축은 작은 시골 마을보다 열등하다"는 인식과 "대만에서 가장 아름다운 풍경은 사람"이라는 두 가지 과장된 인식을 가지고 있는 경우가 많다. 전자는 현대 중국의 급속한 경제 성장에 대한 자부심을 후자는 대안적인 대중 사회생활의 가능성에 대한 성찰을 보여준다.

투자, 관광, 대중문화를 넘어 대만해협 양안 사람들이 서로에게서 더 깊이 배울 수 있는 방법은 무엇일까? 또한 어떠한 것을 이해해야 할까? 혹독한 시장 경쟁 속에서 '탕핑躺平'을 배울 것인가, 아니면 '강인한 근성狼性'을 배울 것인가? 혹은 두 사회에서 발전해 온 다양한 생활양식과 태도를 취할 것인가? 후자는 '냉전'에서 '평화'로 나아가는 미래 발전의 길을 준비하고 인류가 직면한 다른 문제들을 함께 고민하는 것에 많은 도움이 될 수 있다. 국제 정세와 정부의 행동이 평범한 사람들의 말과 행동에 좌우되지 않겠지만, 평범한 사람들 사이의 선의는 미래 평화를 위한 길의 초석을 닦아줄 것이다.

(번역: 김유희)

평화에 반한 죄

이케가미 요시히코池上善彦(前 〈현대사상〉 편집장)

일본으로부터의 관점

2022년 2월 시작된 러시아의 우크라이나 침공을 두고 일본의 반응은 다양했다. 일본 정부는 미국, 유럽 등 G7과의 공조를 특히 중시해, 즉시 우크라이나에 대한 전면 지지를 발표했으며 각종 미디어의 논조도 그러한 흐름을 따르고 있다. 좌파는 분열되었다. 헌법을 중시하고 평화주의를 표방하는 일본으로서는, 논의를 거치지 않은 우크라이나 지원을 비판하고 우크라이나의 저항이라는 폭력을 안이하게 찬미하는 자세에 의문을 제기하는 사람들이 있는가 하면, 러시아의 침공을 전쟁 전 일본, 특히 만주사변 이후 일본 군부의 대륙 침공을 상기시키는 것으로 여겨 침략한 러시아를 비판하고 우크라이나의 저항을 지지하는 사람들도 있다. 선전포고 없는 침략을 '사변'이라 부른 일본과 '특별군사작전'이라 부르는 러시아, 4개 주의 독립선언과 거기에 이어진 병합, 저항을 테러로 보는 방식 등 러시아의 행동 하나하나는 과거 중국대륙에서 관동군의 행동과 비슷하다고 비친 것이다. 일본의 침략이 잘못된 것이라면 러시아 역시 비판받아야 한다. 이러한 일본의 분열은 전전戰前 · 전후戰後에 있어 일본의 경험을 어떻게 볼 것인가와 불가분의 관계에 있다. 예를 들어, 한국에서도 잘 알려진 와다 하루키和田春樹는 전자의 입장으로, 전전 일본의 역사에 관해서는 한마디도 하지 않으나 저자 자신의 개인사도 포함해 전후 일본의 평화 의지와 베트남 전쟁을 비롯한 평화 운동의 역사 등에 관해 서술하고 있다.[27] 사태는 역으로 우크라이나 전쟁이 일본의 역사적 경험에 대한 성찰을 불러일으켜, 우크라이나 전쟁의 맥락에서 일본 근대사를 총괄하도록 만들고 있는 것이다.

평화에 반한 죄

일본의 근대사는 주변국에 대한 무력 침략의 역사이기도 하다. 그것이 종지부를 찍은 것은 1945년이었으며, 그 패전 처리를 상징하는 것이 1946년부터 1947년에 걸쳐 이뤄진 극동 국제 군사 재판, 통칭 도쿄 재판이다. 잘 알려져 있듯, 이 재판은 나치 독일을 재판하기 위해 1945년부터 이듬해까지 열린 국제 군사 재판, 통칭 뉘른베르크재판에 이어 일본의 전쟁 범죄를 재판하기 위한 것이었다. 뉘른베르크재판은 미국, 영국, 프랑스, 소련 4개국이 공동 개최했고, 도쿄재판은 미국, 영국, 프랑스, 네덜란드, 호주, 뉴질랜드, 캐나다, 소련, 중국, 인도, 필리핀

---

27   와다 하루키和田春樹, 『우크라이나 전쟁: 즉시 정전론停戰論』, 平凡社, 2003.

11개국이 공동으로 개최했다. 도쿄재판은 특히 A급 전범이라는 명칭과 함께 야스쿠니 신사와 강하게 결부되어 아시아에서 강렬한 기억으로 남아 있다. 그러나 A급 전범이란 정확히 무엇을 가리키는 것일까.

A급 전범은 영어로 Class A War Criminals로 '평화에 반한 죄Crimes against Peace'에 해당한다. 그 정의는 '침략전쟁 또는 국제조약, 협정, 제약을 위반한 전쟁의 계획, 준비, 개시, 수행 또는 여러 행위 중 하나를 달성하기 위한 공통의 계획 또는 공동모의에의 참가'라고 되어 있다. B급은 '전쟁범죄'로 통상적인 전쟁법규 위반이 이에 해당한다. C급은 '인도에 반한 죄'로 일반 주민을 상대로 자행되는 살인 등 비인도적 행위를 말한다. 도쿄재판은 이 분류에 있어서의 A급 범죄만을 심판하기 위해서 열렸다. 참고로 B, C급 전범 재판은 일본 요코하마, 소련 하바롭스크를 비롯해 아시아 각지에서 열렸다. 중요한 것은 A, B, C는 단순히 유형을 구분한 것일 뿐, 죄의 경중을 의미하는 것이 아니라는 점이다.[28]

도쿄재판의 경우 A급 전범임을 실증하기 위해 개전 모의가 있었는지가 문제가 되었다. 당초 문제가 된 것은 어느 시점까지 거슬러 올라가 검토할 것인가에 관한 것이었다. 미국은 진주만 공격 당시를 주장했으나, 중국의 참가와 함께 만주사변 때까지 거슬러 올라가 개전 책임을 추궁하게 되었다고 알려져 있다. 이미 알다시피 도쿄재판에서 식민지 범죄는 일절 문제가 되지 않았다. 참가국에 조선은 포함되지 않

---

28   히구라시 요시노부日暮吉延, 『도쿄재판』, 講談社. 2008.

았다. 말할 것도 없지만, 영미를 비롯한 연합국들이 식민주의 그 자체였기 때문이다. 재판에서 C급으로 다뤄진 인도에 반한 죄로서 강제 연행, '일본군 위안부' 건이 문제시된 것도 냉전 이후였다. 또한 홀로코스트가 인도에 반한 죄로서 본격적으로 문제가 된 것 역시 이스라엘이 건국된 1948년 이후부터였다. 두 차례의 국제 군사 재판은 지금 보면 미흡한 점이 많지만 역시 획기적인 것이었다고 할 수 있다.

도쿄재판이 일본 사회에 어떠한 영향을 미쳤는가 하는 것은 어려운 문제다. 전후를 대표하는 지식인 다케우치 요시미竹内好는 도쿄재판을 통해 일본인은 처음으로 국가와 국민이 분리될 수 있다는 것을 인식하게 되었다고 고백하고 있지만, 통렬한 반성을 하였다는 증언과 동시에 승자에 의한 심판이라는 감정 또한 점차 확산되어 갔다. 미국은 이 재판을 '문명의 심판'으로 위치 지었다. 생각해 보면 문명론을 서둘러 도입한 후쿠자와 유키치는 청일전쟁의 승리를 문명의 승리라며 축하했다. 그리고 그 50년 후 일본은 문명의 이름으로 심판받게 된다. 이것은 하나의 큰 주제이지만, 여기서는 넘어가도록 하겠다. 어쨌든 냉전기를 통틀어 국제 법정은 이 두 가지 이외에는 열리지 않았다.

탈냉전기의 국제 형사 재판

뜬금없다고 해도 좋을 정도로 오랜만에, 냉전이 끝난 직후부터 국제 전범 법정이 속속 열리게 되었다. 냉전 종식 직후, 이라크의 쿠웨이트 침공으로 시작된 걸프전에서 미국을 중심으로 한 연합군은 유엔 안보리 결의를 배경으로 이라크 공격을 감행했다. 프란시스 후쿠야마는 냉전 붕괴의 분위기를 유포리아(행복감)라고 형용했는데(『역사의 종언』), 바로 그러한 분위기 속에서 유엔 중심의 국제질서가 도래하고 시민사회가 출현해 시대가 변했다는 분위기가 세계를 감쌌다. 그리고 그 직후 발생한 유고슬라비아 내전, 르완다 학살을 심판하기 위해 1993년 구 유고슬라비아 국제 전범 법정, 1994년 르완다 국제 전범 법정이 열렸다. 냉전 붕괴에 따라 국제연합이 무장화武裝化하고, 그야말로 국경을 초월해 전쟁범죄를 심판하는 구조가 만들어지려 했던 것이다. 분쟁, 전쟁 그 자체는 그리 새로운 것이 아니다. 달라진 것은 전쟁을 바라보는 관점과 사후의 처리 방식이었다.

새로운 국제법정은 제2차 대전 직후의 뉘른베르크 재판, 나아가 도쿄재판을 계승한 것이다. 그때까지 거의 잊혔던 도쿄재판이 냉전 붕괴로 인해 부상한 것이다. 다만 거기에는 몇 가지 변화가 있다. 하나는 인도에 반한 죄의 비중이 커지면서 제노사이드(대량 학살) 인정에 힘이 실리고 있다는 점이다. 사실 구 유고슬라비아 국제 전범 법정에서는 스레브레니차 학살Genocid u Srebrenic이 제노사이드로서 인정되었고, 르완다 국제 전범 법정에서는 80-100만 명이 살해된 전 세계를 뒤흔든 학살이 제노사이드로서 인정되었다. 그리고 또 다른 큰 변화는 과거의 A급 범죄인 평화에 반한 죄 항목이 완전히 지워졌다는 것이다. 실제로 그 이후의 국제법정에서 평화에 반한 죄, 즉 개전 책임, 침략의 죄가 추궁당한 적은 없다.[29] 어째서일까.

모가미 토시키最上敏樹에 의하면,[30] "국제형사재판소ICC의 로마 규정

29   Mahmood Mamdani "Beyond Nuremberg: The Historical Significance of the Post-

에는 '침략의 죄(이전의 평화에 반한 죄)'가 있지만, 무엇이 침략인지 합의되지 않아 당분간은 이 범죄를 판단할 수 없다"라고 지적하고 있다. 원리적으로는 판단할 수 있지만 현실적으로는 어렵다는 것이다. 히구라시 요시노부日暮吉는 나아가 실제 효력이 있는지를 떠나, 자위권 행사와 집단안전보장 이외의 무력행사를 금지한 유엔 헌장이 생겨남에 따라 국제 규범이 확립되고 평화에 반한 죄의 중요성이 저하되었다고 말하고 있다.[31]

그것과 반비례하듯, 국제법정은 B·C급 전범의 개인으로서의 책임만을 묻는 자리가 되어 가고 있다. 추상적인 국가 책임을 물을 수 없기 때문에, 개인 책임의 원칙을 추구하는 것이 국제법의 실효성으로 이어지고 있다고 보는 것이다. 구 유고슬라비아 국제 전범 법정에 판사로서 참가한 다야 지카코多谷千香子는 재판 전체를 돌아보며 다음과 같이 총괄하고 있다.[32]

> 주권 국가들 간의 총력전은 과거의 것이 되고, 서로 다른 민족 집단이나 종교 간의 이권을 둘러싼 국내 분쟁을 새로운 전쟁이라고 부른

Apartheid Transition in South Africa" (Mahmood Mamdani / A Journey of Ideas Across: In Dialog with Edward Said), https://journeyofideasacross.hkw.de/resisting-colonialism-old-and-new/mahmood-mamdani.html.

30   모가미 토시키最上敏樹, 『지금 평화란』, 岩波書店, 2006.

31   히구라시 요시노부日暮吉, 위의 책.

32   다야 지카코多賀千香子, 「『민족정화』를 재판하는 구 유고 전범법정의 현장에서」, 岩波書店, 2005.

다면, 그것은 구 유고 각지의 민족분쟁을 통해 살펴볼 수 있듯, 축
재蓄財나 권력에 대한 사직 욕망에 사로잡힌 전범들이 주도할 것이
다. 전범에게는 재판이 기다리고 있다고 하는 체제가 확립된다면, 예
비 전범戰犯予備軍들도 분쟁을 일으킨다고 하는 도박을 하지는 않을
것이다.

국제형사재판소를 통해 전범의 사회적 활동을 막는 것이 전범의 사
적 욕망 실현을 막는 것으로서 기능하고, 나아가 분쟁 억제 효과로
이어진다.

저자는 재판의 개념에 대해 솔직하게 말하고 있다. 전쟁의 원인
이 여기서는 개인의 사적 욕망으로 여겨지고 있어, 그 욕망의 실현
을 거부하는 것이 분쟁 억제로 이어질 것이라 확고히 상정하고 있는
것이다.

이러한 재판을 통해 일반인 살상, 성폭행과 전쟁포로에 대한 학대,
의료시설 등의 인프라 파괴와 같은 행위를 재판하기 위한 인도에 반
한 죄가 크게 부각됨에 따라 큰 변화가 일어났고, 재판이 신속하게 이
뤄질 수 있도록 제도가 정비되어 갔다. 1990년대의 군사 법정은 분쟁
이 끝난 다음 열렸기에 분쟁을 막을 힘이 없었다. 그에 대한 반성으로
2002년 국제형사재판소가 설치되었고 비로소 인권침해 가해자 개인
을 신속하게 소추할 수 있게 되었다. 이는 눈앞에서 벌어지는 잔학행
위를 멈추기 위한 것이었다. 지금 팔레스타인 분쟁에서 ICC에 추가 제
소追訴한다는 소식이 심심찮게 흘러나오는 것은 그러한 욕구를 단적으
로 보여준다. 가능하다면 국내에서 재판하는 것이 가장 좋지만, 그것

이 어려우면 국제재판소가 담당하는 것이다. 다만, 이 재판소는 위의 인용에서도 볼 수 있듯 통상의 재판과 똑같은 방식으로 개인의 범죄를 특정하고 재판해 나가게 된다. 그렇기에 전쟁, 분쟁의 성격, 예를 들면 어느 쪽이 먼저 시작했다든가 하는 것은 일절 추궁당하지 않는다.

1990년대 이후 정착한 또 한 가지는 국가 주권을 초월하여 범죄를 심판하는 구조가 생겼다는 점이다. 국제재판소를 지탱하는 철학으로서 2006년 안전보장이사회에서 승인된 개념이 '보호할 책임 Responsibility to Protect'이다. 이 개념은 인도에 반한 죄로부터 사람들을 보호할 책임이 우선 첫 번째로 해당 국가에 있고, 다음으로 국제사회에도 도울 책임이 있으며, 마지막으로 개입을 통해서라도 (군사개입도 상정하고) 국제사회가 사람들을 보호할 책임이 있다는 세 가지 원칙이다. 이는 특히 코소보 분쟁 등에서 공습을 통한 인도적 개입이 이루어졌을 때, 국가 주권을 넘어 다른 나라에 개입할 '권리'의 여부가 문제가 되었던 것에 비추어 볼 때, 인도적 개입의 자의성을 극복하기 위해 추가 개입의 '책임'이 있다는 논의가 진전되었던 것이다.[33]

정치적 해결을 향하여

국가와 주권이 불가분의 관계에 있는 만큼 주권은 매우 정치적인 것
국가와 주권이 불가분의 관계에 있는 만큼 주권은 매우 정치적인 것이

---

33 쓰쓰이 기요테루筒井清輝, 『인권과 국가: 이념의 힘과 국제정치의 현실』, 岩波書店, 2022.

지만, 그에 비하면 국제인도법은 비정치적인 것이다. 그렇기 때문에 전쟁범죄는 개인의 범죄로 수렴하게 된다. 여기까지 오면 비로소, 어째서 냉전 이후의 전범 법정에서 '평화에 반한 죄'가 지워지고 있는지 이해할 수 있을 것이다. 그것을 지워버린 것은 '정치'이며 '사회'이다. 전쟁 개시의 원인은 복잡하고 정치적인 것이지만, 그것을 개인의 범죄로 축소해 재판하려는 것이 탈냉전기의 법정이다. 거꾸로 말하면 국경을 초월하여 심판하려다 보니 그런 자세를 취할 수밖에 없었다고도 할 수 있을 것이다. 그와 동시에 국경을 넘을 때, 그 이면에 체제 전환 regime change의 의도가 없는지는 항상 의문에 부쳐지게 된다.

전쟁 책임자 처벌은 도쿄재판의 주목적이었다. 전쟁범죄자(B·C급 전범)는 별개로 처벌받았다. 재판과 병행하여 점령군은 일본 사회를 전쟁 체제로부터 전환해 재건하려는 노력을 기울였다. 토지(농지) 개혁은 상당히 성공적이었고, 대지주들은 기본적으로 사라졌다. 헌법도 개정되었다. 그러나 일단 해체된 재벌은 점차 부활했고 해체된 군대도 냉전의 진전과 함께 부활했다. 천황제는 온존溫存했다. 내재적 힘을 통해 새로운 일본으로 국가 자체를, 사회 전체를 바꾸어 나가려는 노력은 일본 사회 내부에 분명히 존재했다. 그러나 그것만으로는 충분하지 않았다. 이런 역사는 재판만으로는 보이지 않는다. 문제는 사법과는 다른 정치의 회복에 있다. 그리고 그것은 국경을 초월한 사법의 힘이 아니라 내재적 논리와 논의에 따라 이뤄져야 한다.

2023년 10월 7일 팔레스타인의 하마스가 벽을 넘어 이스라엘을 급습했다. 전 세계를 뒤흔든 사건이었으며, 하마스를 테러라 비판하고 거기에 이은 이스라엘군의 과잉 대응을 비판하는 목소리로 세계가 가득 찼다. 그러나 테러를 비판하는 동시에, 폭력은 정치적 해결로 이어지는 한 반드시 비난의 대상이 되지 않을 수 있다는 인식이 적어도 70, 80년대까지 존재했다. 알제리의 독립투쟁과 파타Fatah의 지도자 아라파트Arafat처럼. 이번 팔레스타인 상황으로 이른 흐름을 살펴보면, 길게는 6일 전쟁이라 불리는 1967년의 이스라엘과의 전쟁에서의 패배, 중기적으로는 1993년의 오슬로 합의, 짧게는 2020년의 트럼프 미국 대통령에 의한 이스라엘과 중동 국가들 간의 화해, 이른바 아브라함 합의가 위기의 계기가 되었다. 그 직후인 2021년 5월, 11일 간의 하마스의 무장투쟁을 거쳐 이번으로 이어지는 길고 긴 민족해방투쟁의 흐름 속에 팔레스타인 문제는 존재한다. 어떤 사건에는 흐름과 그때마다의 계기가 있다. 그러던 것이 2001년 9·11 이후 정치 과정에 대한 논의는 완전히 날아가 버렸고, 역사적 경위와 현실의 흐름 속에서 일어난 사건에 대해서도 감각이 무뎌져 갔다. 한마디로 말해 정치가 사라진 것이다.

분쟁은 문제가 있는 곳에서 그때그때 단계적으로 발생한다. 그것은 그때 해결되어야만 한다. 인도법에 기반한 처벌은 눈앞에서 전개되는 잔학행위를 가능한 한 막기 위해 필요한 것이다. 그러나 정치적인 것은 결국 정치로 해결할 수밖에 없다. '정치적'이라는 것은 타협이기도 하다. 남아프리카공화국은 영원히 변하지 않을 것이라 여겨졌던 아파르트헤이트 체제를 전복시켜 해결해 보였다. 그러기 위해 무엇이 필요했는가. 만델라 등의 노력은 당연하고, 진실화해위원회를 꼽는 이들도 있지만, 우간다의 연구자 맘다니는 그것을 부정한다. 그보다 이전의 CODESA라 불리는 정치적 대연합, 즉 만델라의 ANCAfrican National

Congress, 데 클레르크의 NPNational Party, 남아프리카공화국 공산당, 민족정당인 잉카타Inkatha Freedom Party 등의 대연정이야말로 이후 남아공의 기초를 정치적으로 마련한 것이라고 역설한다. 러프하지만 모두(흑인, 백인, 공산주의자, 부족 등)에게 평등한 플랫폼의 형성이야말로 아파르트헤이트를 무너뜨리는 기초가 되었다는 것이다.[34]

또 다른 아프가니스탄의 예를 들어보자. 전혀 해결의 실마리가 보이지 않는 수렁이라고 생각되었던 아프가니스탄의 정세는 트럼프 미국 대통령에 의해 2020년 탈레반과 도하 합의가 이루어지며 미군 철수가 실현되었다(실제 철수는 바이든 행정부에서 이루어졌지만). 그 합의 이유는 테러 조직으로 지목되어 있는 아프가니스탄 내 탈레반 세력을 트럼프가 정식 교섭 상대로 인정하는 철저한 실용주의적 관점에서 협상했기 때문이었다.[35] 실패로 끝났다 하더라도, 조선에서도 해방 직후 여운형의 조선건국준비위원회를 비롯한 정치적 대연합의 시도는 지금까지도 참조점이 되고 있지 않은가.

냉전 붕괴 이후 분쟁의 95%는 내전이다.[36] 그리고 그 대부분은 탈식민 국가에 집중되어 있다. 순전한 국가 간의 전쟁을 수행하고 있음에도 불구하고 러시아의 푸틴 정권은 우크라이나와의 전쟁을 특별군사작전이라 부르며 내전의 논리로 끌고 가려 하고 있다. 그 의도가 어떻든 우크라이나 전쟁도 크게 보면 소련 해체의 최종 국면에 있다. 적어

---

34   Mahmood Mamdani, 앞의 글.

35   아오키 켄타青木健太, 『탈레반의 대두: 혼란의 아프가니스탄 현대사』, 岩波書店, 2022.

36   모가미 토시키最上敏樹, 앞의 책.

도 이 지역 내부에서 문제를 해결하려는 사람들은 포스트 소비에트 공간의 해체 과정에서 나타난 여러 문제를 해결해 나가야 한다.

우크라이나와 팔레스타인 분쟁에 가려 보도되지 않고 있지만, 날마다 수백 명의 사망자가 발생하는 전투가 수단에서 계속되고 있다. 부족 대립과 권력투쟁으로 설명되는 수단의 문제도 한발 더 나아가 보면 탈식민 국가의 탈식민주의 문제이며, 식민지 제도의 정치적 해체가 그 해결의 근본에 있다. 우크라이나 분쟁도 그럴지 모른다. 팔레스타인의 문제는 유럽에서 이스라엘로 이어지는 국가와 국민의 관계에 심각한 재고를 요구할 것이다. 아랍계 이스라엘인으로서 이스라엘 국회의원으로 활약해 온 아즈미 비샤라Azmi Bishara는 팔레스타인 문제의 해결책으로 양국 방안을 지향하지만, 이스라엘에 살고 있는 아랍인으로서 그의 저작에서는 2민족 1국가제binationalism에의, 구체적으로 말하면 공생에의 희구가 묻어나는 것처럼 느껴진다.[37] 에드워드 사이드 Edward W. Said의 2민족 1국가론도 아직 유효할 수 있다. 아니 앞으로 진지하게 논해야 할 문제인지도 모른다. 홀로코스트 문제가 이야기를 복잡하게 만들고 있지만, 그것이 지금과 같이 지배적인 언설이 된 것은 남미로 도망친 나치의 유대인 사냥 중심인물 아이히만을 이스라엘이 심판한 1961년의 재판으로부터 70년에 걸쳐서다. 그 이스라엘이 바로 최근 남아프리카공화국에 의해 국제사법재판소ICJ에 제노사이드 조약 위반으로 제소되었다. 문제는 어디까지나 배제의 논리인 시오니

---

37   Azim Bishara, 'Palestine:Matters of Truth and Justice', 2022, C. Hurst & Co. Ltd.

190

즘의 해체에 있다.

눈앞이 전쟁을 멈추기 위해서는 비정치적인 사법司法이 필요한 경우가 있다. 그러나 근본적 해결을 위해서는 내재적 노력을 통한 정치적 해결의 길을 찾아야 한다. 그것은 지금까지도 자주 지적되어 온 오래된 과제일지 모른다. 그것이야말로 아무리 요원해 보인다 하더라도, 한발 한발 타협을 거듭하며 평화로 가는 확실한 길이다.

(번역: 박승호)

[연표] 전쟁과 그 처리

1945	제2차 세계대전 World War II		
1945 – 1946		뉘른베르크(국제 군사 재판) International Military Tribunal	미국, 영국, 프랑스, 소련 4개국 공동
1946 – 1948		도쿄(극동 국제 군사 재판) The International Military Tribunal for the Far East	미국, 영국, 프랑스, 네덜란드, 호주, 뉴질랜드, 캐나다, 소련, 중국, 인도, 필리핀 연합국 11개국 협동
1991	걸프전 Gulf War		
1993		구 유고슬라비아 국제 전범 법정 International Criminal Tribunal for the former Yugoslavia	
1994		르완다 국제 전범 법정 International Criminal Tribunal for Rwanda	
1995	스레브레니차 집단학살 Srebrenica massacre		제노사이드genocide 인정
	코소보 분쟁 Kosovo War		인도적 개입(안보리 결의 없이) Humanitarian Intervention
2001	아프가니스탄 전쟁 War in Afghanisitan		미국의 자위自衛 전쟁

2002			국제형사재판소ICC, International Criminal Court 설립
2003	이라크 전쟁 Iraq War		의지연합 (Coalition of the Willing)
	다르푸르 분쟁 War in Darfur		
2006			보호할 책임 Responsibility to Protect
2011	리비아 개입 Libyan Civil War		안보리 결의 (중국, 러시아 기권)
2022	우크라이나 전쟁 Russian Invasion of Ukuraine		
2023	이스라엘-팔레스타인 분쟁 Israel-Gaza war		

'단절'과 다른 평화[38]

백원담(성공회대학교)

반둥Bandung의 경우, 모든 국가의 주권은 국민의 의지에 합법적으로
근거해야 하며 모든 국가의 주권은 형식적으로 동등한 것으로 인정되
어야 한다는 명시적인 주장에 그 의의가 있다. 이러한 목표는 전 세계
사람들 앞에서 설정되었다. 하지만 아직 달성되지 않았다. 따라서 오
늘 우리가 반둥을 호출하는 것은 신화적인 이야기를 되풀이하는 것이
아니라 세계 정치의 현대적 요구를 선언하는 것이다.

(Partha Chatterjee, 'Epilogue' 2017)

1. 들어가며

19세기 유럽 중심의 자본주의는 그 모순이 격화되면서 제국주의 전

---

38   이 글의 줄임본은 《문화과학》 2024년 여름호에 같은 제목으로 게재되었으며, 이 글은
      한국연구재단 인문한국사업의 지원으로 이루어졌다. (NRF-2018S1A6A3A01080743)

쟁을 야기했고, 세계지배질서는 1·2차 세계대전이라는 필연적 과정을 거치며 전후체제로 재편되었다. 전후체제는 냉전의 세계화와 현실사회주의의 역사적 패퇴로 인한 신자유주의적 세계화라는 두 번의 전화를 거쳐 오늘에 이르렀다. 그렇다면 21세기 미국이 주도하는 글로벌 패권과 신자유주의 축적체제의 한계가 극명하게 드러난 지금, 세계는 또다시 전쟁으로 극단의 전환을 맞을 것인가.

오늘의 신자유주의적 자본주의는 코로나 팬데믹에서 확인되듯이 세계분업구조의 모순을 첨예하게 드러냈고, 재난자본주의로 명줄을 유지하고 있지만, 그 붕괴의 징후는 도처에서 드러나고 있다. 2018년부터 미중 무역전쟁이 전략경쟁으로 치닫는 가운데 최근 전술적 제휴를 한다고 하지만, 관세 및 수출입 규제 등 무역전쟁과 기술전쟁, 디커플링(탈동조화)과 공급망 단절 등으로 대립이 심화되고 있고, 군사안보적 대치 형세로 한반도와 동아시아에는 전운이 고조되는 와중이다. 미·중 갈등은 미국의 경제적 군사안보적 절대지위에 대한 중국의 도전이라기보다는 '규범과 질서의 경쟁' 성격이 강하다. 그러나 우크라이나에 이어 하마스 사태도 장기화하면서 세계 곳곳의 지정학적 단층대들이 흔들리며 미·중 갈등구조의 극단적 대결 가능성을 심화시키는 양상이다. 가장 큰 문제는 미국과 서유럽이 자국의 이해관계 속에서 전쟁 국면을 지속·악화시키며 세계질서를 파국으로 몰아가는 형국으로, 사태의 평화적 해결이 난망하고 진앙의 공간적 확산이 우려되는 상황이다.

예컨대 미국 상원은 2024년 4월 23일 하원 통과 후 송부된 총액 950억 달러(약 131조 원) 규모의 대외 안보 패키지 법안을 가결 처리했다.

이 법안에는 우크라이나 군사 및 경제 지원안(608억 달러), 이스라엘 군사지원 및 가자지구 인도적 지원(260억 달러)은 물론 대만을 중심으로 미국의 인도·태평양 동맹 및 파트너의 안보 강화 지원(81억 달러)이 반영돼 있다. 무엇보다 바이든은 이스라엘이 라파 전면전을 단행할 시 공격용 무기 공급을 중단하겠다고 선언한 지 일주일도 지나지 않아 10억 달러 규모의 신규 무기 지원안을 의회에 제출했다.

그러나 파국적 귀결을 막으려는 도저한 흐름도 있다. 브릭스BRICS, 이슬람협력기구OIC, G77+중국, 비동맹운동NAM 세력이 각기 사태의 평화적 해결과 두 국가 해법 등 현상 타파의 경로를 열고자 한다는 점에서 주목을 요한다. 이들은 특히 미국의 러시아 자산 동결과 같은 국가자산 몰수에 "글로벌 금융 및 결제 시스템이 지정학적 경쟁의 도구로 점점 더 많이 사용되고 있다"며 강력 반발,[39] 다른 국가의 부를 탈취하고 개발도상국에 막대한 경제적 손실과 금융 위험을 감수하도록 강요하는 미국의 달러 패권에 공동 대응을 모색하고 있다. 위안화나 '브릭스 공동 결제통화' 등으로 달러 의존도를 줄이고 국제 무역 시스템의 관리 부재로 인한 경제 불균형과 무역전쟁에 대비하는 출로 찾기가 그것이다.

한편, 미국의 대학가 반전시위가 확산하기까지 세계 곳곳에서 팔레스타인 지지와 반전평화운동의 연대 흐름이 두드러지면서 아래로부터

---

39   Ann Pettifor, The Demise of US Power, De-Dollarisation & the BRICS; An Opportune Time For System Change?, May, 08, 2024. https://annpettifor.substack.com/p/the-demise-of-us-power-de-dollarisation

의 국면의 전환을 꾀하는 동학의 파고 또한 거세다. 그것은 멀게는 베트남전쟁 당시 반전운동의 역사적 맥락을 이어내고, 가까이로는 코로나 팬데믹의 재난 속에서 '식인자본주의cannibal capitalism'의 본색을 확인하고 '거주 가능한 세계'를 갈구하는 감각의 연루를 새롭게 이루어 가고 있다. 21세기 젊은 그들은 디지털혁명을 새로운 글로벌 네트워크의 가능성으로 전유하고, 반전反戰의 정동affection 연대 감행하며 새로운 정치의 장소를 점거해 내고 있는 것이다.

그렇다면 이러한 오늘의 재난과 전쟁으로 야기된 각축과 새로운 결집의 추세는 미국 중심의 글로벌 패권의 해체와 세계의 다극적 체제로의 전환을 표지하는가. 작금의 글로컬한 전쟁국면은 제국주의적 총력전이 아니고, 신자유주의 지배세력이 금융 세계화와 그 지배질서를 유지하기 위해 군사안보의 세계화 전략을 가동하며 국지전이나 지역 갈등을 촉발하는 양상이다. 거기서 러시아와 하마스와 같은 '피해' 당사자들이 현상 타파의 계기를 열고자 무력충돌을 감행했고, 이에 미국을 중심으로 한 패권세력이 국제사회질서를 운운하며 전쟁범죄의 단죄라는 미명하에 막대한 군사지원으로 개입하면서 전세를 확대시키는 형국이다. 그러나 이전의 국지전들과 달리 글로벌 사우스Global South[40]

---

40 전후 냉전시대 세계의 남반부에 있는 아시아, 아프리카, 남아메리카 세 대륙의 개발도상국을 사우스로 통칭하여 노스의 선진국가들과 대비한 용어다. 탈냉전기 특히 21세기 들어 사우스 국가들이 지구적 지역화의 추세 혹은 '신흥국'으로 경제 성장을 이루며 집단적으로 부상하고, 1960, 70년대 비동맹/제3세계운동의 역사적 전통을 담지하면서 국제질서에 다수의 정치로서 많은 영향력을 행사하고 있다. 글로벌 사우스에 속하는 125개 국가의 GDP 합계는 2023년 기준 세계 GDP 가운데 약 40%이며, 그들의 인구는 세계 인구의 약 3분의 2를 차지한다.

의 신흥 세력들이 적극 개입, 평화적 해결을 주도하고자 한다는 점에서 전쟁 추동의 문제와 그 역동적 파장에 대해 해명할 필요가 있다.

이 글은 우크라이나와 하마스 사태라는 전황의 확산 국면에서 이의 평화적 해결을 위한 다양한 국가, 지역단위, 사회동력들의 적극적 대응을 중심으로 신자유주의 세계체제의 전환문제를 논의하고자 한다. 이는 세계사의 진전에 대한 주류담론들이 오늘의 사태를 목적 의식적으로 유도하려는 담론적 이데올로기적 효과가 크기 때문에 이에 대한 경계와 전복의 시각을 제기하는 의미가 크다. 그런 점에서 이 글은 반둥-비동맹-제3세계와 연계된 글로벌 사우스의 시각에서 역사적 오늘의 사태에 접근하고 새로운 전환의 가능성 문제를 논할 것이다. 그 것은 다음 두 가지 지점을 중심으로 개진된다.

우선 전쟁당사자인 푸틴 러시아와 하마스 팔레스타인 무장정파의 입지에서 급변하는 세계정세와 그 추이를 해명할 수 있는 실마리를 포착한다.

둘째, 신냉전 등 작금의 정세를 진단하는 입장들이 다양하게 개진되고 있다는 점에서 이와 대비되는 전후 질서의 주요한 구성주체인 신흥 국가민족세력으로서 글로벌 사우스의 지역주의와 평화연대의 역동적 흐름을 톺아본다. 특히 그 중요한 이론적 지반의 하나로서 사미르 아민Samir Amin의 '단절Delinking'과 투쟁의 세계화 관점에 입각하여 비동맹운동과 글로벌 사우스의 역사적 발전 맥락에서 국면에 대한 이해의 시각을 제기하고 사태의 추이를 전망한다.

한편, 오늘의 전쟁국면은 한반도와 동북아에 전운을 고조시키는 문제가 크다는 점에서 한반도와 아시아의 평화로 가는 길, 세계적인 평

화체제의 구성에 대한 문제 인식 또한 생산적 논의를 위해 개진하고
자 한다.

2. 두 개의 전쟁과 다극화

1) 푸틴의 전쟁: '역사현실'과 '단죄'

푸틴은 지난해 발다이 토론 클럽[41] 포럼 연설에서 '우크라이나 위기
는 영토 분쟁이나 지역 지정학적 균형을 이루려는 시도가 아니라, 새
로운 국제 질서의 근간이 되는 원칙에 관한 것'이라 주장했다. 러시아
는 점점 더 커지는 미국과 그 위성 국가들의 군사적, 정치적 압력에 대
응할 수밖에 없었고, 그런 점에서 우크라이나 전쟁을 시작한 것은 러
시아가 아니라는 것이다. 푸틴은 미국의 '다른 국가에 행동하는 법을
가르치려 드는' 식민지적 사고와 그 블록 기반 접근법을 비판했다. 그
것은 군사 행동과 확장의 필요성을 정당화하기 위해서 그리고 패권국
의 특정 시스템과 나토NATO 또는 다른 군사 정치 블록 내에서 내부 통
제를 유지하기 위해 지속해서 적을 만들고, 인위적인 지정학적 연대를
전 세계에 강요하고, 접근이 제한된 블록을 구축해 왔다. 푸틴은 공격
적인 나토 확장 정책을 추진해 온 유럽은 물론 아시아 · 태평양 지역과
남아시아에서 개방적 · 포용적 협력구조를 파괴하는 방식으로 일어나

---

41   Vladimir Putin Meets with Members of the Valdai Discussion Club. Transcript of
the Plenary Session of the 20th Annual Meeting, 05. 10. 2023 (Valdai Discussion
Club, 제20회 포럼 주제는 "Fair multipolarity: How to ensure security and development for
everyone.")

고 있다고 통박하였다. 반면 러시아는 보편적 안보와 지속적인 평화를 지지하며, 블록을 기반으로 하는 접근 방식과 식민지 시대와 냉전의 유산으로부터 벗어난 국제 관계를 자유롭게 하는 새로운 세계를 창조하고 있는 와중이라고 역설했다. 따라서 독재와 폭력의 원칙에 대한 공언에 강력히 반대할 준비가 되어 있으며, 실용주의와 상식이 우세해지고 그로서 다극 세계가 구축될 것을 확신한다고 천명했다.

푸틴은 2007년 뮌헨 안보회의에서 이미 미국이 주도하는 세계질서를 단극세계 개념을 가지고 문제화한 바 있다. '미국이 모든 면에서 국경을 넘나들며 다른 국가에 부과하는 제반 정책문제'를 비판하며, 글로벌 안보구조에 대한 진지한 고민 속에서 유럽과 러시아, 미국과 러시아 차원의 협력 속에서 합리적 균형관계 형성을 촉구한 것이다.[42] 푸틴은 이 시점에서도 세계정세가 다극적으로 빠르게 변화하는 추세에 부응할 것, 러시아와 미국이 대량살상무기 비확산 체제와 그 배치를 함께 강화하는 데 노력하고, 유럽안보협력기구OSCE 또한 한 국가 또는 한 그룹의 외교정책 이익을 증진하기 위해 고안된 저속한 도구로의 전락이 아니라 기본 취지에 맞게 주권 국가들과 균형적 관계 구축을 주요 임무로 할 것을 요구했다.

---

42 Vladimir Putin, "Speech and the Following Discussion at the Munich Conference on Security Policy", February 10, 2007 01:38 Munich. 푸틴은 뮌헨안보회의(MSC, 2007.2.10)에서 북대서양조약기구(NATO · 나토)의 확대, 체코 · 폴란드에 미사일방어(MD) 체제 추진을 들어 미국 군사 전략이 '일방적 불법'이며, 특히 미국 주도 단극적 세계 질서는 근본이 비민주적이고, 이러한 일방주의가 북한과 이란 핵 개발을 촉진시켰다고 성토했다.

푸틴은 뮌헨연설에서는 우크라이나와의 협력 과정을 설파했지만, 이후 2014년 우크라이나에서 친미 쿠데타가 일어나 친러 정권이 패퇴함으로써 크림반도를 무력으로 병합했다. 이로 인해 서구의 강도 높은 경제제재를 받고 러시아 경제는 어려움을 겪게 되고 우크라이나 정부의 돈바스지역 내 친러 세력에 대한 무력탄압과 경계 지역에 불안함이 고조되는 상황에서 동유럽 및 발트 3국이 NATO에 가입함에 따라 우크라이나의 EU 편입과 NATO 가입 절차가 가시화되자 러시아의 불안이 극대화되고 우크라이나에 대한 무력침탈을 강행하기에 이른 것이다. 그러나 우크라이나 사태가 미국이 주도한 단극세계, 세계지배체제의 전환을 위한 불가피한 선택이었다는 푸틴의 주장은 '정권의 안위를 위한 폭력을 대내외적으로 활용한 의도성'이 크다. 그리고 전 세계가 코로나 팬데믹의 공포로부터 아직 벗어나지 않은 시점에 또다시 무력전쟁을 일으켰다는 점에서 사람들이 체현한 그 멸망의 정동이야말로 그 엄청난 사상자들·난민들과 함께 푸틴에게 물어야 할 가장 큰 죄과일 것이다.

여기서 문제는 그동안 지역과 국제 정세에 조심스럽게 대응해 왔고 경제제재로 인한 여론 악화로 정권 유지에 골몰했던 푸틴의 선택, 우크라이나에 대한 무력침공으로 위기를 돌파하는 승부수는 어떻게 가능했는가 하는 것이다. 여기에는 푸틴의 국제정세의 변화추이에 대한 판단이 크게 작용한 바 크다. 뮌헨연설에서부터 국제사회의 새로운 변화로써 글로벌 사우스의 대두에 주목을 촉구해 온 바와 같이 푸틴이 미국과 그 동맹체계에 대응하기 위한 유라시아 통합정책을 적극 추진해 왔다는 점에서 전쟁을 통한 세계지배구도의 다극적 재편 가능성을 염두에 둔 것이라고 할 수 있다.

푸틴은 유라시아 경제연합Eurasian Economic Union을 기초로 대유라시아 동반자관계(Greater Eurasian Partnership, 이하 GEP), 브릭스 등을 주도하는 한편, 중국과의 유라시아 기획을 도모하는 동방정책을 가시화하였고, 상하이 협력기구(Shanghai Cooperation Organization, 이하 SCO), 아시아 교류 신뢰 구축 회의(Conference on Interaction and Confidence Building Measures in Asia, 이하 CICA) 등 유라시아 지역 외 국가들이 참여하는 다자협력체를 통해 포괄적 협력을 심화해 왔다. 그리하여 2023년 발다이토론에서 침공의 정당성을 설파하고, 글로벌 사우스의 존재감을 강하게 표출하며, 국내적으로 정권유지와 대외적으로 세계재편의 의도를 가시화한 것이다.

여기서 글로벌 사우스 국가들은 자국의 이해에 충실하면서도 매우 균형적으로 우크라이나 사태에 대응하며 평화적 해결을 제안하고 있다는 점을 주시해 볼 필요가 있다. 예컨대 브릭스 국가들은 미국과 서방의 러시아 제재에 동참하지 않고 있다. 인도는 러시아가 국제결제시스템(SWIFT, 국제은행간통신협회)에서 축출되자 루피-루블 결제 시스템을 구축했다. 중국은 러시아의 우크라이나 침공에 대해 전쟁이나 침공이라는 표현을 쓰지 않고 있으며, 나토의 동진이 러시아를 자극하여 우크라이나 사태가 야기되었다는 입장으로 미국의 압박에 대응했다. 브라질의 경우 공식적으로는 중립을 표방하지만, 러시아산 비료에 크게 의존하는 만큼 미국의 대러 제재에 동참하지 않았다. 브릭스 5개국 외교장관들은 제77차 유엔총회에서 별도의 모임을 통해 "모든 국가의 주권과 영토 보전을 존중하고 우크라이나 전

쟁의 평화적 해결을 지지한다"는 공동 성명을 채택하고(2022. 9. 23),
"대화와 협의를 통해 국가 간 차이와 분쟁을 평화적으로 해결하겠다
는 약속"을 천명했다.

사실 푸틴의 러시아가 전쟁 상태를 지속하는 것은 미국과 서유럽의
우크라이나에 대한 지원으로 휴전이나 다른 해결 경로를 모색하기 어
려운 상태에 있기 때문이지만, 전쟁 목적이 애당초 정권의 안정 유지
에 있었다는 점에서 대선이 전폭적 승리로 귀결된 이후 다른 출로의
모색도 예상할 수 있다. 전쟁 초기, 서방이 러시아를 조기 진압할 것이
라는 예상과는 다른 결과다. 그것은 중국과 글로벌 사우스들의 다자적
관계의 약진에 힘입은 바 크다고 할 수 있다. 예컨대 이들은 신자유주
의 체제에 편제되어 순응하면서도 다른 독자적 경제운용체계를 구축
하고 있다. 중국의 유라시아 경제 전략으로서의 일대일로(Belt & Road)
와 상하이 협력기구, 브릭스 등 다자간 경제협력체계는 독자적 운영이
가능할 만큼 규모와 영향력을 담지하고 있으므로 이러한 달라진 조건
이 러시아의 건재를 견인해 낸 것이다.

러시아는 국제은행간통신협회에서 퇴출당하면서 위안화 의존율이
대폭 증가했다. 지난해 러시아와 중국 간 무역에서 루블화와 위안
화 결제 비중은 95%에 달하는 것이다.[43] 또한 미국과 영국이 동결된

---

43   BRICS는 세계 인구의 40%, 세계 경제의 4분의1(APEC 40%)을 차지한다. 중국 금융 전
      문가들은 최근 브릭스공동결제통화金磚国共同货币를 논의하고 있는데, 그것은 각
      국 중앙은행 간 국제결제를 위한 디지털 통화로 예상된다. 개인이나 기업이 자유롭게
      국제결제에 이용하는 비트코인 같은 프로그램이나 모바일 앱이 아니라, 국제통화기금
      IMF의 SDR(Special Drawing Rights: 특별인출권)과 같은 디지털 통화가 그것이다. 서봉교,

2,000억 유로(약 292조 원) 상당의 러시아 자산을 압류하도록 유럽연합에 압력을 넣자, 그것에 굴복하지 않도록 중국과 사우디아라비아, 인도네시아가 EU를 압박한 정황도 포착된다. 이는 러시아 국가자산 압류가 '선례'로 남아 향후 피해를 입을 수 있다는 우려의 소산이지만, 그러한 요구가 가능해진 조건의 획득이 문제적이라 하겠다.

2) 하마스 사태와 전환

하마스의 이스라엘 침공은 미국이 사우디와 이스라엘의 국교 정상화를 도모한 것이 중요한 계기로 작동했다. 미국과 서방 국가들은 하마스사태가 발발하자 이스라엘에 대한 즉각 지원을 천명했다. 미국은 항공모함을 급파, 전쟁은 수습되기 어려운 상태로 격화했고 이스라엘은 가공할 무력 파괴로 가자지구를 초토화했으며, 8개월이 흐른 시점에서 팔레스타인의 마지막 생존부지인 라파 지역 침공도 불사하는 제노사이드 참극을 무참하게 강행하는 와중이다. 하마스 사태의 파장은 이란에 대한 이스라엘의 공세 등 아랍권 전체로 확산하고 있지만, 미국은 이스라엘에 대한 지지와 방어 지원을 지속하며 이스라엘-미국-요르단-영국-프랑스의 군사협력을 강행, 중동전선은 예측불허의 형세에 놓여 있다.

"우리는 이스라엘에 가르침을 줘야 한다. 우리는 이것을 두 번이든

「브릭스 통화에 대한 세 가지 오해」, 「아시아 브리프」, 2023, 참조.

세 번이든 할 것이다… 알-아크사 홍수 작전Operation Al-Aqsa Flood
은 첫 번째였으며, 두 번째, 세 번째, 네 번째가 있을 깃이다… 우리
가 대가를 치러야 한다면 그렇게 하겠다. 우리는 대가를 치를 준비
가 됐다… 우리는 순교자의 나라라고 불린다. 우리는 순교자의 희생
이 자랑스럽다."[44]

하마스의 대변인 라지 하마드는 이스라엘 침공 직후 인터뷰에서 지
난 10월 7일 이스라엘을 기습한 '알-아크사의 홍수' 작전을 언급하며
결사 항전 의지를 꺾지 않았다. 그는 특히 "이스라엘은 우리 땅에 설
자리가 없는 나라"이며 "우리는 그것을 없애야 한다. 왜냐하면 그것은
아랍과 이슬람 국가에 안보, 군사, 정치적 재앙이 되기 때문"이라고
갈파하였다. 따라서 지금까지는 이스라엘의 전방위적 공세로 절멸위
기에 처해 있지만, 하마스와 팔레스타인의 저항은 멈추지 않을 것이므
로 당장의 비극을 멈추고 진정한 평화적 해결의 경로를 만들어 나가는
전방위적 노력이 절실한 시점이다. 다행히 사태의 심각성을 좌시하지
않고 적극적으로 대응하려는 흐름이 대두하고 있다.

우선 ASEAN 국방장관회의는 하마스 사태 직후 가자지구 휴전과 미
얀마의 해결책을 촉구했다. 조코 위도도Joko Widodo 인도네시아 대통
령은 즉각적 휴전을 강조하며, "이스라엘이 팔레스타인 땅을 점령한

---

44   Ghazi Hamad 레바논 TV 인터뷰, "Hamas leader shows why no cease-fire is
      possible if Israel is to survive", New York Post, Post Editorial Board, Nov.1, 2023, 7:02
      p.m. ET. https://nypost.com/2023/11/01/opinion/ghazi-hamad-interview-proves-
      israel-must-destroy-hamas-2/

것이 분쟁의 근본 원인"이며 "즉각 해결되어야 한다"라고 역설했고, 바이든과의 회담에서도 반복적으로 제기했다.[45]

또한 브릭스는 가자지구와 중동 정세에 관한 특별정상회의를 화상으로 개최(11월 22일), 하마스와 이스라엘의 즉각적이고 포괄적인 휴전을 촉구하며, 이스라엘 공습과 지상공격으로 인한 민간인 피해를 규탄하고, 민간인 보호를 위해 유엔군 투입을 제안했다. 브릭스는 하마스와 이스라엘 모두에게 전쟁 중지를 촉구하였고, 남아프리카공화국은 가자지구 팔레스타인인에 대한 이스라엘의 집단학살 범죄 예방 및 처벌에 관한 협약에 따른 의무 위반 혐의와 관련하여 이스라엘을 제노사이드(집단 학살) 혐의로 국제사법재판소ICJ에 제소하고 네타냐후 이스라엘 총리의 체포영장 발부를 촉구했다(2023. 12. 29). 제2차 세계대전 당시 나치 독일이 저지른 비극적 제노사이드의 참상을 막기 위한 국제협약 제정 76년 만에, 그 피해 당사자에 해당하는 이스라엘을 '가해자'로 지목해 국제 법정에 세운 것이다.

그리고 제3차 G77+중국 정상회의(국제연합 내 개발도상국 연합체, 134개 회원국)는 1964년 개발도상국의 단결·보완·협력·연대의 원칙을 확립한 알제 헌장the Charter of Algiers의 상기로 창립 60주년을 기념하며, 동예루살렘을 중심으로 한 독립 팔레스타인 국가의 자유, 평화, 존엄성을 포함하여 팔레스타인 국민의 자결권과 정의 달성, 합법

---

45 Sebastian Strangio, "ASEAN Defense Ministers Call For Gaza Ceasefire, Myanmar Solution", The Diplomat, November 16, 2023. 이 회의에서 프라보워Prabowo Subianto 총리는 2021년 2월 군사 쿠데타 직후 내전 상태에 있는 미얀마 분쟁의 평화적 해결 노력을 제의했다.

적인 국가적 열망에 대한 원칙적이고 오랜 지지를 재확인했다.[46] 이 회의는 점령국인 이스라엘이 동예루살렘을 포함한 팔레스타인 점령 지역에서 국제인도법과 인권법을 포함한 국제법을 체계적이고 심각하게 위반한 것을 개탄하며, 국제법의 완전한 준수와 책임을 촉구하는 한편, 이스라엘의 불법 봉쇄와 포위 공격, 팔레스타인 민간인에게 자행한 전쟁범죄와 반인도적 범죄를 적시하며 팔레스타인 점령 지역에서 이스라엘의 즉각적·전면적 철수를 거듭 요구했다.

더욱 눈길을 끄는 것은 G77+중국 정상회의 이틀 전 우간다공화국 캄팔라에서 양일간 개최된 비동맹운동 19차 정상회의다. 이 회의는 '글로벌 풍요의 공유를 위한 협력 심화Deepening Cooperation for Shared Global Affluence'라는 주제 하에 개최되었으며, 중심 의제는 팔레스타인 사태의 평화적 해결이었다. 비동맹운동 정상들은 하마스 사태의 역사적이고 현실적인 맥락을 구체적 실상을 통해 꼼꼼하게 짚어가며 발본적 전환을 촉구했다.[47]

이들은 하마스 사태가 이스라엘이 '법적 의무와 점령 종식을 요구하는 국제사회의 합의에 반하여 56년간의 불법 군사 점령을 공고히 하는 모든 불법 식민지 활동에 의해 초래된 불행한 역정임을 분명히 하고, 이스라엘의 가자지구에 대한 가공할 군사점령과 행위를 즉각 완

---

46   THIRD SOUTH SUMMIT OUTCOME DOCUMENT, Kampala, the Republic of Uganda 19–20 January 2024. https://www.g77.org/doc/3southsummit_outcome.htm

47   FINAL DOCUMENT, 19th Summit of Heads of State and Government of the Non-Aligned Movement Kampala, the Republic of Uganda 19–20 January 2024.

전히 중단하고 팔레스타인이 겪는 참극을 당장 중지할 것을 반복적으로 촉구했다. 회의는 또한 미국의 이스라엘 지지와 지원이 사태의 격화를 야기했다는 점에서 미국에 즉각 중지 조치를 요구했다. 미국 정부가 예루살렘을 수도로 인정하고 미국 대사관을 예루살렘시로 이전한 일방적 결정이 점령 세력의 불법 정책과 관행을 더욱 폭력적으로 만든 요인이란 점에서 이러한 결정의 번복과 철회를 촉구했다. 비동맹 정상들은 이스라엘이 국제법을 심각하게 위반하고 476(1980), 478(1980), 2334(2016) 등 관련 안보리 결의에 정면으로 위배되는 불법적 조치와 지배를 공고히 하고 사실상 합병을 목적으로 한 이 결정 및 기타 모든 관련 조치가 무효이며 법적 효력이 없음을 명확히 하였다.

비동맹운동의 수반들은 양도할 수 없는 권리와 완전한 독립을 달성하기 위한 팔레스타인 국민들의 투쟁을 지원하기 위해 비동맹 국가들이 수행한 정치, 인도주의, 사회, 경제 및 개발 분야에서의 많은 양자 및 다자적 노력을 높이 평가했다. 특히 인도네시아의 팔레스타인을 위한 신아시아-아프리카 전략적 파트너십NAASP 역량 강화 프로그램 수립, 남미-아랍 국가 정상회의ASPA의 팔레스타인 관련 노력을 환영하며, 회의 선언에서 비동맹운동의 원칙적 입장에 따라 모든 협력과 지원을 강화할 것임을 천명했다.

비동맹운동에 있어 팔레스타인 문제의 중요성을 재확인하고 지난 60년 동안 이 문제에 대해 책임감 있게 구축해 온 오랜 공통의 원칙적 입장을 특히 유엔의 맥락에서 관련 회의, 회의 및 기타 관련 행사에 적극 참여하는 것을 포함하여, 점령된 팔레스타인 영토에서의 식민주의, 억압, 점령 및 지배를 종식하기 위한 우리의 지속적인 노력의 일환으로 방어, 보존 및 증진해야 함을 강조한다.[48]

위의 선언은 오늘날 세계가 재난과 전쟁의 극명한 위기, 하마스 사태라는 관건적 지점에서 이의 평화적 해결을 위한 노력이 비동맹운동의 역사적 전통과 강고한 세력화의 추세로서 이루어지고 있음을 확인하게 한다. 그렇다면 이러한 비동맹운동의 21세기적 개진은 미국 중심의 글로벌 패권에 대한 도전이고, 그로서 세계지배질서의 다극적 재편을 표징하는 것인가. 이를 신자유주의 세계화가 양산한 다중적 복합위기에 처한 세계의 정의로운 전환을 위한 비동맹 평화세력의 오래된 미래의 구현으로 의미화할 수 있는가.

3. '단절'과 다른 세계화

1) 담론들

그동안 미중 무역 갈등에서 전략경쟁에 이르는 과정에 대한 해석은 다양하다. 미국에서 발화하여 상황을 주도해 나갈 목적으로 보편 담론으로 확산하고 있는 신냉전론, 기존 패권국가와 신흥 강대국 간 대립 충돌로 보는 강대국 간 경쟁Great Power Competition, 제국 간 충돌(Hung

---

48   KAMPALA DECLARATION, The 19Th Summit Of Heads Of State And Government Of The Non-Aligned Movement (Nam) 19-20. January 2024. Kampala, Uganda.

Ho-fung), 지정학적 차원에서 세력균형의 필요성을 제시하는 구성주의, 20세기 질서수리자들의 위기로서 얄타체제 전환의 표지로 파악하는 입장(백승욱), 미중전략경쟁이 냉전과 유사한 메커니즘을 만들어내고 있는 것 같지만 균열 구도의 고착 방향으로 움직이지는 않고 있다는 미중전략경쟁(이남주) 등 많은 담론들이 그것이다. 그 입론들은 각기 문제 제기의 요점이 있다는 점에서 상론이 필요하지만, 문제의 핵심 지점만 짚고 간다면 다음과 같다.

우선 이들 담론은 모두 국가단위를 중심으로 국가 간 관계와 자본 경쟁 문제를 중심으로 현 국면을 이해하고 진단한다. 둘째, 신냉전론이나 강대국가 간 경쟁, 제국 간 충돌, 구성주의의 세력균형론 모두 국제관계학이나 국제경제학 차원을 넘지 못하는 현실주의적 시각의 한계가 있고, 전후 세계지배질서가 재편되어 온 과정을 냉전적 편제와 자본운동의 모순적 위기 돌파의 관점에서만 파악한다. 셋째, 전후 세계는 아시아를 필두로 한 반둥Bandung 체제와 비동맹/제3세계로 대표되는 다원평등한 세계구성의 기획들과 동력들이 '아시아 민족주의와 지역주의', '비동맹주의', '반제국주의' 등 사상적 기치를 들고 집체적 결집을 통해 복수성 정치를 개진해 온 엄연한 역사적 맥락이 있다. 그러나 주류담론들은 반둥체제 혹은 비동맹운동의 조직적 정치적 결집과 실천적 개진 맥락을 실패한 역사로 단정하고 홀시해왔다. 더욱이 미국의 정책학문으로서 지역학이나 신냉전사 연구 등 주류담론들은 전후 아시아의 전후가 냉전이 아닌 열전으로 점철되었음에도 불구하고 냉전을 통한 '차가운 평화'의 세계사 속에 잠류시켰다. 그리고 이제 미중전략경쟁과 작금의 전쟁 국면을 다시 냉전적 대립구도로 고착하고

자 한다. 그것은 세계사적 냉전이 자유주의의 승리로 귀결되고, 자본이 전지구회를 이루었다는 점에서 미국의 패권적 지위와 신자유주의 세계화의 보다 광포한 전개를 자연화하여 모든 전향적 기획 실천들을 무력화시키는 이데올로기적 효과를 겨냥하고 있다.

신냉전론 역시 세계의 다극적 전환문제를 제기하지 않는 것은 아니다. 그러나 전후 정책학문으로서의 지역학과 냉전연구가 그 자체 냉전의 중요한 구성성분을 이룬 바와 같이 오늘의 신냉전 담론을 비롯한 국제관계론의 다양한 변주 또한 신자유주의 통치성 관철의 중요한 기제임을 경계해야 할 것이다. 무엇보다 문제는 전후 아시아를 비롯한 제3세계의 진보적 민족주의와 국제주의적 지역주의의 역동적 개진들이 어떻게 전후 초기부터 냉전의 세계적 편제를 타파하고 근대적 민족국가의 주체적 건설과 제3세계 평화지대의 형성에 매진해 왔는지, 비동맹/제3세계 운동의 침체 속에서도 더욱 광범위한 수행 주체들이 '다른 세계화' 운동 등 신자유주의적 지배질서의 극복에 어떻게 주력해 왔는지, 그 도저한 역정에 대한 성찰적 이해 없이는 작금의 세계지배질서의 다극적 전환을 추동하는 동력들의 소재와 지향을 확인하기 어렵다는 점이다.

오늘의 세계는 금융자본이 관리하는 국제적 분업시스템에 전적으로 편입되어 복합적 상호의존구조에 부박되어 있다. 이는 자본의 전 지구적 지역화라는 중심과 주변의 공간적 연동성 구조만이 아니라 시간적으로도 식민-냉전-전지구화의 모순이 중첩된 역사구조의 얽혀듦 속에 복합적 갈등이 표출되는 양상이라는 점에서 문제적이다.[49] 예컨대 한·일 간에 식민지 징용문제에서 발화한 역사 갈등이 무역 갈등으로 전화되고, 그것이 국가사회에 식민지적 피해의식을 소환하고 애국주의 정동을 부추겨 불매운동 등 사회갈등을 촉발했던 것이다. 따라서 우크라이나와 하마스 사태가 영토분쟁 등 국가 간 갈등으로 간주되지만, 그것이 야기된 모순의 역사적 중첩성 문제, 그것을 둘러싼 지정학과 지경학, 러시아 국내 정치 요인, 전쟁난민과 식량·에너지·생태위기 등 무력충돌로 부면화되는 다른 전선과 전역戰役들, 그에 개입하는 복수성 정치의 수행들까지를 세계지배질서의 전환을 추동하는 주요 동학들로 포착해 내지 않으면 안 될 것이다.

2) 투쟁의 세계화

반둥시대부터 비동맹/제3세계 운동과 세계사회포럼World Social Forum 등을 주도해 온 사미르 아민은 자신이 경험한 현대사를 세 시기로 구분한다. 1) 1955년부터 1980년까지 반둥 시대의 성장과 정체, 2) 1980년부터 1995년까지 "신자유주의 세계화"라는 새로운 제국주의 질서의 회복, 3) 1995년 자본주의/제국주의 체제의 붕괴가 시작되고 "다른, 더 나은 세계", 특히 새로운 "글로벌 사우스"를 위한 투쟁이 동시에 시작된 시기로 획기하는 것이다.[50] 이것은 일반적인 20세기 세계사의 진전에 대한 이해와 확실히 다른 시각이고 역사분기다. 주류 역

---

49   관련 논의로는 백원담, 「인터코리아, 인터차이나, 인터아시아」, 『황해문화』 2019 가을호
      참조.

50   Samir Amin, The Long Revolution of the Global South Toward a New Anti-Imperialist
      International, Monthly Review Press, New York, 2019, 15쪽.

사담론에서 전후 세계는 세계적 냉전의 체제화와 현실사회주의의 패퇴로 자유주의의 승리를 구가하며 자본의 진지구화를 이루는 오늘의 신자유주의 세계화에 이른 것으로 설명한다. 그것은 두 가지 중요한 지점에서 20세기 전후 역사의 전개를 왜곡했다.

첫째, 전후 아시아에서는 식민지 민족해방운동을 통한 근대적 국민국가 건설이 추동되고, 세계의 냉전적 편제에 대항하여 반둥체제를 형성하고 비동맹운동으로의 발전과 그를 통한 세계의 전향적 구성을 추동해 냈다. 반둥회의Asia-Africa Conference(1955)는 유럽 · 미국 · 일본 등 서구 열강의 역사적 식민주의/제국주의에 의해 권리를 부정당한 '비유럽'(소위 '유색') 국가들이 주체적으로 개최한 최초의 국제회의였다. 국가 규모, 문화적 · 종교적 배경, 역사적 궤적의 차이에도 불구하고 이 회의에 참여한 국가 민족들은 진보적 민족주의와 지역주의적 국제주의의 기치로 제국주의 열강의 자기 이해를 관철하기 위한 폭력적 제국주의 세계화를 거부했다. 또한 주권 회복과 자주적 산업경제의 건설 및 사회 민주화를 위한 공통의 노력으로 대내외 모순을 직시하고 대항하면서 평화롭고 다원 평등한 문명질서를 만들어가고자 매진했다.

둘째, 그러나 미국과 구 제국주의 세력이 전후 세계의 패권적 지배와 재식민화를 위해 냉전체제를 가동했고, 정치권력의 장악과 제3세계 근대화 기획과 같은 경제적 종속화를 획책하여 반둥체제와 비동맹/제3세계 운동을 무력화시킴으로써 비동맹/제3세계 운동은 새로운 전망과 동력을 일구어내지 못하고 신자유주의 세계화로 굴절되기에 이르렀다. 그로써 서구 주류담론은 전후 세계사를 자유주의의 승리, 차가운 평화, 비동맹/제3세계의 역사적 실패로 단정한다. 그러나 반둥체제와 비동맹/제3세계 운동의 역사적 개진은 국제연합에서의 다수의 정치 개진과 G77+중국의 결집, 1974년 알제리 비동맹정상회의에서 신국제경제질서의 제기와 공식화, 1981년 멕시코 칸쿤에서 세계 최초로 열린 글로벌 노우스–글로벌 사우스 정상회의의 의제와 내용에서 확인할 수 있듯이[51] 비동맹/제3세계에 결집한 주변부 국가들은 동서냉전의 복합다기한 자장 속에서 경제사회발전 열망과 추구를 위한 적극적 요구를 늦추지 않았다. 이에 서방 열강은 신경제질서의 구축 요구를 단호하게 거부하였으며, 레이건은 '일방적 구조 조정, 국가 생산 시스템의 해체, 민영화, 금융 약탈 및 천연자원 약탈에 대한 개방'을 천명함으로써 신자유주의 세계화를 표징하는 '워싱턴 컨센서스Washing Concensus'를 관철하기에 이르렀다. 그러나 전후 세계질서의 재편에 관여한 세력화로 다수의 정치를 구현한 역사는 엄연하다. 그 신경제질서의 기획과 비동맹 국제주의가 국가자본주의적 경제 성장 등 불가피한 변형 과정을 통과하여 새로운 자기전화를 이루며 세계의 새로운 구성을 추동할 방향타와 동력을 가시화하고 있음은 말할 나위가 없다.

아시아와 아프리카의 정부와 민중은 1955년 반둥에서 당시까지 피지배 국가들의 권리를 인정하고 이를 바탕으로 세계체제를 재구성하겠다는 의지를 선언했다. 이 '발전할 권리'는 그 시대 세계화의 토대였으며, 이러한 새로운 요구사항에 적응해야 했던 제국주의에 부과된

---

51 North–South Summit International Meeting on Cooperation and Development, Cancun, Mexico, 22–23 October 1981.

협상된 다극적 틀 안에서 구현되었다. 반둥의 성공, 아니 실패라는 말이 점점 더 많이 들리는 것처럼 반둥의 성공은 교육과 보건, 근대 국가 건설, 종종 사회적 불평등의 감소, 산업화를 향한 남방 국민들의 위대한 도약 뒤에 숨어 있다. 의심할 여지없이 이러한 업적의 한계, 특히 "국민에게 베풀었지만" 국민 스스로 조직할 수 없었던 포퓰리즘 정부의 민주적 결핍은 이 시대를 평가할 때 반드시 고려해야 할 사항이다. 반둥체제는 전후 체제의 다른 두 가지 특징과도 관련이 있다: 소비에트주의(및 마오주의)와 사회민주주의 서구의 복지 국가이다. 이 두 체제는 분명 경쟁적이었고, 심지어 갈등을 빚기도 했지만 결과적으로 상호 보완적이기도 했다. 이러한 상황에서 투쟁의 세계화에 대해 말하는 것은 자본주의 역사상 처음으로 전 세계 모든 지역과 모든 국가 내부에서 저항이 발생하여 이러한 세계화를 향한 초기 단계를 형성했기 때문에 의미가 있다. 이러한 투쟁을 특징짓는 상호의존성의 증거와 사회 운영의 안정을 보장하는 역사적 타협은 반대로 세 체제의 발전 잠재력이 동시에 침식된 후 발생한 변화를 통해 제공되었다. 소비에트주의의 붕괴는 또한 사회민주주의 모델의 붕괴를 수반했다. 그것은 "공산주의의 위협"에 맞설 수 있는 유일한 방법이었으므로 실질적 사회 발전이 필요했다. 1968년 유럽에서 일어난 중국 문화대혁명의 반향도 그 일환이다.

반둥 시대에 시작된 산업화의 진전은 제국주의의 배치 논리가 아니라 지구의 남반부 민족이 이룩한 승리에서 비롯된 것이었다. 물론 이러한 진보는 '따라잡기'가 실현되는 것처럼 보이는 환상을 조장했지만, 실제로 제국주의는 주변부의 발전 요건을 조정할 수밖에 없었고 새로운 형태의 지배를 중심으로 재구성되었다. 산업화국가/비산업화국가 간 대립과 동의어였던 제국주의국가와 피지배국가 사이의 오래된 대립은 점차 '제국주의 중심지의 5대 새로운 독점'(신기술, 천연자원, 금융 흐름, 통신, 대량살상무기에 대한 통제)에서 파생된 이점의 중앙 집중화에 기반한 새로운 대립으로 자리를 내주게 된다.(Amin, 2019, 17-18쪽)

아민은 냉전의 세계적 편제의 시대를 신생국들에 의한 반둥체제의 형성으로, 제국주의적 냉전적 지배질서에 대항한 투쟁의 세계화 시대로 특징짓는다. 그리고 1980년대에서 현실사회주의의 패퇴와 신자유주의 세계화가 전개되는 시기를 비동맹/제3세계 운동의 좌절과 침체의 역정으로 가름한다. 20세기 동안 자본주의 체제에 대한 도전, 1980년까지 내내 노동자와 피지배 민중이 승리하는 긴 투쟁의 물결—마르크스주의와 공산주의의 기치 아래 진행된 혁명, 사회주의로 가는 점진적 경로의 맥락에서 정복된 개혁, 식민지와 억압받는 민족의 민족 해방 운동의 승리—은 모두 이전보다 노동자와 민중에게 덜 불리한 힘의 관계를 구축했지만, 새로운 진보에 의해 지속될 수 있는 조건을 만들지 못하고 소진되었다고 진단한 것이다. 진보지향의 동력이 고갈되자 독점자본은 다시 공세를 취하고 절대적·일방적 권력을 재확립했고, 이에 대한 새로운 도전의 윤곽은 소멸해 버린 것이다.

아민은 반둥체제가 훼멸되고 도래한 현대 자본주의의 성격을 일반화된 독점자본주의로 규정한다. 여기서 독점이란 통합된 시스템을 형성하며, 결과적으로 모든 생산 시스템을 엄격하게 통제하고 있다는 뜻이다. 그리고 "세계화"란 그들이 세계 자본주의의 주변부(미국·유럽 · 일본의 파트너를 넘어 전 세계)의 생산 시스템에 대한 통제권을 행사하는 명령에 스스로 부여한 이름으로, 이는 제국주의의 새로운 단계에 다름 아니다.

아민은 시장을 통한 세계화, 시스템으로서 일반화되고 금융투자만이 관철되는 세계화된 독점자본주의를 일반화된 독점자본주의로 명명했다. 그것은 결과적으로 독점적/제국주의적 지대의 극대화에 의해 지배되고, 불균형이 지속해서 증가하지만 그 증가한 잉여의 일부를 더 이상 생산 시스템의 확장과 강화에 투자할 수 없게 되면서, 오로지 '금융 투자'만이 독점자본이 통제하는 축적을 지속시킬 수 있다. 그처럼 금융 자본에 의한 통제가 중앙 집중화되면 자본의 집중보다 더 권력의 중앙집중화가 가속화되며 경제와 정치권력의 상호 침투를 강화함으로써 자본주의의 정치 체제는 금권정치The Plutocrats가 되고 그로써 대의 민주주의나 정당정치도 무력화되면서 탈정치화 상태에 이른다.

반둥 시대는 그러한 신자유주의의 공세로 일단의 막을 내렸다. 아민은 제3세계 주변부 국가에서 해방은 세계화된 자본주의 체제 논리에 따르거나, 이 체제 안에서는 일어날 수 없음을 천명해 왔다.[52] 글로벌 사우스는 신자유주의 시스템의 고유한 양극화와 '중앙' 제국주의 국가들의 특정한 독점으로 자본주의 세계경제의 중심맥락을 따라잡을 수 없다는 것이다. 따라서 아민은 '주변부'는 자본주의 세계 경제체제에서 자발적으로 '단절'할 것을 촉구했다.

---

52   Samir Amin/Michael Wolfers, "Delinking; Towards a Polycentric World", Zed Books, 1990. (*La Déconnexion*(Edition by La Décoverte, 1985)).

나는 '저개발'(상대적 용어)이 '발전'의 반대편, 즉 본질적으로 불평등한 자본 확장의 양면이라고 보는 관점을 지지해 왔고 지금도 지지하고 있다. 따라서 세계 자본주의 체제의 주변부에 위치한 국가의 발전은 이 세계 자본주의 체제와의 필수적인 "단절", 즉 "탈연결", 국가 발전 전략을 "세계화"의 명령에 복종시키는 것을 거부하는 과정을 거치게 된다. 그러나 우리가 "단절"이라는 개념에 부여하는 의미는 전혀 자립과 동의어가 아니다. 그것은 전 세계적 규모로 작동하는 자본주의 가치 법칙의 지배에서 나오는 경제적 합리성의 기준과는 독립적으로 국가적 기반과 대중적 내용을 가진 가치 법칙에 기초한 경제적 선택의 합리성에 대한 기준 체계의 조직을 의미한다.[53]

아민은 세계 가치사슬로부터의 온전한 '단절'을 위해서는 한 국가 내에서 특정한 정치적 전제 조건, 곧 주권 수행의 정체가 필요함을 역설했다. "세계은행이 비상사태 증명서를 부여한 많은 국가들 중 어느 나라도 지속적으로 일관된 주권 프로젝트를 추구하지 못했기 때문에 실제로 (단절이) 출현한 국가는 없는데, 이는 모든 국가들이 국가 자본주의의 잠재적 부문에서도 순수하고 단순한 자본주의의 기

53   Samir Amin, "A Note on the Concept of Delinking", Review, Fernand Braudel Center, 1987, Vol. 10, No. 3 '주변부'가 세계 경제에서 '분리'해야 한다는 아민의 입장은 그의 「모택동주의의 미래The Future of Maoism」(1981)에서 정초한 바 있다. 사미르 아민, 편집부 옮김, 『모택동주의의 미래』, 도서출판 한울림, 1985, 제1장 참조. 관련 논의로는 백원담, 「다른 세계들과 정의로운 전환」, 『황해문화』 120, 2023 참조.

본 원칙에 동의하고, 금융을 포함한 모든 차원에서 현대 세계화에 대한 복종을 받아들였기"[54] 때문이라는 것이다. 그런데 1980년대 중엽 신자유주의가 초기 금융자본을 중심으로 구조화되는 시점에서 아민은 '단절' 전략의 성공사례로서 중국의 개혁개방을 통한 경제 발전과 국내 재생산구조의 효과적 재편의 성과를 꼽았다. 마오쩌둥의 중화인민공화국이 계획경제를 구가한 성과 위에 덩샤오핑鄧小平은 개혁개방을 추동, 국가자본주의로 신자유주의 세계화 체계에 자발적으로 편제되었지만, 이는 부분적이고 통제 가능한 통합으로서, 그러한 중국식 국가자본주의 발전모델은 주권 프로젝트의 수행을 통해 '현대 산업 시스템 구축, 농촌 소규모 생산 시스템 관리, 세계체제로의 중국 통합'을 통제했으며 그로써 다른 경로의 가능성을 열어놓았다는 것이다.[55]

3) '신흥국'과 글로벌 사우스

아민은 21세기에 이르러 '단절' 담론에 약간의 변화를 꾀한다. 반둥체제의 몰락으로 주변부가 중앙의 요구에 일방적으로 순응할 수밖에 없었지만, 그 피조정의 국면이 오히려 주변부국가들이 국가 자본주의 발전의 길로 나아갈 기회를 제공하면서 '신흥국'으로서의 운신할 여지를 갖게 되는 것을 글로벌 사우스의 새로운 대두의 조건으로

54   Samir Amin, "China 2013", Monthly Review, Mar 01, 2013.

55   Francesco Macheda & Roberto Nadalini, Samir Amin in Beijing: delving into China's delinking policy, Review of African Political Economy, 06 Nov 2020.

주목한 것이다. 요컨대 아민은 프랑크Andre Gunder Frank의 '룸펜 개발 lumpen-development' 개념을 차용하여 그것이 "제국주의 중심부의 독점이 주변부의 지배 사회에 부과한 '개발' 모델과 연관된 가속화된 사회 붕괴의 결과"이지만, 신흥Emergence의 경험 중 일부는 룸펜적 발전 과정이 아니므로 '신흥'이라는 명칭을 붙일 자격이 충분하다고 보았다.[56] 아민은 한국과 대만을 바로 그 신흥국 프로젝트가 성공한 경우로 들면서 "빈곤화가 노동자계급을 괴롭히지는 않으며 삶의 조건이 개선된" 그 과정은 자본주의적 발전 경로를 명확히 따른 결과라고 했다(Amin, 2019). 신흥국 성공의 다른 두 사례는 사회주의 혁명의 유산을 물려받은 중국과 베트남이다.

그처럼 아민은 1995년부터 이후 신흥국의 국가자본주의의 성공을 '단절'의 한 양상으로 해명했고, 글로벌 사우스의 대두가 갖는 의미를 그 발전의 잠재력과 그 모순 및 한계를 분석함으로써 새로운 투쟁의 세계화를 지역 및 세계 차원에서 조절할 수 있는 전략의 수립이 필요하다고 역설했다.

---

56 아민에 따르면 룸펜 개발은 제국주의 중심부의 독점이 주변부의 지배사회에 부과한 '개발' 모델(이 이름에 걸맞지 않은)과 관련된 가속화된 사회 붕괴의 결과다. 그것은 생존 활동(소위 비공식 영역)의 극적인 성장, 즉 자본 축적의 일방적 논리에 내재된 빈곤화에 의해 반영된다. 아민은 룸펜-개발의 대표적 실례로 인도를 꼽는다. 상당한 규모의 산업 시스템을 강화하는 것을 목표로 하는 국가 정책이 있고, 중산층의 확대가 수반되며, 기술 역량과 교육의 진보가 있고, 세계 무대에서 자율성을 가질 수 있는 외교 정책이 있지만, 사회의 3분의 2에 해당하는 대다수의 빈곤층이 가속화되고 있기 때문이다. *The Long Revolution of the Global South: Toward a New Anti-Imperialist International*, 25-29, 188.

신흥국은 경제적 프로젝트일 뿐만 아니라 정치적 프로젝트이기도 하다. 따라서 신흥국의 성공에 대한 평가는 기존 경제학의 관점에서 측정된 신흥국의 경제적 성공에도 불구하고 지배적인 자본주의 중심이 지배를 지속하는 방식을 줄일 수 있는 역량을 검토하는 것에 기반한다. 나는 이러한 수단을 기술 개발, 천연자원에 대한 접근, 글로벌 금융 및 통화 시스템, 정보 수단, 대량 살상 무기에 대한 지배 세력의 통제라는 측면에서 정의했다. 또한 어떤 수단을 동원해서라도 세계 지배에서 특권적 지위를 유지하고 신흥국이 이러한 지배에 도전하는 것을 막으려는 삼국의 집단적 제국주의가 실제로 존재한다는 논지를 유지한다. 그리하여 신흥국의 야망이 제국주의 3각 체제의 전략적 목표와 충돌하고 있으며, 이 충돌의 폭력성은 위에서 열거한 중심부의 특권에 대한 신흥국의 도전이 얼마나 급진적인지에 비례한다는 결론을 내린다. 신흥국의 경제학 또한 해당 국가의 국제 정책과 분리할 수 없다. 이들 국가는 삼국의 정치-군사적 연합에 동조하는가? 결과적으로 나토가 실행하는 전략을 수용하는가? 아니면 이에 맞서려 하는가?[57]

아민은 신흥국 개념을 한 국가의 산업 생산이 지속적으로 성장하고 해당 산업이 세계 시장에서 경쟁력을 갖출 수 있는 능력이 증가했다는 것에 한정하지 않는다. 보다 정치적이고 총체적인 접근 방식의 의

57   Samir Amin, The Long Revolution of the Global South Toward a New Anti-Imperialist International, 앞의 책, 28-29쪽.

미로서 "정부가 시행하는 정책이 (외부에 개방되어 있더라도) 내향적인 경제를 구축하고 강화하는 것을 목표로 하고 결과적으로 국가 경제 주권을 주장할 수 있는 경우"에만 국가는 신흥국이라 할 수 있다는 것이다. 이는 국가가 식량 주권을 강화할 수 있는 정책뿐만 아니라 천연자원의 통제 및 자국 영토 외부에서의 접근에 대한 주권을 강화할 수 있는 정책을 의미한다. 그런 점에서 신흥국은 경제적 프로젝트일 뿐만 아니라 정치적 프로젝트이기도 한 것이다. 단계적으로는 자본주의 중심이 지배를 지속하는 방식을 줄일 수 있는 역량을 갖추는 것, 그것이 바로 새로운 투쟁의 세계화 기획인 바 그것을 이끌 수 있는 전략의 수립과 그 수행의 동력을 만들어 가는 것이 진정한 의미에서 글로벌 사우스의 대두라고 할 수 있다. 아민은 반둥과 비동맹/제3세계 운동을 역사적 경험으로 한 신흥국의 21세기적 세력화란 바로 오늘의 신자유주의적 자본주의를 재생산하는 다섯 가지 독점에 맞서고 '상호 규제'의 조건을 만들기 위해 이념적, 정치적 세력을 재편성해 나가야 하는 것이라 역설했다.

제3세계 포럼(Third World Forum, 1975, Dakar)의 창립자로서 아민은 21세기에 이르러 세계사회포럼(World Social Forum, 2001, Porto Alegre)의 창설을 주도하고, 반세계화와 대안 세계화를 위한 지구적 연대운동을 촉성해 왔다. 아민은 "시장을 통한 세계화"라는 반동적 유토피아에 대응하기 위해 새로운 사회주의적 전망 안에서 대안적 인도주의 프로그램 개발의 필요성을 역설했다. 아민은 제5인터내셔널The Fifth International의 창설 제안(2018)에 이르기까지 지속해서 제3세계 연대와 다른 세계의 가능성을 여는 데 주력했다. 아민의 전략 방안은 세계정치체제를 구축하는 것이다. 민족국가가 국내 시장의 틀을 대표했다면, 세계정치체제는 세계시장의 하수인이 아닌 그 시장의 매개 변수 지시 역할을 담당해야 한다는 것이 아민의 입장이다. 아민은 세계정치체제는 다음 네 가지 영역을 책임져야 한다고 역설했다. ① 세계 군축의 조직 ② 지구 자원의 동등한 개발 ③ 불균등하게 발전하는 주요 지역 간의 개방적이고 유연한 관계의 조정: 주요 지역 간 개방적이고 유연한 관계 ④ 커뮤니케이션, 문화 및 정책 영역에서 세계적 · 국가적 관계 조정이 그것이다.[58]

왕후이汪暉는 이러한 세계정치체제의 구축 기획에 대해 새로운 글로벌 사회주의로 이어지는 방향이라고 의미화했다. 그리고 러시아와 중국의 구사회주 경험을 성찰하며 이러한 투쟁에서는 무엇보다 '이념적, 문화적 경계의 재고'가 중요함을 지적했다.

아민은 2015년 반둥회의 60주년을 기념한 인도네시아에서 세계화에 대한 비동맹의 부흥에 건설적인 정신으로 기여한다는 목표 하에 다양한 견해와 제안을 수렴할 회의를 조직하며 의제를 제출했다.[59] 그것은 2014년 5월 알제리의 비동맹운동 정상회의에서 표명된 입장에 주목하여 3개의 주제토론으로 구성되었다. ① 아시아, 아프리카, 라틴 아메리카 및 카리브해의 국가 · 민족 간의 정치적 연대 구축 ② 3개 대

---

58   汪暉, 〈纪念阿明 : 秩序还是失序? - 阿明与他对全球化的看法〉, 「人文與社會」, 2018.

59   Samir Amin, "From Bandung (1955) to 2015 ; Old and new challenges for the States, the Nations and the Peoples of Asia, Africa and Latin America Proposals for the october 2015 meetings(draft)", https://allafrica.com/stories/200910291027.html

륙에서 주권적이고 대중적이며 민주적인 대안 프로젝트의 건설을 진전시키기 위한 방안 ③ 농업 문제(신자유주의 세계화가 세 대륙의 농민 농업에 대한 대규모 공격과 강탈로 토지 접근 불평등이 심화되는 것에 대한) 대응 방안 등이 그것이다.

여기서 첫 번째 라운드테이블의 주제는 최근 전쟁 국면을 예상하고 그 대응을 제기한 것으로 주목해 볼 수 있다.

오늘날의 주요 도전은 지구에 대한 군사적 지배를 확립하려는 미국/나토/일본의 전략 전개, 이를 위해 행해지는 군사적 위협과 개입, 그리고 제국주의 열강에 한정된 소위 '국제사회'가 이러한 개입에 부여하는 잘못된 '정당성'으로 대표된다. 이러한 개입이 초래한 비참한 결과, 즉 사회 전체를 파괴한 결과(이라크, 리비아, 시리아는 그러한 결과의 슬픈 예다)에 대한 분석을 넘어서서, 세 대륙의 국가 공동체가 그 중심 도전에 대해 어떤 대응(또는 대응 부족)을 했는지 평가하는 토론이 진행되어야 한다. 지구에 대한 군사적 통제 전략을 물리치는 것은 정치 세계 체제의 대안적 재편이 성공하여 각국이 자신의 발전 경로를 자유롭게 선택할 권리를 보장하고 국가 간의 평화로운 공존을 보장하는 조건이 된다. 미군기지 해체 투쟁, '테러와의 투쟁'이 의미하는 바에 대한 평가, 국가 테러 등과 같은 많은 문제가 그 중심 질문과 관련이 있다.

4. 반동, 비동맹, 글로벌 사우스

사미르 아민의 '단절'과 다른 세계체제의 실현을 위한 실천사상에 입각하여 글로벌 사우스의 부상이 갖는 의미를 오늘의 전쟁 국면에 투영해 보고자 한 것은 두 가지 문제 인식에서 비롯되었다.

첫째, 작금의 세계사적 질곡으로서 전쟁상태의 평화적 해결 과정은 그 자체가 미국 중심의 글로벌 패권질서를 해체·재편하는 경로가 될 것이다. 미국과 서유럽의 중심세력이 전쟁에 사활을 거는 것은 금융 세계화의 주도권을 군수산업의 세계화가 떠받치는 구조이고 세계적 규모의 분업구조가 작동하고 있어 어떤 균열도 치명적인 결과를 초래할 수밖에 없기 때문이다. 그런데 19차 비동맹운동 정상회의에서는 그 사태의 본질을 직시하고, 미국에 대해 문제를 제기했고, 진화에 나섰다. 그것은 글로벌 사우스의 정치적 개진이 반동과 비동맹운동 초기의 역동적 전개에서와 같이 세계정치체제의 새로운 구성기획까지 감당할 수 있는 정도는 아니지만, 문제의 핵심을 놓치지 않고 탄력성 있게 대처하는 단계에 있음을 확인하게 한다. 확실히 BRICS, 비동맹회의, G77+중국, 상하이협력기구, 라틴아메리카 및 카리브해 국가 공동체 CELAC 등 각기 세계 남반부의 결속단위들이 정치적 경제적 사회적 차원에서 다른 중첩을 이루고 있다.

20세기 반동과 비동맹/제3세계 운동 당시 참여국가들의 변혁 지향과 결속력은 상대적으로 높았지만, 신생국들의 경제적 기반이 취약하고 식민주의 청산과 근대적 국민국가를 이끄는 정치세력의 입지가 불안정한 상태로 지역·대륙 간 연대 결속을 지속하기 어려웠다. 그러나 네루의 중립화 노선과 나세르Gamal Abdel Nasser의 적극적 중립주의, 이란을 중심으로 한 아랍과 아프리카의 자원민족주의, 쿠바의 세계혁명노선, 마오쩌둥의 중간지대론中間地帶論[60]과 3개 세계론三個世界論(1973)[61] 등 전략노선의 제출은 세계사의 진로를 비동맹/제3세계 운동이 주도했음을 입증한다. 특히 마오쩌둥은 1946년과 1958년 두 차례에 걸쳐 중간지대론을 제출한다. 첫 번째 중간지대론은 국공내전의 전면화와 3차 세계대전의 위험성 속에서 감행한 중국공산당의 전략적 선택이었다. 그것은 중국혁명의 세계혁명적 성격을 분명히 하고, 소련의 타협 노선을 비판하며, 미·소 냉전의 중간지대 설정으로 세계적 규모의 통일전선 구축의 중요성을 제기하고, 미 제국주의의 중간지대 침략에 대항하는(반동파는 종이호랑이) 전략 노선으로, 중국혁명의 승리는 물론 전후 아시아 평화 공존의 기본 구상을 가시화한 것이다.

1958년 소련과의 노선 갈등 속에 제출된 중간지대론은 제3세계운동의 입론으로서 제1세계 진보세력과의 독특한 절합을 통해, 미국의 베트남전 반대 운동과 유럽에서의 68혁명 등을 거치며 신사회운동의 부침을 겪었다. 그 뒤로 20세기 말 현실사회주의는 패퇴했지만 중국은 개혁·개방과 '단절'을 통한 중국 특색의 경제 발전을 이루었다. 워싱

---

60 1946년은 국민당과 공산당의 대내전大內戰 시기로 아직 중화인민공화국 성립 이전에 미국기자(Anna Louis Strong)와의 대담에서 제출. 1958년 10월혁명 40주년 기념 연설에서 중간지대론 재론.

61 1974년 2월 잠비아 대통령 케네스 카운다Kenneth D. Kaunda와 회담에서 마오쩌둥은 "내가 보기에 미국·소련은 제1세계다. 중도파인 일본, 유럽대륙, 호주, 캐나다는 제2세계다. 아시아는 일본을 제외하면 제3세계다. 전체 아프리카는 제3세계이고, 라틴아메리카도 제3세계"라는 입장을 천명했다.

턴 컨센서스에 대한 베이징 컨센서스의 승리(2008년 베이징올림픽 당시
미국 금융위기로 워싱턴 컨센서스에 대한 베이징컨센서스의 승리, G2의 형
성, 일대일로의 유라시아경제협력이니셔티브와 상하이협력기구SOC, BRICS
등 주도)는 신자유주의 세계질서에 다른 하위구조를 편제해 나가는 구
도를 이루었다. 이러한 글로벌 사우스의 경제 성장을 이끄는 남남협
력의 경관은 재난과 전쟁으로 파국을 맞고 있는 오늘의 세계화 질서가
이미 중대한 변화를 초래하고 있음을 실증한다.

그러나 코로나19 팬데믹의 세계적 재난 속에서 남반구는 이례적으
로 어려운 2년을 맞이했다. 기후위기의 원인 제공자로서 북반구 국가
와 바이오기업들이 재난자본주의(백신 지재권TRIPs)를 가동하며 백신
불평등구조를 야기한 가운데, 코로나19 팬데믹에 가장 취약한 제3세
계 국가들에선 변이들이 발생하고 기하급수적으로 증가하던 국가부
채는 우크라이나 사태로 더욱 악화되었으며, 극도의 빈곤층은 2020년
7,500만 명에서 2022년 9,500만 명으로 폭증했다.[62]

브릭스를 중심으로 한 글로벌 사우스가 남남협력으로 개발도상국들
에 기술 협력과 유상 원조, 인프라 구축 등 경제 성장을 도모하고 있
지만, 그로서 새로운 위계질서가 현실화하는 것 또한 사실이다. 따라
서 경제적 실리를 위한 남남협력의 약한 연대 고리가 '군축, 불평등과
빈곤, 기후위기, 문화 다양성' 등 당면 세계의 의제를 공유하며 정치적
연대의 차원을 담보할 수 있는 계기를 맞아야 할 것이다.

---

62   Daniel Gerszon Mahler 등, "Pandemic, prices, and poverty", April 13, 2022, https://
       blogs.worldbank.org/opendata/pandemic-prices-and-poverty

둘째, 지금 세계 곳곳에서 팔레스타인 지지 물결이 파고를 이루고 있다. 그것은 이 전쟁에 다수의 수행주체들, 특히 평화를 지향하는 복수의 정치수행이 이루어지고 있음을 확인케 한다. 특히 미국 주류 대학의 학생들이 팔레스타인의 참혹한 현실을 아파하며 지지와 전쟁 반대를 선언하고, 대학 당국의 이스라엘 기업에 대한 투자 철회를 촉구하며 점거시위라는 공간화 투쟁을 거침없이 전개하고 있다. 그것은 유럽과 아시아, 남미까지 확산하는 추세로 미국과 유럽의 이스라엘 지지 선언과 전쟁 지원 상황에서 전혀 예기치 못한 것이다. 이는 신자유주의 통치성이 양산해 낸, 호모 이코노미쿠스Homo Economicus들의 각자 도생이 대세인 상황과는 다른 양상이다. 그렇다면 과연 세계가 자본의 전지구화의 모순 속에서 어떤 글로벌리티globality를 창출해 냈기에 이런 도저한 반전의 물결이 가능한 것인가.

'자본의 자유로운 이동, 노동의 유연화, 국가 역할의 축소' 등 지구화는 전방위적 상호연결성을 특징으로 한다. 지구화를 통해 사람들은 "역사적으로 구체적이지만 끊임없이 변화하는 시공간 변화 과정의 다층적이고, 다중 스케일적이며, 고르지 않은 매트릭스"를 체현하게 한다. 그런데 최근 디지털혁명으로 지구화는 새로운 단계에 접어들었다. 글로벌 교환 관계는 플랫폼 경제의 성장과 사물 인터넷, 글로벌 상품 사슬 관리 프로세스를 통해 보다 가속화되었다. "사람, 사물 및 기관의 이동성이 디지털 네트워크의 확장과 전자 상호 연결의 심화를 따라가지 못하면서 세계화 시스템에서 비체화된 흐름의 위상이 커지고 인접한 지각판의 조각이 긁히기 시작"한 것이다.[63] 각 구성체 간의 외적 탈구와 내적 탈구가 일어나는 격변 속에서 다수의 균열들, 체현된 지구화(이주노동자, 정치 난민 vs. 출장 사업가, 관광객)와 비체화된 지구화(디지털 문화 유동 vs. 온라인 저작권) 등이 현성하는 것이다. 그런데 그 포스트 지구화는 "개인주의, 경쟁 및 자유시장 자본주의의 가치에 기초하지만, 다른 한편으로 보다 공동체적이고 협동적인 규범과 제도를 포함할 수 있다."[64] 신자유주의적 신체들이 디지털 혁명으로 비체화된 글로벌라이제이션의 탈구들이 예기치 않은 사회적 관계를 확장하고, 새로운 글로벌 네트워크를 가능하게 한 것이다. 예컨대 한류는 "가상 공간을 거점으로 영토를 확장하고 있는 포스트지구화의 상징적 대중 문화로 간주될 수 있을 것이다."

한편, 포스트 지구화는 미래의 시공간을 전취하는 것이 아니라 과거의 시공간도 소환·혼재시켰다. '식민과 냉전 그리고 전지구화의 모순이 중첩된' 형태로 '뒤얽힘'의 경관을 열어내고, 그 중첩된 모순의 집적 문제를 현재화하는 것이다. 그리고 자본의 전지구화에 대응한 아래로부터의 공간화 실천들은 오늘의 비동맹/제3세계 운동의 역사적 맥락을 더욱 광범위한 대중적 개진으로 계승하고 있다. 1960년대 말 베트남전쟁에 반대한 세계적인 반전운동과 68혁명은 21세기에 들어서면서 오큐파이 운동 등 대안세계화 운동으로 전개되었다. 제3세계 곳곳에서는 비정규직 고용불안정 투쟁, 빈곤 문제, 토지재분배 운동, 도

---

63   Steger Manfred and Paul James, 'Disjunctive globalization in the era of the great unsettling', *Theory, Culture & Society*, 2020.

64   Steger Manfred and Paul James(2019), "Outlining an Engaged Theory of Globalization," in *Globalization Matters: Engaging the Global in Unsettled Times*.

시개발반대 운동, 이주와 난민, 주권투쟁, 분리운동, 젠더, 소수자, 장애인권리투쟁, 기지반대투쟁, 반핵운동, 기후정의, 체제 전환 등 다양한 개진들이 현재진행형으로 지속되고 있고, 그 범위는 정치·경제·사회·문화·군축 등 광범위한 영역을 포괄하며, 국민국가의 경계를 넘은 연대운동의 파장을 이루고 있는 와중이다.

아민은 다른 세계화의 실현을 위해 '주권적이고 대중적이며 민주적인 대안 프로젝트의 건설을 진전시키는' 새로운 비동맹의 세계정치체제를 제안한 바 있다. 그것은 반둥 이후 신생국들이 국가 간 관계에서 글로벌 거버넌스의 역량을 축적하고 비동맹/제3세계 운동이 침체를 거쳐 글로벌 사우스의 주권 기반 프로젝트로 새로운 세계체제를 구성하고 이끌어갈 수 있는 역사적 실체로 존립하고 있기 때문에 가능한 기획이다.

그러나 새로운 투쟁의 세계화는 국가와 국가 간 관계, 기구나 정치협의체로만 추동될 수 없다는 점에서 문제적이다. 오늘의 자본의 전지구화가 디지털혁명으로 이제까지와는 체화·비체화된 다른 관계의 공간, 포스트 글로벌리티의 연계망을 광역적으로 열어냈다. 따라서 그 다양한 장소들에서 이루어지는 새로운 정치사회의 공간화 실천들이 펼치는 복수성 정치의 장역이야말로 이제까지 정형화된 세계지배질서의 균열을 일으키고 새로운 다원 평등한 평화문명의 세계상을 열어가는 경로worlding라 할 것이다.

5. 맺음에 대신하여

올해는 제네바회담 70주년, 평화공존 5원칙 성립 70주년을 맞았다. 그 두 중요 지점을 통해 반둥회의와 비동맹운동의 경로가 조직되었다면, 그 역사적 계기를 연 것이 다름 아닌 한국선쟁과 인도차이나전쟁이라는 전후 아시아의 가장 총체적 위기 상황임을 간과해서는 안 된다.

1950년 당시 인도의 네루 수상은 사태의 심각성을 인식하고 한국전쟁과 인도차이나 전쟁의 정치적 해결을 위해 동분서주하였다. 미국과 UN을 통한 조속한 종전을 촉구하였고, 1952년 베이징에서 아시아태평양 평화회의Asia and Pacific Rim Peace Conference를 조직함으로써 한국전쟁과 인도차이나전쟁의 평화적 해결을 촉성하여 휴전을 끌어냈다. 또한 휴전협정을 종전협정으로 이끌기 위해 정치적 해결의 장을 열고 정치회담을 추진하고자 하였지만, 미국이 움직이지 않자 콜롬보세력을 결집하여[65] 제네바회담을 성립시킨 것이다. 결과적으로 이승만 정권의 북진통일주장과 북한의 마찰로 정전협정에 그쳤지만, 인도차이나에서는 프랑스 재식민화기획을 분쇄하고 종전협상을 마무리 지었다. 바로 이 전후 아시아 열전의 해결 과정에서 인도와 중국은 평화공존 5개 원칙에 동의하였고, 1955년 인도네시아 반둥에서 아시아·아프리카 회의를 개최하게 된 것이다.[66]

---

65 네루는 1954년 4월 콜롬보에서 '아시아 5개국 수상회의(Conference Five South Asian Prime Ministers, Ceylon, India, Burma, Pakistan, Indonesia, 1954. 4. 28-5. 2, 콜롬보회의)'를 개최했다. 5개국 수상들은 제네바회담을 통해 극동·아시아 지역의 안정과 평화의 필요성을 공유하고 크게 두 가지 지점에 합의했다.

66 "네루는 한국전쟁의 발발과 함께 그 전쟁을 일으킨 침략행위에 대한 책임소재를 북한에 묻고 UN 안보리에서 중재로써 해결해 나가고자 했지만, UN군 파견이라는 문제에 봉

따라서 오늘의 전쟁국면에 전향적 개입은 이미 시작되었지만 반둥회의와 같은 정치적 결집의 경로를 열어나갈 수 있는 책임의식의 담지와 보다 적극적인 해결의지가 개진될 필요가 있음을 역설하고자 한다. 여기서 반둥체제, 반둥정신, 비동맹/제3세계 운동을 오늘에 소환하는 것은 작금의 신자유주의 세계화의 파행국면에서 그 전도를 놓고 정의로운 전환을 위한 정치사회적 의제를 제기하고 조금의 진전을 위해 노력하고 있는 것이 비동맹 국가들이고 글로벌 사우스 세력이기 때문이다. 돌이켜보면 그들은 전후 세계의 그 엄혹한 지경에서 민족해방운동을 통해 근대적 국민국가를 만들고 냉전적 체제로의 일방적 편제가 아닌 지역·세계를 향해 나아간 행보들이 역사적 굴절을 딛고 오늘의 세계에 굴기한 표증이다.

오늘의 글로벌 사우스는 신자유주의 공세 속에서 비동맹 운동의 굴절 과정을 거쳐 정치적 결집보다는 남남협력과 같은 경제협력을 중심

착하여 세 가지로 대응했다. 첫째, 1950년 6월 2일부터 26일까지 아시아 순방 일정으로 UN 안보리의 한국전쟁에 대한 결의안에 직접 참석하지 못했던 네루는, 돌아오자마자 이에 대한 문제제기를 하고 7월 31일까지 한반도에서 전쟁의 평화적 해결을 위해 미국과 영국의 지도 세력과 지속적인 논전을 벌였다. 둘째, 인도군 파견에 대해 현실적으로 역량이 없고 군사적 개입으로는 문제가 해결될 수 없다는 점을 들어 인도주의적 차원에서 의료진 파견을 결정했다. 아울러 포로 문제를 중요하게 부각시키고 포로들의 입장에서 송환의 선택권 문제를 제기함으로써 한반도 혹은 아시아의 냉전과 열전이라는 상황에서 복수複數의 수행주체성 문제를 제기했다. 셋째, 한국전쟁 전중과 전후 평화아시아의 기획 속에서 아시아 내셔널리즘과 리저널리즘의 동력을 추동하고 국가 간 연대체제(Asia-Africa체제) 구축을 추동했다. 이는 UN을 중심으로 세력권정치를 가동하는 한편, 탈냉전과 다른 세계화의 가능성을 구도해가는 비동맹운동의 기획으로 구체화되었다." 백원담, 「전후 아시아에서 '중립'의 이몽과 비동맹운동 −한국전쟁 종전에서 인도 요인을 중심으로」, 『역사비평』 통권 138, 2022 봄호.

으로 낮은 수준의 세력화를 이루고 있다. 그러나 아민이 제기한 바와 같이 그 신흥국의 정체성을 담지하는 것은 경제적 프로젝트일 뿐만 아니라 정치적 프로젝트에 해당한다. 그 신흥국은 다양하게 유형화될 수 있지만, 궁극적으로는 세계 자본주의 지배력의 지속을 약화시키는 '주권 프로젝트'의 구축을 관건으로 한다는 점에서 신흥국 간 관계성의 강화가 더욱 중요하다고 하겠다.

그런데 또 하나 한국전쟁의 중요 국면으로 주시해 보아야 하는 것은 전쟁포로에 대한 인도와 네루의 관심 및 해결 방식이다. 네루는 한국전쟁의 종전이 포로 문제로 정체 상태를 이루자 인도군 6,000명을 판문점에 파견하고 포로 문제의 해결에 역점을 기울였다. 21세기 파란의 세기를 넘는다는 것은 전쟁의 촉발 혹은 도발의 계기와 목적이 무엇이었고 전략적 선택은 무엇이었는지 그 전개와 귀결의 파장도 중요하지만, 가장 중시해야 할 것은 거기에서 이루어지는 복수의 수행성 문제이고, 그 하나하나의 행보들을 세계사 전진의 경로에 맥락화하는 것이다.

2차 세계대전 당시 총력전 체제 아래 전쟁의 일선에서나 후방에서 전역과 전시체제를 살아낸 것은 대다수 피압박 피지배하의 대다수 인민들이다. 그리고 오늘의 21세기 포스트 글로벌라이제이션 시대의 가장 엄혹한 불행은 자본주의 이후를 사고할 수 없는, 악마에게 영혼을 팔 수밖에 없는 존재양식에 체현되어 있다. 그러나 코로나 팬데믹 속에서도, 미래가 보이지 않는 파멸의 극한지경 전쟁국면에서도 그 생존 관계의 연루를 만드는 신체들, 생명의 정동들, 그 다른 글로벌리티를 체현한 신체들의 공거cohabitation를 위한 궐기야말로 또 다른 글로벌 사우스들로서 그 투쟁의 세계화 경관을 중시하지 않을 수 없다.

미국과 세계의 대학가와 거리에서 젊은 그들은 팔레스타인을 지지하고 전쟁 반대와 이스라엘과 관련된 기업에 대학이 투자를 중지하라는 가장 적확한 문제의 지점(금융세계화와 군산세계화)을 겨냥하여 대학과 거리를 정치의 장소로 일으키고 있다. 세계 곳곳에서는 신자유주의 축적체제로는 더 이상 안 된다는 문제 인식 속에서 노동운동, 기후정의운동, 확장된 민중운동의 내포들이 체제 전환의 기치를 세우며 지구의 시간을 되찾는 싸움을 지속하고 있다. 그 진정한 글로벌 사우스들의 면모에 당장 동행하는 것이야말로 오늘의 전쟁을 종식시키는 길, 인간과 모든 생명체와 지구의 살길을 여는 다른 평화, 그 체제를 만들어가는 첩경이 아닌가 한다. 그 도저한 동행은 신자유주의적 축적체제의 가치사슬과 전쟁의 세계화와의 '단절'이 국가 차원에서는 주권프로젝트의 가동으로, 사회와 개별 사람들의 입지에서는 공거의 실천으로 감행되는 과정이기도 하다.

'평화 아시아'로 가는 관건

박철현(국민대학교)

천신싱의 '해협을 넘어 평화로 가는 길'에 관하여

대만과 대륙 사이의 평화의 길에 대한 모색은 전후戰後 대만 현대사 속에서의 민주화와 '중화민국 대만화'를 중심으로 생각해야 한다. 물론 대만의 민주화와 한국의 민주화는, 논자가 주장하듯이 모두 '민주주의를 수호하기 위하여 민주주의를 침해한다'라는 독재정권에 대항해 자유와 평등의 가치를 지키고 이를 확대하려는 과정이었던 점에서 유사하지만, 대만의 민주화에는 다음과 같은 중대한 차별성이 존재한다는 사실에 주목할 필요가 있다.

즉, 대만의 민주화는 1911년 신해혁명으로 대륙에서 시작된 '중화민국中華民國 대만화臺灣化'와 불가분의 관계라는 점에서, 한국의 민주화와는 차별성을 지닌다는 것이다. 일본의 대만정치 연구자 와카바야시 마사히로若林正丈에 따르면, '중화민국 대만화'는, 헌정개혁을 통해서 '중화민국' 통치 범위의 유권자를 주체로 하는 국민주권의 제도화를 완료함으로써 전후 '중국 국가Chinese State'가 아닌 '대만 국가 Taiwanese State'로서의 중화민국의 정통성을 중국 대륙이 아닌 '대만臺彭金馬'에서 확보하고 이를 통해 1971년 유엔 탈퇴 이후 국제사회에서 그 국가성stateness을 부정당해 온 '대만 국가'에게 주권 국가로서의 국가성을 부여해 나가는 과정이라고 한다.

또한, 이 과정에서 정치구조에 있어서 기존 '천점자(遷占者=외성인)' 엘리트 독점 지배구조가 붕괴하고 내성인과 원주민을 포함하는 다중족군사회多重族郡社會로 이행함으로써 민주화가 진전되었다. 이러한 '중화민국 대만화'는 장징궈蔣經國 사후 본격화되어, 리덩후이李登輝 재임 중 가속화했으며 '중국 국가'로서의 '중화민국'의 형해화가 진행된다.

특히, 1947년 7월 공포되어 공산당과 중화인민공화국을 '반란세력'으로 규정하고 '반란을 평정하기 위해 동원한다'는 내용을 담은 '동원감란시기임시조관動員戡亂時期臨時條款'은 곧 중국대륙 전체의 통치자가 중화민국이고 중화인민공화국은 반란단체라는 점을 전제로 하는데, 1991년 5월 이러한 '동원감란시기임시조관'의 폐지는 중화민국의 '중국 국가'로서의 국가 정체성을 포기하고, 중화민국이 실효적으로 지배하고 있는 대만臺彭金馬과 '대만 국가'의 범위를 일치시키는 것을 의미한다는 사실이다.

따라서, 대만 민주화의 경험의 차별성에 주목하여 대만과 대륙 사이의 평화의 길에 대한 모색도 이뤄져야 할 것이다.

백원담의 "단절'과 다른 평화'에 관하여

미국 중심의 글로벌 패권의 해체와 세계의 다극적 체제로의 전환
은, 최근 심화되는 각종 재난(기후위기)과 전쟁(러시아-우크라이나, 이
스라엘-하마스)이 곧 직접적인 계기는 아닐 것이다. 오히려 중국이 미
국에 대한 열세를 인정하던 종전과 달리, 2010년대 중반 이후 경제규
모의 가파른 성장과 함께, 미중 패권경쟁이 무역-기술 경쟁, 대만 홍
콩 티베트 신장 문제, 남중국해 문제, 코로나19, 군사력 경쟁 등 전방
위로 전면화하는 과정에서, 최근 기후위기와 전쟁이 추가되었다고 봐
야 할 것이다.

또한, 이러한 미중 패권경쟁과 러시아의 도전이 남중국해, 대만해
협 등에서 세계적 규모의 전쟁으로 비화한다면, 그것이 포스트 지구
화의 대안 레짐을 만들기보다는 민중의 참혹한 고난과 희생을 초래할
것은 자명하다.

물론 코로나19 사태에서도 급성장한 '감시 산업(surveilnace industry:
감시 카메라, 스캐너, 하드웨어 등)'과 '플랫폼 경제(택배 노동자, 인공지능
등)'에서 볼 수 있듯이 자본은 비록 민중에게 큰 고난과 희생을 초래
할 재난과 전쟁 속에서도 지속해서 수익 창출 구조를 만들어 가고 있
는 것도 사실이다.

따라서 자본주의 체제와 탈궤하려는 비동맹운동과, 여성과 소수자
까지 포괄하는 다양한 주체에 의한 기후정의운동에서 기존 체제와의
'단절'을 위한 사상자원 발굴은 중요하다고 할 수 있다. 하지만, 이슬
람협력기구OIC와 브릭스BRICS는 모두 기존 미국과 서유럽 중심의 세

계 질서에 반대하지만, 본질적으로 '국가' 중심의 국제협력기구인 바, 반전평화운동 등 포스트 글로벌리티 문화 경험이 창출한 복수성 정치의 주체와 근본적 잠재적 긴장 및 대립 관계가 내재해 있다는 점에 주목해야 할 것이다. 따라서 반전평화 기후정의 등 '복수성 정치의 주체'와 이들 이슬람협력기구 브릭스와의 근본적 잠재적 긴장 및 대립의 해소가 '평화 아시아'로 가는 관건 중 하나라고 본다.

논평

평화를 지향하는 새로운 정치 주체의 탄생

김도민(강원대학교)

2024년 6월 현재, 한반도에서 남북한 간의 적대성은 격화하고 있다. 2018년 문재인 전 대통령과 김정은 국무위원장이 합의했던 남북간 적대 행위를 금지하는 "9·19 군사합의"는 2023년 11월 북한이 전면 파기를 선언했으며, 이에 곧바로 윤석열 정부도 일부 효력을 정지했다. 최종적으로 2024년 6월 4일, 윤석열 대통령이 국무회의에서 의결된 '9·19 군사합의 전체 효력 정지안'을 재가함으로써 이 합의는 무력화됐다.[67]

또한, 2023년 12월 말, 조선로동당 중앙위원회 제8기 9차 회의에서 김정은 위원장은 남북관계에 대해 "더 이상 동족관계, 동질관계가 아닌 적대적인 두 국가관계, 전쟁 중에 있는 교전국 관계"로서 재정의했

---

67 「'확성기 방송에 군사훈련도'···9.19 군사합의 효력 정지로 달라지는 것」, 『BBC NEWS 코리아』, 2024년 6월 4일.(https://www.bbc.com/korean/articles/c3gg4y81evvo)

다.[68] 이어 2024년 1월 15일, 최고인민회의 제24기 제10차 회의에서 김정은 위원장은 "삼천리금수강산, 8천만 겨레" 같은 낱말 사용을 금지했으며 대한민국을 '제1의 적대국', '불변의 주적'으로 교육할 것을 명시했다.[69] 2024년 6월 2–3일 동안, 북한은 600여 개의 오물 풍선을 남한으로 내려보냈다.[70]

이처럼 한반도의 적대성 강화와 함께, 러시아–우크라이나 전쟁 그리고 이스라엘–하마스 전쟁도 진행 중이다. 그렇다면 이러한 전쟁과 적대의 시대를 넘어 평화를 모색하기 위해서는 어떠한 노력이 필요할까. 제3부의 세 필자는 대만과 일본, 한국이라는 다른 공간을 살아가지만, 모두 평화를 지향하는 새로운 정치 주체의 탄생이 필요함을 역설하고 있다.

첫 번째, 천신싱은 대만이 1990년대 후반부터 군사 기지 경제가 침체된 상황에서 '반공 군사 전초기지'이자 '냉전 테마파크'로 변화하는 현실을 분석하고 있다. 특히 대만 현대사에서 독재 시기에는 반전이 곧 민주주의로 등치됐으나, 독재가 종식된 현재 반전을 주장하는 진보적 입장은 "중국 공산당 권위주의 정부의 동조자로 분류" 당하기 일쑤라고 한다. 또한 전쟁을 경험하지 못하고, 민주화 이후를 살아가고 있

68   구갑우, 「북한의 '우리 국가제일주의' 담론의 계보학」, 『현대북한연구』, 27권 1호, 2024, 45쪽.

69   이무철, 「북한의 대남·통일정책 전환 분석」, 『현대북한연구』, 27권 1호, 2024, 55쪽.

70   「북한발 '오물풍선' 외신도 주목…남북 '풍선전쟁' 조명도」, 『연합뉴스』, 2024년 6월 2일.(https://www.yna.co.kr/view/AKR20240602051900009)

는 대만의 새로운 세대들은 "반전은 곧 항복주의"라는 인식이 팽배하다고 한다. 이러한 반전평화에 대한 내반 사회의 새로운 현상은 한국에서도 발견되는 것 같다.

이러한 어려운 상황이지만, 천신싱은 냉전 시대와 달리 "대만해협 양안의 평범한 사람들은" "수많은 교류와 상호작용"을 해왔으며 이것이 중요한 변화의 자산임을 강조한다. 특히 "투자, 관광, 대중문화를 넘어 서로에게서 더 깊이 배울 수 있는 방법"을 찾을 것을 주장하고 있다. 그래야만 "냉전에서 평화로 나아가는 발전의 길을 준비"하는 데 "많은 도움이" 되리라 제안한다.

이처럼 천신싱은 냉전기와 달라진 현재의 양안 관계와 대만사회의 현실, 특히 전쟁이 관광 상품화되어버린 새로운 현상을 잘 분석해 주었다. 그렇지만 어떻게 해야 투자, 관광의 차원이 아니라 평화로 나아가는 길을 찾을 수 있을까? "선의"를 지닌 "평범한 사람들"이라는 새로운 정치 주체는 어디에서 탄생할 수 있는 것인지 여전히 의문이 남는다.

필자는 '평범한 사람들의 선의'는, 대만과 한국을 살아가는 사람들이 누리는 '평화'가 거대한 미군기지에 의한 오키나와 주민들의 희생에 기반한 안보적이며 무력에 의한 평화라는 사실임을 직시하는 데서 출발해야 한다고 생각한다. 즉 새로운 정치 주체는 "오키나와 미군기지를 중심으로 구축된 냉전적인 적대성에 기반한 샌프란시스코 체제를" 넘어설 때라야 "수평적이고 평화로우며 번영하는 동아시아"를 만들 수 있을 것이다.[71]

두 번째로 이케가미 요시히코의 글은 냉전기와 탈냉전기를 거치며

'평화에 반한 죄'가 사라지고 '인도에 반하는 죄'가 심판되는 새로운 구조가 탄생했음을 지적했다. 즉 "전쟁 개시의 원인은 복잡하고 정치적인 것"임에도 "그것을 개인의 범죄로 축소해 재판하려는 것이 탈냉전기", "국경을 초월한 사법의 힘"이 압도해 버렸다고 한다. 예를 들어 2023년 10월 시작된 하마스와 이스라엘의 전쟁에 대해 하마스의 테러와 이스라엘군의 과잉 대응을 비판하는 목소리는 가득 찼으나 "폭력은 정치적 해결로 이어지는 한 반드시 비난의 대상이 되지 않았던" 1950년대 "알제리 독립투쟁" 같은 인식이 사라져 버린 것이다.

즉, 국제적인 전쟁의 복잡한 문제들이 국제 사법적 혹은 "인도법에 기반한 처벌"의 차원에서만 '왜소화', '협소화'되어 버렸음을 비판하고 있다. 이에 이케가미 요시히코는 "눈앞의 전쟁을 멈추기 위해서는 비정치적인 사법이 필요"하겠지만, "근본적 해결을 위해서는 내재적 노력을 통한 정치적 해결의 길을 찾아야" 하며, 그것이야말로 "한발 한발 타협을 거듭하며 평화로 가는 확실한 길"임을 제시하고 있다.

이 글은 냉전과 탈냉전 그리고 현재까지의 긴 시간대에서 전쟁을 둘러싼 관점의 변화를 통찰력 있게 보여주었다. 특히 필자에게는 정치가 탈각된 채 사법화한 국제정치의 변화가 한국사회에서도 정치적 해법보다 사법적 처리가 우선시되어 가는 현상과 맞닿아 있어 흥미로웠다. 또한 우크라이나와 팔레스타인 분쟁에 가려 보도되지 않지만, 탈식민

---

71 김도민, 「누가 오키나와를 버림돌[捨石]이자 쐐기돌[要石, keystone]로 만들었는가-[서평] 나리타 지히로(2022), 임경화 옮김, 『오키나와 반환과 동아시아 냉전체제: 류큐/오키나와의 귀속과 기지 문제의 변용』, 소명출판」, 『인문논총』 79권 3호, 2022, 462쪽.

국가인 수단에서는 여전히 수백 명의 사망자가 발생하는 전투가 계속되고 있으며, 이를 해결하기 위해서는 "탈식민 국가의 날식민주의 문제" 즉 "식민지 제도의 정치적 해체가 그 해결의 근본에" 있음을 강조한 지점은 주목할 필요가 있다.

다만 한 가지 의문점이 있다. 먼저 국제사법적인 인권이라는 개인에 대한 폭력에만 집중한다면, 식민과 냉전, 탈냉전을 거치며 형성된 역사적으로 형성된 '구조적 폭력'의 문제를 시야에서 놓치지 않아야 한다는 데 동의한다. 그렇지만 인권의 문제는 식민과 냉전 국제정치적 구조가 따로 놓여 있는 것처럼 오해될 수 있을 것 같다. 인권의 관점에서 시작하여 정치적 문제가 함께 논의되어 해결의 방안으로서 평화를 모색한 사례도 존재하기 때문이다. 예를 들어 일본군 '위안부' 문제의 경우 한국사회는 여성에 대한 전시 성폭력의 문제에서 국제법정에 이를 세우고자 노력했으며, 이는 동시에 동아시아와 냉전, 분단체제의 변화까지 모색하는 평화운동과 함께 전개됐다. 이처럼 출발은 인권이었으나 그것이 최종적으로 국제정치적 평화와 연결되어 있다는 인식으로 이어질 수도 있다. 따라서 사법적 해결과 정치적 해결이 서로 대립된 것이 아니라 평화를 위해 서로 연결되어 있어 있을 수 있고, 평화를 위한 새로운 정치 주체도 사법과 정치를 함께 고민하는 존재여야 하지 않을까 생각한다.

세 번째로 백원담의 글은 전쟁의 시대에 "다양한 국가, 지역단위, 사회동력들의 적극적 대응을 중심으로" 주류담론이 아닌 "반둥-비동맹-제3세계와 연계된 글로벌 사우스의 시각에서" 평화를 위한 "새로운 전환의 가능성"을 찾고 있다. 특히 사미르 아민의 관점인 단절을 가져와서 "다원 평등한 평화 문명"을 만들기 위한 새로운 다수(복수)의 정치 주체의 탄생이 필요함을 강조했다. 냉전의 최전선이자 분단의 현장을 살아가는 한국사회에서 어느 한편에 서지 않으며 적대성을 해체하고자 했던 반둥과 비동맹의 역사 그리고 최근에 부상하고 있는 글로벌 사우스의 문제의식은 평화의 길을 만들기 위한 새로운 정치 주체의 중요한 자산이라는 데 동의한다.

그런데 반둥과 비동맹의 연구가 축적되지 않은 한국 학계의 현 상황에서, 백원담이 제시하는 사미르 아민의 관점은 어떠한 의미를 가지는 것인지 그 독해가 쉽지 않다. 첫째 사미르 아민이 말하는 단절의 구체적인 내용이 무엇인지 그리고 그것이 반둥과 비동맹의 맥락에서 어떠한 위상과 쟁점들을 가지는 것인지 궁금하다. 특히 백원담은 "아민이 단절 전략의 성공 사례로서 중국의 개혁개방을 통한 경제발전과 국내 재생산 구조의 효과적 재편의 성과"를 꼽았다고 제시했다. 아민이 "중국식 국가자본주의 발전모델"이 "다른 경로의 가능성을 열어놓았다"는 점에서 긍정적으로 해석하고 있다고 하지만, 최근 G2로 등장한 강대국 중국이 평화의 길보다는 자국의 내셔널리즘을 강화하며 새로운 적대성과 전쟁의 위기를 증폭하고 있는 현실에서, 과연 이것이 "다원 평등한 평화 문명"의 대안적 방법이 될 수 있는지 의문이다.

또한 반둥과 비동맹 그리고 글로벌 사우스의 관계를 어떻게 봐야 하는지 그 연속과 단절의 지점에서 여전히 모호한 부분이 있는 것 같다. 반둥은 지역과 인종적 차원의 성격을 지닌 반면에 비동맹은 냉전의 어느 한편에 서지 않겠다는 정치적 지향점을 명확히 했다. 그리고 시기적으로도 반둥과 비동맹을 추동한 주체들과 방향성은 연속과 단절의 지점을 갖고 있었다. 이 역시 국내외 학계에서 더 많은 연구가 축적되어야만 평화에 이르는 하나의 방법으로서 빈동과 비동냉의 관점의 유불리를 따져볼 수 있을 듯하다.

마지막으로 백원담은 평화로 가는 새로운 정치 주체로서 "미국 주류 대학의 학생들"의 "전쟁 반대 선언"과 "디지털 혁명으로 비체화된 글로벌라이제이션의 탈구들이 예기치 않은 사회적 관계를 확장하고, 새로운 글로벌 네트워크를 가능"하게 했다는 점에 주목하고 있다. 이는 앞서 천신싱이 전쟁을 경험하지 못한 새로운 세대가 무력을 강조하는 상황과 다른 현상 진단으로 보인다. 정확한 수치로서 파악하기 어렵겠지만, 현재 세계적으로 반전평화를 지향하는 흐름은 과거 다른 전쟁 사례와 비교했을 때 어떻게 평가해야 할 것인가? 백원담이 주목하는 "생명의 정동들, 그 다른 글로벌리티를 체현한 신체들의 공거"는 과연 어느 정도의 새로운 정치 주체로서 그 가능성과 영향력이 존재할지 여전히 모호한 듯 보인다.

그렇다면 전쟁의 시대에 지금 당장 여기에서 전쟁을 멈추고 평화를 추동하는 새로운 정치 주체는 어떻게 만들어질 수 있을까. 이제 동아시아에서 전쟁을 경험한 세대는 거의 사라졌다. 그래서 전쟁이 게임과 오락이 되어버린 새로운 세대에게, 우크라이나와 팔레스타인에서 펼쳐지는 전쟁의 끔찍함은 핸드폰에서 만지작거리며 클릭하며 바라보는 세계에 불과할지 모른다. 전쟁의 경험으로부터 점점 더 멀어지는 동아시아의 새로운 세대들이 평화를 진지하게 고민할 수 있는 방법은 무엇이어야 할까.

이에 대한 대답은 쉽지 않을 것 같다. 다만 필자는 동아시아에서는

70년 전에 끔찍한 한국전쟁이 존재했다는 사실, 즉 그 전쟁의 역사를 승리의 서사나 새로운 내셔널리즘의 자원이 아닌 끔찍함 그 자체로서 기억하고자 하는 우리들의 노력에서 시작되어야 한다고 생각한다. 예를 들어 이분법적이고 적대적인 냉전, 분단의 최전선에서 펼쳐진 한국전쟁이었으나, 거기서 잡힌 포로 중 88명이 적대적인 어느 한편으로 다시 돌아가는 것을 거부하고, 전쟁의 끔찍함에 다시 동원되길 거부하며 제3국행을 선택했다. 이 중립국행 포로들의 존재를 기억할 필요가 있다. 한국전쟁의 한복판에서, 다시는 끔찍한 전쟁에 동원되기를 거부했던 '중립국행 포로들'이야말로 평화를 지향하는 새로운 정치 주체의 탄생이었다.[72]

---

72   물론 한국전쟁 시기 중립국행을 선택한 88명의 포로들 모두가 평화를 지향하는 명확한 목표를 가지고 있었던 것은 아니었다. 그럼에도 일부 포로들은 분명히 전쟁에 다시는 동원되지 않아야 하고, 끔찍한 전쟁에서 벗어나야 한다는 평화 지향성을 분명히 했다. 관련 내용은 다음의 논문을 참고할 것. 정병준, 「중립을 향한 '반공포로'의 투쟁: 한국전쟁기 중립국행 포로 76인의 선택과 정체성」, 「이화사학연구」 56, 2018.

저자 소개

엮은이

백원담 白元談, Wondam Paik

성공회대학교 석좌교수. 성공회대 중어중국학과/국제문화연구학과 교수와
동아시아연구소장, 대학원장 역임. 한국문화연구학회 회장과 한국냉전학회
회장, 한국인문한국연구소협의회 회장 역임, 백기완노나메기재단 통일문제
연구소장. 논저로 『1919와 1949: 21세기 한중 '역사 다시 쓰기'와 '다른 세
계'』, 『중국과 비(非)중국 그리고 인터 차이나』, 『뉴 노멀을 넘어: 팬데믹에 대
한 인도네시아의 대응과 정동』, 『열전 속 냉전, 냉전 속 열전』, 『신중국과 한국
전쟁』, 『동아시아 문화선택 한류』, 「다른 세계들과 정의로운 전환」, 「전후아시
아에서 '중립'의 이몽과 비동맹운동—한국전쟁 종전에서 인도 요인을 중심으
로」, 「5.4 100년의 등하만필燈下漫筆」, 「The 60th anniversary of the Bandung
Conference and Asia」 등이 있다. 역서로 『근대중국사상의 흥기』, 『인생』 등
이 있다.

지은이

왕샤오밍 王曉明, Xiaoming Wang

1955년 상하이 출생. 상하이대학 문화연구학과와 화동사범대학 중문학부 교

수를 겸직하고 있다. 최근 중국 현당대現當代문학에서 문화연구로 연구 영역을 확장하여 상하이 및 중국 문화연구이 흐름을 주도하고 있다. 소상으로 있는 '당다이當代문화연구센터'는 중국 문화연구의 주요 진지 중 하나다. 주요 저서로『사팅과 아이우의 소설세계沙汀艾蕪的小說世界』,『잠류와 소용돌이潛流與旋渦』,『직면할 수 없는 인생: 루쉰전无法直面的人生: 魯迅傳』,『인문정신 심사록人文情神審思錄』,『반쪽 얼굴의 신화半張臉的神話』등이 있으며 편저서로『20세기 중국문학사론二十世紀中國文學史論』(3권),『당대 동아시아 도시當代東亞城市』등이 있다.

베를린자유대학 한국학연구소 소장, 동아시아대학원 원장, 베를린−브란덴부르크 학술원(구 프러시아왕립학술원) 정회원. 이화여자대학교 정치외교학과에서 수학하고, 독일 괴팅겐대학교 정치사상사 박사학위를 받았으며, 할레대학교에서 교수자격(Habilitation)을 받았다. 1984년부터 독일에서 생활하며 정치사상과 지식의 변동, 통일과 체제 전환 문제를 연구하고 있다. 대표 저서로『베를린, 베를린』,『코로나 팬데믹과 한국의 길』,『통합 그 이후를 생각하다』가 있다.

노경덕盧璟德, Kyungdeok Roh

서울대학교 인문대학 서양사학과 부교수. 주요 저서로는 *Stalin's Economic Advisors: The Varga Institute and Making of Soviet Foreign Policy*(London, 2018),『사료로 읽은 서양사 5: 현대편』이 있고, 주요 논문으로「현대사의 기점으로서의 러시아 혁명」,「제1차 세계대전 말 유럽의 국제정치와 민족자결주의」

등이 있다. 옮긴 책으로『세계사 1, 2』(공역)가 있다.

이동기 李東奇, Dongki Lee

강원대학교 일반대학원 평화학과 부교수. 주요 저서로 *Option oder Illusion?:
Die Idee einer nationalen Konföderation im geteilten Deutschland
1949-1990*(선택 가능한 길인가 망상인가: 1949-1990년 분단 독일의 국가연합안)
(Berlin, 2010),『비밀과 역설: 10개의 키워드로 읽는 독일통일과 평화』와『현
대사 몽타주: 발견과 전복의 역사』등이 있다. 역서로『하버드-C.H.베크 세계
사: 1945 이후-서로 의존하는 세계』등이 있다.

류한수 柳翰秀, Hansu Lyu

상명대학교 역사콘텐츠학과 정교수. 주요 저서로는『러시아의 민족정책과 역
사학』(공저),『다시 돌아보는 러시아 혁명 100년 1』(공저),『서양사강좌』(공저) 등
이 있다. 논문으로「여성 노동자인가, 노동하는 바바(baba)인가?」,「제2차 세계
대전 시기 붉은 군대 전투 역량의 실상과 허상」이 있고, 옮긴 책으로는『야시카:
농민, 유형자, 군인의 삶』,『유럽 1914-1949 : 죽다 겨우 살아나다』등이 있다.

이남주 李南周, Namjoo Lee

성공회대학교 중어중국학과 교수. 주요 저서로는『중국 시민사회의 형성과 특
징』,『'냉전' 아시아의 탄생: 신중국과 한국전쟁』(공저),『러시아 · 중국 · 인도
삼각협력체제의 전략적 함의와 시사점』(공저) 등이 있고, 논문으로는「마오쩌
둥 시기 급진주의의 기원: 신민주주의론의 폐기와 그 함의」,「Northeast Asian
Economic Cooperation and the Korean Peninsular Economy」등이 있다.

강호제姜鎬濟, Hojye Kang

베를린자유대 한국학과Freie Universität Berlin, Institute of Korean Studies에서 북한
학과 관련한 수업을 담당하고 있다. 역사적 관점에 충실하면서도 최근의 동
향을 면밀히 파악하며 북한에 관한 연구에 집중하고 있다. 물리학을 전공한
후(BA), 역사학으로 전공을 바꾸고 북한 과학기술 정책사(MA, PhD)로 학위논
문을 썼다. 권력 투쟁이 아니라 혁신체제를 비롯한 국가 시스템이 갖추어지
는 과정으로 북한 역사 전체를 새롭게 쓰고 있다. 북한 (국가) 과학원, 천리마
(작업반)운동 등 '북한식 기술혁신운동'을 연구했다. 최근에는 교육, 전문연구
그리고 생산현장을 통합하여 북한의 '국가혁신체제'를 파악하기 위해 노력하
고 있다. 나아가 '지역혁신체제Regional Innovation System'가 갖추어지는 과정
을 추적하고 있다. 논저로『북한 과학기술 형성사 I』, 「현지연구사업과 북한식
과학기술의 형성」, 「북한의 핵무력 완성 선언에 대한 과학기술적 타당성 검토
및 비핵화를 위한 대안 모색」, 「Company-Level Technological Innovation
in DPR Korea: Focusing on Kumkhop General Foodstuff Factory for
Sportspeople」, 「생존의 수단이자 번영의 수단, 북한의 과학기술」 등이 있다.

김성경金聖經, Sungkyung Kim

영국 에식스대학교에서 사회학으로 박사학위를 받았고 성공회대학교, 싱가포
르국립대학교를 거쳐 현재 북한대학원대학교에서 교수로 재직 중이다. 북한
사회·문화, 이주, 여성, 청년, 영화 등을 주요 연구 주제로 삼고 있다. 저서
로『살아남은 여자들은 세계를 만든다』, 『갈라진 마음들』, 공저로『사소한 것
들의 현대사』, 『분단 너머 마음 만들기』, 『한(조선)반도 개념의 분단사: 문학예
술편 3, 6~8』, 『분단된 마음의 지도』, 『탈북의 경험과 영화 표상』 등이 있다.

홍석률洪錫律, Seukryule Hong

성신여자대학교 사학과 교수이며 인문과학대학 학장 역임. 현재 한국사연구회, 냉전학회의 연구 이사이다. 주요 논저로 「한국전쟁기 중국군에 대한 이승만의 인식과 대응」, 「북한과 미국의 실패한 핑퐁외교-1979년 평양 세계탁구선수권대회와 북미 관계의 복잡성」, 「[4·19혁명 60주년] 4월혁명의 다양성」 등이 있다.

천신싱陳信行, Hsin-hsing Chen

대만 세신世新대학 사회발전연구소 교수. 중문저널편집장, 국제학회 Society for Social Studies of Science의 이사를 역임했으며 현재 '대만사회연구계간' 편집위원 및 대만사회연구학회 상무감사를 맡고 있다. 주요 논저로 『科技·醫療與社會』, 『看見不潔之物: 工業社會中知識權威的文化實作』, 『工人開基祖: 台社勞工研究讀本』, 「全球化時代的國家,市民社會與跨國階級政治-從台灣支援中美洲工人運動的兩個案例談起」, 「My Wild Lily: A Self-Criticism from a Participant in the March 1990 Student Movement」 등이 있다.

이케가미 요시히코池上善彦, Yoshihiko Ikegami

일본 히토쓰바시一橋大学대학 졸업, 전 현대사상現代思想 편집장이다. 주요 논저로는 『민중문화창조의 장소-교육과 리얼리즘』, 『재일조선인 미술사로 보는 미술교육자들의 발자취』, 『'창작과비평'에 기대어』 등이 있고, 단행본으로는 『현대사상의 20년』이 있다.

박철현朴哲顯, Chulhyun Park

서울대학교 동양사학과를 졸업했으며, 같은 대학교 국제대학원에서 중국지역연구로 석사학위를 받았고, 2012년 중국인민대학中國人民大學 사회학과에서 박사학위를 받았다. 현재 국민대학교 중국인문사회연구소 HK연구교수로 재직 중이다. 편저로 『도시로 읽는 현대중국 1, 2』, 공저로 『투자 권하는 사회』, 『동아시아 도시 이야기』, 『팬데믹, 도시의 대응』, 『북중러 접경지대를 둘러싼 소지역주의 전략과 초국경 이동』, 『세계의 지속가능한 도시재생』, 『특구: 국가의 영토성과 동아시아의 예외공간』, 『다롄연구: 초국적 이동과 지배, 교류의 유산을 찾아서』 외 다수가 있다.

김도민金道珉, Domin Kim

강원대학교 역사교육과 조교수. 현재 한국사연구회 편집이사이며 『역사와 현실』, 『강원사학』의 편집위원이다. 주요 논저로 『1970년대 박정희 정부의 비동맹 외교』, 「1970~75년 북한의 뿔럭불가담(non-alignment) 인식과 활동」, 「미군정기 아동노동법규와 미성년자노동보호법」, 『새로 쓴 한국사특강』(공저) 등이 있다.

옮긴이

김유희金宥希, Yuhee Kim

성공회대학교 인문융합자율학부를 졸업했으며, 한국보건사회연구원 연구도서 『2040: our world』, 『미래예측-인구감소대응』 등을 번역했다.

박승호朴承鎬, Seungho Park

성공회대학교 일반대학원 국제문화연구학과에서 석사학위를 받았으며, 성공
회대학교 동아시아연구소 학술총서 『포스트 냉전과 팬데믹: 오키나와의 코로
나 경험과 정동』 등을 번역했다.

평화로 가는 길

2024년 6월 30일 초판 1쇄 발행

엮은이	백원담
지은이	왕샤오밍, 이은정, 노경덕, 이동기, 류한수, 이남주, 강호제, 김성경, 홍석률, 천신싱, 이케가미 요시히코, 백원담, 박철현, 김도민

편집	최인희, 조정민
디자인	이경란
인쇄	도담프린팅
종이	페이퍼프라이스

펴낸곳	나름북스
등록	2010.3.16. 제2014-000024호
주소	서울시 마포구 월드컵로15길 67, 2층
전화	(02)6083-8395
팩스	(02)323-8395
이메일	narumbooks@gmail.com
홈페이지	www.narumbooks.com
페이스북	www.facebook.com/narumbooks7

ISBN   979-11-86036-80-8 93300

책값은 뒤표지에 있습니다.

이 저서는 2018년 대한민국 교육부와 한국연구재단의 지원을 받아 수행된 연구임. (NRF-2018S1A6A3A01080743)